高等院校文化素质教育规划教材

U0574181

班级管理的
理论与实践

BANJI GUANLI DE
LILUN YU SHIJIAN

付学成　吕炳君◎主编

北京师范大学出版集团
BEIJING NORMAL UNIVERSITY PUBLISHING GROUP
北京师范大学出版社

图书在版编目(CIP)数据

班级管理的理论与实践/付学成,吕炳君主编.—北京:北京师范大学出版社,2016.1(2023.12重印)

大学公共课教育学公共课教材

ISBN 978-7-303-19990-7

Ⅰ.①班… Ⅱ.①付… ②吕… Ⅲ.①中小学—班级—学校管理—高等学校—教材 Ⅳ.①G632.421

中国版本图书馆 CIP 数据核字(2015)第 317871 号

教 材 意 见 反 馈　gaozhifk@bnupg.com　010-58805079
营 销 中 心 电 话　010-58802135　010-58802786
北师大出版社教师教育分社微信公众号　京师教师教育

出版发行:北京师范大学出版社　www.bnupg.com
　　　　　北京市西城区新街口外大街 12-3 号
　　　　　邮政编码:100088
印　　刷:北京虎彩文化传播有限公司
经　　销:全国新华书店
开　　本:730 mm×980 mm　1/16
印　　张:16.5
字　　数:280 千字
版　　次:2016 年 1 月第 1 版
印　　次:2023 年 12 月第 3 次印刷
定　　价:30.00 元

策划编辑:王剑虹　　　　　责任编辑:郭　瑜
美术编辑:焦　丽　　　　　装帧设计:金基渊
责任校对:陈　民　　　　　责任印制:陈　涛　赵　龙

前　言

　　随着基础教育课程改革的深入发展，学校教育发生了巨大的变化。相应地，高等师范院校培养方案也进行了调整。本书是针对以往我国师范院校在师资培养中缺乏班级管理教育及其教材的现状，为建设"全面推进高素质教育的高质量的教师队伍"的需要而编写的。编写中以我国基础教育课程改革为契机，以科学发展观为指导，深入调查与研究新时期中小学班级管理的特点与规律，力求"面向现代化，面向世界，面向未来"为指导思想，反映当代社会经济、文化和科技发展的趋势，体现基础教育新课程改革的理念，紧密结合高等院校教师教育专业改革的发展趋势和实施素质教育的要求，注重提高教师的综合能力，努力构建科学的教材体系。

　　本书共分为班级组织、班级管理、班级日常管理、班级制度管理、班级教学管理、班级活动管理、班级文化管理和班级管理评价八章。每个章节均附有生动鲜活、发人深省的班级管理案例和拓展阅读材料，为有效的班级教学管理提供了新颖的体系结构、求实的教学内容和丰富的教学资源。具体分工为：付学成：第三章、第四章、第七章；吕炳君：第一章、第二章；孙旭颖：第五章、第六章；张伟新：第八章。全书由付学成、吕炳君负责统稿。

　　在本书的编写过程中，我们借鉴了诸多专家学者的学术论文和兄弟院校教材中的观点与材料，在此向有关作者致以诚挚的谢意。

　　当然，由于水平有限，本书的疏漏之处在所难免，敬请各位同仁在使用过程中多提宝贵意见，以便日后不断修正和完善。

编者

2015 年 10 月

目　录

第一章　班级组织

【本章学习目标】

1. 掌握班级组织的概念，了解班级组织的产生过程。
2. 理解班级组织的作用，知道班级组织的特点。
3. 记住班级组织的基本特征，了解班级组织的发展阶段及构成要素。
4. 了解班级组织结构的构成部分，知道如何培养班级组织。
5. 了解班级组织建设的途径与方法。

第一节　班级组织概述

一、班级组织的产生

班级，英文写作 class，意思是学校中的最小教学单位。班级不是自古以来就有的，而是社会发展到一定历史阶段的产物。

率先正式使用"班级"一词的是文艺复兴时期的著名教育家埃拉斯莫斯（Desiderius Erasmus）。班级教学则最早产生于 16 世纪的西欧。1538 年，教育家斯图谟在德国的斯特拉斯堡创办了文科中学，设有 9 个年级，进行了班级教学的尝试。同时，法国的居耶纳中学等学校同样进行了班级教学的尝试。16 世纪中叶，在西方国家评价学校时，看是否依据年龄与发展阶段把学生分成了班级，并作为优秀学校的标志之一。到了 17 世纪，随着社会生产的不断发展，社会经济生活的日益扩大，需要更多的劳动者接受教育，同时，科学技术的进步也要求教学有相对固定的模式，于是，教育者便采取了将年龄和知识经验相近的学生组织起来进行施教的教学方式。捷克教育家夸美纽斯适应了社会形势的迫切要求，总结了前人和自己的实践经验，参照欧洲一些国家和教会（主要是耶稣会）已经具有的实行班级教学的实际经验，但关于学年制和班级授课制问题，从理论上加以阐述，只是在夸美纽斯的著作《大教学论》中才第一次得到详细的论述，从此，为班级组织奠定了理论基础。他努力寻求"教员因此可以少教，但是学生可以多学"的组织形式和方法，提出了"一个教师同时教很多学生是可能的"假设，进而对课堂教学的课程、时空模式、班级组织等进行了界定。

拓展阅读 1-1

　　按照夸美纽斯的意见，学校都应在每年秋季招生，同时开学，同时结束。他将每学年分为四个学季，在学季之间安排一星期的戏剧演出。每学年有四次节假日，三次安排在宗教节日前后，每次八天，在收获葡萄的季节安排一个月的长假。他规定了学日和学时制。学生每天必须到校学习。国语学校每天上课四学时，上午两学时用来"练习智力与记忆"，下午两学时练习手与声音。在拉丁语学校中，上午两学时用来教授每个班的特殊科学或艺术，下午一学时学习历史，另一学时"练习文体、演说与手的运用"。此外，早晨还有一小时的祈祷，午饭后有一小时的音乐和"数学方面的娱乐"。在每学时的智力活动之间，安排半小时的休息。对学生的学习要进行经常考核。在学年结束前要举行隆重的学年考试。以便决定学生是否升级。

　　夸美纽斯要求为每班学生安排一个教室和一位教师。教师必须面对全班，进行集体教学而不作个别指导。夸美纽斯认为，一位教师可以同时教几百名学生。他建议将每班学生分成许多小组，每组十人，选出一名学习优秀的学生为十人长，协助教师管理其他学生。关于学年制和班级授课制的理论，是夸美纽斯对世界教育史做出的重大贡献，对普及教育的发展曾发生很大的影响。

　　【资料来源】http：//baike.haosou.com/doc/5900863-6113762.html

　　夸美纽斯理论总结与论证使班级授课制得以确定，对班级教学的实施产生重要推动作用的当数"导生制"。也称"贝尔——兰卡斯特制""级长制"，是英国国教会的牧师贝尔（Dr Ardrew Bell，1753—1832）和公谊会的教师兰卡斯特（Joseph Lancaster，1778—1833）所创行的一种教学组织形式。

拓展阅读 1-2

导生制

导生制是为了适应资本主义生产的需要而产生的。由于采用机器进行生产，需要工人掌握基本的科学文化知识，而教育对象的增多与师资力量的缺乏形成了一对矛盾，"导生制"的产生则大大缓解了这个矛盾。在使用"导生制"的学校里，一个大教室安置许多排长课桌；每排 10 多个学生，其中有一个导生。教师首先教这些导生，然后由他们领着一排学生围站在一个地方，把刚学到的教学内容再转教给其他学生，以后，也由导生对这些学生进行检查和考试。有了作为助手的导生，一位教师在一个教室里往往能教几百名学生。

【资料来源】滕大春：《外国教育通史》第三卷[M]，济南：山东教育出版社，1990年，23～26 页。

到了 19 世纪，德国教育家赫尔巴特进行补充，提出了四段教学步骤，认为第一阶段适合采用提示教学和分析教学，还可因材料不同使用叙述法、比较法和直观演示教学法等。第二阶段主要采用综合教学法，同样需要教师对材料进行陈述、分析、组织、概括与推理。第三、第四阶段主要是在观念系统化基础上对新知识的运用，可采用练习法。指出应根据学科特点灵活选用教学方法，以符合学生的思维进程，使班级授课制进一步完善。又经过苏联教育家凯洛夫等逐渐丰富起来。

在我国，"班级授课制"正式施行一般认为始于清同治元年（1862 年）的京师同文馆。京师同文馆是中国教育近代化起步的标志，其办学模式及特点对中国新教育乃至外语教育的发展具有划时代的意义。京师同文馆在教学制度和教学方法等方面进行了改革，在办学目的、方向和体制上冲破了传统教育的藩篱，使西方新的教学方法最终得到了官方的基本认同，在中国教育近代化的历程中有着不可低估的作用和意义，成为中国教育近代化的先导。1901 年清政府宣布废科举、兴学堂，班级教学由此逐步在全国各地推广。

二、班级组织的改造

班级授课制的出现替代了数百年以来主要的教学方式——个别教学，登上了近代教学组织形式的舞台，对世界教育产生了巨大的影响。然而到了 19 世纪 70 年代，这种班级教学开始遭到批判。适应个别差异的班级教学组织的改造运动就以美国为中心开始活跃起来。

最早提出对班级教学进行改造的是"道尔顿制"（Dalton Plan）。又称"契约式教育"，全称道尔顿实验室计划（Dalton laboratory plan）。由美国 H. H. 帕克赫斯特于 1920 年在马萨诸塞州道尔顿中学所创行，因此得名。道尔顿制主张改善传统教授法几乎不顾及每个儿童本身特点的弊端，使学习者能按照自定的步调学习；针对传统方法中各科的课程时刻表不分优劣生，一律平等的弊端，依据每个儿童学习各学科的难易度，适当分配课程时间。"自由""合作"是道尔顿教育的基本原则，通过"目标明确的作业任务""学科教室"和"管理图表"等具体措施得以施行。其目的是废除年级和班级教学，学生在教师指导下，各自主动地在实验室（作业室）内，根据拟定的学习计划，以不同的教材，不同的速度和时间进行学习，用以适应其能力、兴趣和需要，从而发展其个性。实行道尔顿制的主要措施：要布置各科作业室用以代替传统的教室。室内按学科性质设置参考图书，实验仪器、标本等教学和实习用具，并设教师 1～2 人指导学生学习。将学习内容分月安排，各科教师与学生按月订立"学习工约"，教师根据学生的程度，指定学生做某一个月的作业，并把它公布在作业室内。学生根据自己的能力，自由地掌握学习的速度和时间，并可与教师和同学研究讨论，学生完成本月的工约，须经教师考试，及格后才能学习下一个月的工约。把学生的学习成绩和进度登记在学习手册上。在该理念形成初期，它在弥补班级教学制度的不足，发展学生个性、培养学生独立工作的能力等方面有一定的积极作用，并对程序教学、个别指导教育等曾发生过影响。1919 年，海伦·帕克赫斯特女士创办美国道尔顿学校，成为美国中小学实施素质教育的典范，享有"天才的摇篮，哈佛的熔炉"的美名。1922 年，始于美国道尔顿学校的教育理念和方法开始传入欧洲，并被广泛推广。1922 年 10 月，中国第一个道尔顿制实验班设立在上海的中国公学。20 世纪 80 年代以来，由于我国的教育改革与美国 20 世纪 20 年代的教育改革有着十分相似的背景和内容，同时也具备了相应的社会文化条件和经济基础，道尔顿教育重新进入我国教育工作者的视野。

拓展阅读 1-3

位于美国纽约的道尔顿学校

道尔顿学校（The Dalton School）创立于 1919 年，坐落在美国纽约曼哈顿，是全美最负盛名的学校，也是一所颇具国际影响力的学校。

道尔顿学校创新且严格的教学体制受到一致公认，道尔顿培养的学生不仅在常规考试中成绩更突出，而且个性更鲜明、思维更活跃，与同学和老师的合作更和谐。道尔顿学校教育目标是"启发、培养每个孩子的主动性、自律性和判断力，同时促进学生的社会意识及集体价值观的发展"。连续多年来，道尔顿学校创造了其毕业生全部被哈佛、耶鲁等名校录取的奇迹。美国《时代》周刊盛赞道尔顿学校为"哈佛熔炉"，《今日美国》称其为"天才教育的殿堂"。道尔顿教育现已成为全世界学校仿效的典范。

目前全世界已有 400 余所"道尔顿学校"。

根据儿童能力的个别差异改革班级编制的代表是哈利斯（W. T. Harris，1835－1909)在圣路易创始的"圣路易编制法"（St. Louis Plan)，其特点是根据儿童的能力在短期内随时升级。这个方法的重点是将小学八个年级的学科内容分配在几个学期之间，一个学期以 5 周或 10 周计，学期结束时，编制新的班级，视儿童能力予以升级。

从教学法角度改造传统的班级教学组织的代表是 1898 年创始的"巴达维亚法"（Batavia Method)。它规定该市当时凡有一个班级招收 60 名以上儿童的学校，都应设立辅导教师，以收到个别教学之功效。传统的教学是同步的班级教学，结果牺牲了优等生和劣等生，教师负担过重。为了纠正这个弊端，把同步教学与个别教学结合起来以提高教学效率。一个班级儿童在 50 名以下者设一名教师；50 名以上者，将一个班级的儿童分成两个团体，设两名教师。一名教师，每日必须有一段时间用于个别教学，监督儿童学习；两名教师，其中一名专门从事个别教学，另一名负责同步教学。

20 世纪 50～60 年代，教育改革浪潮在世界范围内蓬勃兴起，西方各国在重点进行课程改革的同时，也进行了教学组织形式方面的改革尝试。其改革的主要目标是："①进一步完善班级授课制，实现以班级为基础的教学组织形式的多样化，为每个学生提供适合其特点的教学活动形式和学习环境；②探索能最大限度地利用现代技术手段的教学组织形式，提高教学活动的效率；③寻求既不失集体影响，又有个人独立探究的教学组织形式，扩大学生的教育影响源和信息源。"[1]

---

① 李秉德：《教学论》，北京：人民教育出版社，1991 年，236 页。

在改革班级组织的尝试中，主要包括特朗普制(Trum Plan)、活动课时制、开放课堂、个别教学、小队教学(协同教学，Team Teaching)等。特朗普制是把大班上课、小班讨论、个人独立研究结合在一起，并采用灵活的时间单位代替固定划一的上课时间。大班课把两个或几个平行班结合在一起(约上百人)，讲课采用现代化技术手段，由优秀教师主讲。大班课后上小班课(15～20人)，最后是学生个人研究。协同教学是哈佛大学倡导的教学管理组织形式，其重点是从小学阶段开始就将教师和儿童从固定的班级中解放出来，采取较有弹性的教学组织。将儿童按不同学科分为大组与小组，看电影时以150～200人为一大组；数学课则以10～15人为一小组。通过编制大组，教师们才有时间专注于小组教学与教材研究。这种方式可以避免死守40～50人的固定班级式的僵化的学科教育。而视不同学科的性质，使学生团体具有弹性。如此一来，大组可以采取讲课式的同步教学，小组就可以彻底地实施个别教学。这样既可以发挥教师的专长，又可以唤起儿童的学习动机，为充实和提高教学活动奠定基础。

许多研究者认为，虽然新的教学组织形式不断涌现，且各有其长处和理论、实践依据，但各国采用的主要教学组织形式仍然是班级授课制。班级教学尽管存在一些缺陷，但其优越性是显而易见的，在许多方面是优于个别教学的。特别是班级组织作为社会集体所发挥的教育职能，也是其他学校组织所不能替代的。

三、班级组织的概念

同一年龄段、发展水平相当的学生根据学校的安排固定地聚集在一起，形成了"班"；又因为"班"处在一定的教育阶段上，这就是"级"。现代教育意义上的班级是指学校按照教育培养目标，把年龄特征和文化程度相近的学生组合起来，分成不同的级别，再分成具有一定人数的班，以便进行教育、教学和管理的正式群体组织。它是学校对学生进行教育、教学的基层单位。

(一)班级是一个社会性组织

班级是一个复杂的小社会，同时也是学校最基层的小团体。通过和他人的交往，得到他人的认同、为他人所接受的过程中，使思想、感情和知识经验得以发展。可以说，在人的社会化的过程中，人与人之间的交往起着重要的作用。而学生时期，是人与人交往、形成各种各样关系的关键时期。

班级不仅是以社会化学习为中心的社会关系体系，而且是一种为社会需要培养未来人才的社会组织。班级组织具有各类社会组织所共同的特点，班级中师生、生生之间的关系，不仅要通过正式的规章制度约束和维系，而且也要通过各种非正式的方式、方法来维系，学生在这一社会性组织中不断学习、不断发展。

(二)班级是一个学习型组织

班级是典型的学习型组织。所谓学习型组织，是指通过培养弥漫于整个组织的学习气氛、充分发挥组织成员的创造性思维能力而建立起来的一种符合人性的、富有生命力的、能持续发展的组织。这种组织具有持续学习的能力，具有高于个人绩效总和的综合绩效。

在班级学习活动中学生能够不断地突破自己的能力上限，培养全新、前瞻而开阔的思考方式，实现共同的抱负。

班级的学习活动，主要包括日常的学习和讨论等。通过课堂教学、第二课堂活动和课外实践活动等达到个人学习的目的，以个人学习促进班级学习，形成一种学习的理念，并能够长期而稳定地在班级中鼓舞人心，使班级拥有一种凝聚力，让全班每一位学生都完全融入"班级"这个大环境中。

班级学习并非个人学习的简单相加，个人学习也不能保证整个班级成员都在学习。所以，在各种类型的教育活动中，只有使个人前途与班级前途紧密相连并融入班级时，班级的学习能力才能增强。这就要求班主任要合理设计班级发展战略，制订可行的班级学习计划，提高集体凝聚力，通过显性的课程和隐性的活动，达到个人与班集体的和谐发展和共同进步。

(三)班级是一种教育组织

班级是一个由教师和若干个有着不同家庭背景、不同文化背景的学生组合而成的，是以促进个体发展为目的的教育组织。班级本身具有一种不可替代的作用和教育力量，它是促进学生进行自我教育的基础，是发展学生个性特长、创造才能、培养学生全面发展的重要因素。

学校是社会的教育组织，班级是学校教育教学工作的基本单位。班级作为一种教育影响因素而存在，教师的影响必然通过班级环境对学生发生作用，很多学生在一起听课，并不简单地只是一个教师同时对许多学生发生了影响，而是班级本身也成了影响学生发展的因素。

班级是有效的教育组织，教师是学生的直接教育者、教育活动的组织者和教育组织的领导者，是学生健康成长的引路人，是沟通学校、家庭和社会各方面教育力量的桥梁，是这个小型教育组织的核心。班级作为一种独特的教育力量，是现代教育最具代表性的一种教育形态。

(四)班级是稳定的正式群体

班级是作为一个正式群体而存在的。与其他社会组织一样，班级有其特定的成员、特定的目标、特定的文化、特定的人际交往及特定的功能。

班级这种稳定的群体一旦形成，就会成为学生个性发展的影响源。霍曼斯群体理论认为，班级群体存在活动、相互作用与感情这三种要求。班级中的学生在这种要求下进行各种各样的活动，在这些活动中会产生一系列的相互作用，继而在学生之间产生一定的感情，感情反过来又影响学生的活动。因此，这三种因素相互依赖、相互制约，维系着班级的稳定。

班级作为正式的群体必然有其特定的目标，主要包括教学目标、德育目标和人格修养目标等。

班级文化是指围绕班级的教育、教学活动所建立起来的一整套价值取向、行为方式、语言习惯、制度体系、班级风气等的集合体。

独特的班级文化是一种新的德育模式，是一种隐性的教育力量，表现出一个班级特有的风貌和精神，并且这种班级特有的风貌和精神自觉或不自觉地通过一定的形式影响着学生的行为。

人际交往是学生心理成熟与个性发展过程中的重要内容。在班级中，能与人正常交往是学生心理健康和具备较好协调能力的表现。

在班级这个特定集体中，人际交往中的冲突又是不可避免的，所以应教会学生化解人际冲突，学会与人相处及协调人际关系，进而调动学生的积极性，为实现教育目标服务。

拓展阅读 1-4

识别班级非正式群体中的各种重要角色

费利兹·雷得(Fritz Red)与威廉·华顿柏(William W. Wattenberg)在《教学的心理卫生》一书中，认为一个人在群体中所表现的行为和个人在独处时的行为是不同的，群体会创造出自己的心理动力而影响个人行为，同时个人的行为模式，也会影响整个群体。教师如果能对群体动力做有效的察觉，对于掌控班级来说十分重要。教师应能够识别在自己的班级非正式群体中的重要角色，包括谁是群体的领导者、谁扮演着小丑、教唆者等角色均有所了解，并在您要发挥影响力(如扼制歪风或鼓励学习)的时候能找到正确的对象介入。他们列举出一些会在群体中制造波澜的个人角色。

1. 领袖。几乎在任何群体中都会找到领袖的角色，通常他们会有一些独有的特征，例如，责任心、智力、社交技术、家庭社会经济能力水平等会稍微高于其他同学。作为教师必须了解，当有时所指定的班长与"民意"并不一定符合的情况下，这个班级就可能会暗潮汹涌。

2. 小丑。顾名思义，就是班级上扮演取悦别人的角色，这类的角色行为有时候是为了遮掩自己的自卑感，此种角色在班级群体中出现是利弊互现。值得注意的是，有时学生会运用这种滑稽古怪的动作来表现其对教师的不满。

3. "烈士"。是指有人利用受罚的机会，塑造自己在班级中的英雄地位。有些学生会通过行为的放纵，使老师落入处罚他们的圈套，因而博得勇士的形象，教师们应小心谨慎地对此类行为进行处理。

4. 教唆者。行为特征是鼓动风潮、制造麻烦，但有技巧性地隐身为幕后，让别人充当炮灰。由于教唆者通常躲在暗处，教师宜在班级中宣示预警，增加同学的免疫力和抵抗力。

第二节　班级组织的作用

一、班级组织的教育作用

(一)有利于形成学生的集体意识

班级组织不仅是教育学生的必要条件，它本身就具有巨大的教育力量。在良好班集体的形成过程中，学生的集体意识、集体荣誉感会得到大大的发展。

通过班级的集体活动和学生群体之间的交往，可使学生积累集体生活的经验，学生交往与合作，学会对环境的适应。

雅斯贝尔斯说过："教育是人的灵魂的教育，而非理智知识和认识的堆积。"一个具有积极向上的良好气氛的班集体，不仅能培养学生勤奋、认真的学习态度和学习习惯，还能促进他们形成奋发向上、创新进取的精神。师生之间、生生之间融洽的人际关系，也能使学生的情感受到感染和熏陶，形成热爱集体、尊敬老师、关爱同学的好品质，能促进学生形成良好的性格。正如捷克教育家夸美纽斯所说："在学生方面，大群的伴侣不仅可以产生效用，而且也可以产生愉快……因为他们可以互相激励，互相帮助。……一个人的心理可以激励另一个人的心理，一个人的记忆也可以激励另一个人的记忆。"①

---

① ［捷］夸美纽斯：《大教学论》，北京：人民教育出版社，1979年，134～139页。

拓展阅读 1-5

什么是团队合作①

1994 年，斯蒂芬·罗宾斯首次提出了"团队"的概念：为了实现某一目标而由相互协作的个体所组成的正式群体。在随后的十年里，关于"团队合作"的理念风靡全球。

团队合作指的是一群有能力、有信念的人在特定的团队中，为了一个共同的目标相互支持合作奋斗的过程。它可以调动团队成员的所有资源和才智，并且会自动地驱除所有不和谐和不公正现象，同时会给予那些诚心的、大公无私的奉献者适当的回报。如果团队合作是出于自觉自愿时，它必将会产生一股强大而持久的力量。

团队合作能力从初级到高级的具体行为表现如下表。

团队合作 能力等级（1）	1. 尊重其他团队成员，努力使自己融入团队之中。 2. 将个人努力与实现团队目标结合起来，完成自己在团队中的任务，以实际工作支持团队的决定，成为可靠的团队成员。 3. 为完成工作和团队成员进行非正式的讨论，在团队决策时提出自己的建议及理由，尊重、认同上级认为是重要的事情并执行其相关决策。 4. 作为团队一员，随时告知其他成员有关团队活动、个人行动和重要的事件，共享有关的信息。 5. 认识到团队成员的不同特点，并且把它们作为可以接触、学习知识与获取信息的机会。
团队合作 能力等级（2）	1. 根据工作需要组建小型团队，营造开放、包容和互相支持的气氛，加强集体向心力。 2. 为团队成员示范所期望的行为，并采用各种方式来提高团队的士气和改进团队的工作效率，确保团队任务的及时完成。 3. 明确有碍于达成团队目标的因素，并试图排除这些障碍。 4. 鼓励团队成员参加团队讨论与团队决定，倡导团队内部的沟通和合作，以推进团队目标设定与问题的解决。 5. 指导其他成员的工作，对其他团队成员的能力和贡献抱着积极的态度，用积极的口吻评价团队成员。 6. 能够利用正式或非正式的沟通渠道及现有的信息系统在团队内部进行知识和信息的交流共享。

---

① 杨毅宏：《世界 500 强面试实录》，北京：机械工业出版社，2010 年，4～5 页。

续表

团队合作 能力等级（3）	1. 根据组织的战略目标来确定团队建设的目标、规模及责任，在全体团队成员中促进理解、达成共识，并得以贯彻实施。 2. 确保团队的需要得到满足，为团队争取所需要的各种资源，如人力、财力、物力或有关信息等。 3. 团队成员之间能力和知识的互补，在分配团队任务的时候，既照顾到员工的发展，又能实现团队的目标。 4. 化解团队中的冲突，维护和加强团队的名誉。 5. 通过团队内有效合作及适当的竞争提高团队的整体绩效。
团队合作 能力等级（4）	1. 具有个人魅力和领导气质。能够指出组织或团队的发展方向和目标，使团队成员充满工作激情，愿意为团队目标的实现竭尽全力。 2. 对团队成员有全面的认识，有效地应用群体运作机制，从而引导一个群体实现团队目标。 3. 有目的地创建互相依赖的团体合作精神，在团队间合理有效地调配资源，加强不同目标和背景的团队之间的配合，以促成组织整体业务目标的实现。 4. 采取行动在组织中营造精诚合作与公平竞争的氛围。 5. 通过各种手段，如设计团队标志等，塑造健康优秀的团队形象，使组织或团队能被外界或有关组织认同和推崇。

（二）有利于促进学生的社会化

发展学生的社会性，培养学生对社会生活的适应能力。

社会化（也叫作社会性发展）是指个体形成和发展社会性和个性的过程，也就是说个体在特定的人类社会物质文化生活中，通过与环境的相互作用，不断掌握社会规范、社会技能、价值体系等参与社会生活所必需的品质，由一个自然人发展为能够适应社会生活的社会人的过程。教育社会学认为，班级是一个微型社会。也就是说，班级存在一定的组织结构，履行学校的社会职能、班级集体的共同愿景、发展目标、组织结构、角色分配、人际互动，等等，都是社会关系的缩影和投射，深刻地影响着学生社会化的发展。

每个人必须经过社会化才能使外在于自己的社会行为规范、准则内化为自己的行为标准，这是社会交往的基础，并且社会化是人类特有的行为，是只有在人类社会中才能实现的。社会化涉及两个方面：一是社会对个体进行教化的过程；二是与其他社会成员互动，成为合格的社会成员的过程。

首先，班级组织作为一种社会群体，能够按照社会的要求和学校的教育目标，营造良好的成长氛围。学生在集体中，通过学习、活动、交往和社会实践活动，除了能够获得系统的文化科学知识和技能，形成良好的品德外，还为学生参与社会生活和处理社会关系提供了学习和实践的平台及机会。其次，学生在班集体里，接受社会规范教育，进行社会行为训练。班集体有严密的管理机构，制定了每位学生在集体活动中必须遵守的规章制度和舆论，这些都能向学生传递社会规范。同时按照这些制度要求组织学生进行社会行为训练，引导他们在集体活动和人际交往中，不断以集体的标准来约束自己的行为，并逐步地将集体的规范内化为自己的行为方式。

学生在班级组织中通过学习和训练，能够为他们将来步入社会尽快参加社会生活，履行社会角色，成为合格的社会公民奠定一定的基础。

拓展阅读 1-6

班级像一座长长的桥，通过它，人们跨向理想的彼岸。

班级像一条挺长的船，乘着它，人们越过江河湖海，奔向可以施展自己才能的高山、平原、乡村、城镇。

班级像一个大家庭，同学们如兄弟姐妹般互相关心着、帮助着；互相鼓舞着、照顾着，一起长大了，成熟了，便离开了这个家庭，走向了社会。

——魏书生，班主任工作漫谈

(三)有利于促进学生的个性化发展

个性是指一个人的整个心理面貌，即具有一定倾向性和心理特征的总和。包括能力、气质、性格，还包括兴趣、爱好、需要等。学生个性发展的心理结构主要包括自我调控、个性倾向性和个性心理特征三个系统。自我调控系统指自我意识对个体心理和行为的调节、控制系统，使人的活动具有目的性、自觉性、计划性和能动性，是个性形成和发展的前提，是个性发展和成熟的动力基础。个性倾向性系统是决定一个人的态度和对现实的积极性、选择性的动力系统，包括需要、动机、兴趣、理想、信念、价值观和人生观，是个性结构中最活跃的因素。个性心理特征系统是指个人稳定的心理特点，包括性格系统、气质系统和能力系统。

首先，班级组织丰富多彩的集体活动，每一位学生都在班集体中找到自己发挥作用的舞台，集体的作用能够从认知、情感、意志、行为等多方面教育感染学生，这种教育和感染要比教师个人对学生教育的范围大、内容丰富、方法灵活，学生也容易接受，能够培养学生的不同兴趣、爱好和特长。其次，班集体的学习、交往及活动的经历和体验是学生个性发展的重要资源，班集体能够提供学生个性发展的有利条件。

案例 1-1

小学生交往辅导：交往的学问

辅导题目：交往的学问

主题分析：交往是人的生活需要。作为社会人，必须交往，否则就会感到孤独。据说，美国曾有一些宣称"不愿和别人交往"的孤独者，却不堪"孤独"而相约："咱们成立一个孤独人协会吧!"可见，人需要交往。人要交往，就要建立一定的人际关系，人际关系不好，会影响人的心理健康。正常的人际关系，应该是友善的、和谐的。而要建立良好的人际关系，必须从每个人自己做起，从自己为人处世的态度、学习、办事的风格以及品行风度等方面做起，培养良好的精神风貌，从而在人际交往中达到友善与和谐。教师应培养学生的人际交往能力和技巧，特别是做好具体的指导工作，使学生形成正确的人际交往观。这对当前的人际适应以及将来顺利地走向社会，建立和谐的人际关系，有非常重要的意义。

目的要求：帮助小学生提高与人交往的能力、技巧，了解交往的学问，认识并注意防范社会交往中的不良现象。

课前准备：小品

辅导方法：表演法、讨论法。

操作过程：

1. 导入新课。教师："同学们，你们知道什么是交往吗？——人与人彼此之间互相来往。你们知道交往有什么学问吗？今天我们就来研究一下。"

2. 课堂操作。

(1) 表演小品一。如图 1-1，小英和小玲是同班同学。星期天，小英和邻居小娟去看电影，去电影院的路上正好遇见小玲和她的表妹小红。

小英：(看见小玲)小玲! 小玲!

小玲：(回头看见小英)小英!

(两人见面，互相亲热地打招呼，接着聊了起来。)

小英：小玲，你也是去看电影吗？

图1-1 小品示意图

小玲：不！我们去公园。

小英：昨天上午我去找你借书，你不在家。

小玲：对不起，我去书店了。

（两人继续交谈，亲热极了，互不相识的小娟和小红被"晾"在一边，很尴尬。）

（2）课堂讨论：小英和小玲哪些地方做得不合适？

（3）表演小品二。

小英：（看见小玲）小玲！小玲！

小玲：小英！（二人各与自己的同伴在一起）

小英：小玲！（指着小娟）这是我的邻居小娟。她在二中上学。我们是好朋友。（指着小玲）这位是小玲，我的同班同学。

（小玲和小娟握手，互相说：你好！）

小玲：（指着小红）这是小红，我表妹，二小五年级的。（指着小英和小娟）这是小英，我的同学。这是小娟。大家认识了吧！

（四人互相握手，开始亲切地交谈起来。）

（4）课堂讨论：你从上面的小品中得到哪些启发和教育？

（5）教师小结：强调人际交往有许多学问：如果一个人缺乏交往的基本知识和技能，就会在无意中伤害自己的同学和朋友。第一个小品中，小英和小玲的表现就是如此。如果你懂得交往的基本知识和技能，就像第二个小品中小英和小玲表现得那样，你就会结识更多的朋友，获得更多的友谊，你的生活也会更加充实与美好。

3. 教师进一步根据图 1-2 启发学生，初次交往时，我们应该怎样表现自己呢？

图 1-2　初次交往

一是要善于认识人，尊重人和保持自尊。要想在复杂的人际关系中，恰当地表现自己，就要善于认识人，并在尊重他人的过程中保持自己人格的独立。初次见面只是第一印象，要成为朋友、挚友，切莫忘了"路遥知马力，日久见人心"（板书）这句话。

二是要善于听懂对方的话。对我们不熟悉的人所说的话则要动脑筋，辨别真伪。大街上有时会发生上图（右）那样的骗局，女青年拉着过马路的老奶奶帮忙试衣服、换零钱等，就把老奶奶的钱骗走了。

4. 讨论：在社会生活中，你是否遇到过不友好的交往？你从中获得什么启发？

总结和建议：人离开空气、阳光、水和食物就不能维持生命，离开了主动友好的交往，身体和心理都不能得到健康发展。所以，人一定要学会主动地、友好地与他人交往。今后我们要用学过的交往知识和技能，与他人建立团结友爱的关系，增进社会适应能力，更健康地成长。

课外作业：补充社会交往的学问。

【资料来源】http://www.pep.com.cn/xgjy/xlyj/xlgj/zx/201008/t20100827_772043.html

(四)有利于训练学生的自我教育能力

自我教育能力则是指处于一定社会关系中的群体和个体为了实现社会的共同目标有效地能动地计划、组织、控制和评价自己意识和行为，自觉主动地把社会要求的思想道德规范在内心加以理解和体验，并通过实践转化为自己比较稳定的自觉行为的能力。通俗地讲，就是自己对自己的教育能力。

苏联教育家苏霍姆林斯基说："只有能激发学生去进行自我教育，才是真正的教育。"然而中小学生年纪小，处于半成熟半幼稚时期，知识经验少，缺乏自我教育能力，这就有赖于教师通过班集体对学生进行培养和训练。在班主任的引导下，学生在接受教育和自我教育的过程中，逐渐形成自我教育的习惯和能力，将终身受益。而培养学生的自我教育能力是重要的德育目标之一，是班主任的一项重要工作任务。同样，班集体是训练班级成员自己管理自己、自己教育自己、自主开展活动的最好载体。一个良好的班集体能够促进学生自我教育能力的形成，而学生自我教育能力的形成又会极大地促进班集体的建设。

第三节　班级组织的特点

班级组织的管理具有一般管理过程的特点，是一个计划、组织、检查、总结的动态过程。但它除了具有社会一般组织的共性之外，还是一种教育性组织，是学生在学校中学习、成长和开展各种活动的基本场所。班级组织的个性特点表现为以下方面。

一、学习性

对于学生而言，首要的属性是"学习者"，其基本任务是学习。学生学习是为将来进入社会生活做准备的"奠基性学习"。班级成了学生实现成长和社会化的重要基础，为学生的角色学习提供了多方面的帮助，使学生能有更多的锻炼机会、能更好地约束自己，不断地充实自己、完善自己。

在现代社会中，青少年学生的奠基性学习，尤其是社会文化的奠基性学习不可能在个体独处的空间里完成，必须在群体生活环境中进行。班级组织正是为青少年学生提供了一种在校期间群体生活的基本环境。著名教育学家苏霍姆林斯基说过："没有自我教育，就没有真正的教育。"事实也证明，班级活动为学生提供了自我学习、自我管理的机会和空间，无论是成绩，还是其他各方面的情况都会得到发展。

拓展阅读 1-7

班级组织的特性

班级具有区别于其他社会组织的首要特征是"自功能性"。班级作为一种社会组织得以建立，不仅是为了实现某些外向性的指标（如提高教学效率，便于学校管理等），而且按照现代教育原理，更重要的首先是基于其成员——学生——自身的奠基性学习的需要。在现代社会中，青少年学生的奠基性学习，尤其是"社会文化"的奠基性学习不可能在个体独处的空间里完成，而是需要借助于群体生活的环境。班级组织可视为社会向青少年提供的一种在校期间群体生活的基本环境。如果说夸美纽斯在 17 世纪论述班级授课制时，更多地看到的只是一种"大生产"组织的班级在提高教学效率方面的价值的话，那么，在现代学校教育中，人们更多关注的似乎是作为一种社会组织的班级对其成员的社会性发展的影响。因此，在现代教育中，班级组织的生存目标具有"内指向性"，班级组织所产生的首先是与其成员的自身发展密切相关的功能。舍此功能，班级组织便失去其存在的意义，其对于外部社会的各种功能也就失去了评价的参照标准。在这个意义上，班级首先是一种"自功能性组织"。

班级组织以其成员的基本属性，同其他社会组织明确区分的第二个重要之处在于：它是非成人组织。这虽然是近乎寻常的事实，但却使班级具有区别于其他社会组织的又一重要特性——"半自治性"。所谓半自治性，是指作为非成人组织的班级，并非完全靠自身的力量来管理自身，而是在相当程度上借助于外部力量。如果我们将前述的"自功能性"视为班级组织在功能对象方面的主要特性的话，那么，这里所说的"半自治性"则是班级组织在运行机制方面的主要特性。

【资料来源】吴康宁：《教育社会学》，北京：人民教育出版社，1998 年，277～279 页。

学生在课程学习中的参与程度、成绩和教师、同学的评价决定了学生在人际关系中的角色地位，这对于学生自我认识意义重大。班级中的教育活动、小组学习、各种活动都为学生提供了锻炼和体验的机会和条件，能更好地发挥学生的主动性、积极性和创造性。

二、依赖性

班级区别于其他社会组织的一个重要之处在于：班级是由未成年人组成的组织群体，学生正处于身心发展的"半成熟半幼稚"关键时期，对教师表现有依赖性和向师性，在学校中对于教师难免会存在着一定程度的依赖意识，尤其在学生凭借自己的力量解决问题受挫时表现最明显。经验表明，在中小学教育的整个过程中，学生的这种依赖意识是不会完全消失的，只不过依赖的程度随年龄的不同而不同。因此，在班级管理尤其是实行学生自治自理的同时，教师还需充当"幕后指导者"，注重对学生加以引导和教育。

教师应该既是指导者，也是舵手，有责任和义务帮助学生健康成长。应帮助不同层次的学生达到他们的学习目标。

案例 1-2

静等"后进生"花开

——我与学生共成长

山东省淄博市高新区第一小学　邢文杰

说到"差生"二字，相信大家都能理解，但是这种称呼似乎我们每一个人都不愿意触及，为了保全孩子们的自尊心后来改为"后进生"，而后进生通常是指那些学习成绩或思想品德等方面暂时落后的学生，因为落后，他们往往有较重的自卑感，由于在各方面表现比较差，缺点错误也比较多，他们经常听到的是批评，遇到的是不信任的冷漠眼光，在班级同学们面前也抬不起头来，因为同学们不愿意跟这样的学生一起玩，家长也不会让孩子接触我们眼中的"后进生"。自己从教十余年来，对待后进生感悟最深的是，他们更需要得到老师的理解和尊重，更需要有自信心的建立，让他们的心像融化了的冰雪，在此基础上慢慢地萌发出上进的嫩芽。

每每面对孩子们写不完作业的时候；每每看到因小问题动手打架的时候；每每课上心猿意马的时候；每每因犯了错误怕受到惩罚而撒谎的时候，都需要我们耐心地与孩子们进行沟通和问题的交流，相信一个好老师会是孩子向往学习的动力，相信一个好老师会是孩子喜欢校园的原因。

让我出乎意料的是在今天下午的主题班会上，班会的主题是"为爱种下一颗种子"，孩子们的表现令我吃惊，整节课中有孩子们感动的目光，有鼓励的掌声，有向我的提问。我非常感动，感动于孩子们精彩的设计，感动于孩子们充满诗情的诵读，感动于孩子们平等地善待后进生，其中有这样一个镜头，却让我改变了对待后进生的看法：

当主持人在与同学们交流到"在去看孩子们的路上，雷锋叔叔牺牲了，雷锋临死前会说些什么呢？"这时我们班的方××和孙××（这是我们班生活在被同学们遗忘的角落中的两个学生，散漫，不写作业，打闹……）正在窃窃私语，这时被主持人王芙蓉发现并且叫了起来，随后问他们："你们的看法是什么？"两个学生愣在那不知说什么，他们自己也知道自己刚才因为忙着说话而没有听见主持人说的什么，所以低着头不好意思抬头，这时我在想主持人面对这样的情况该怎么处理呢？是该由我出面去解决这个问题呢，还是？正在我犹豫不决的时候，主持人王芙蓉话锋一转说，那这样吧，我问你一个问题："如果我们行走在沙漠中，大家又累又渴，而这时只有你有水，你会给大家水喝吗？"

"会。"方小宾低着头轻轻地说。"真的会吗？"主持人提高了声音问。

"真的会！"方小宾也提高了声音坚定地说。这时全班同学笑了。

"我认为大家不能笑他，我们应该给他掌声，为他有这样一颗善良的心！"主持人付××说。大家此时好像也明白了什么，随即响起了热烈的掌声，我很感动，就这么简单的一个问题，及时地保全了孩子的自尊心，同时又激发起了两位同学的爱心意识，还得到了全班同学的掌声，是肯定的、鼓励的掌声，这是何等的艺术，可谓润物无声啊！我想在对待后进生的问题上，孩子们今天给我上了生动的一课。

回想自己的教育生活，有时候在面对"后进生"的一而再，再而三的犯错误的过程中因屡教不改而失去耐心，也会不自觉地用放大镜去盯着孩子的缺点，今天听了孩子们自己主持的主题班会后，上演的一幕给了我很大的触动，学生尚且能做到如此的宽容，能灵活地处理后进生的问题，我作为孩子们的班主任又有什么理由不向孩子们学习呢！

"一只手伸出来，五个手指头总有长短。"一个班级中由于种种原因，也不乏会出现"后进生"，我们作为老师是不是该让孩子找回一点点属于自己的自信，我想我们应该善待每一个孩子，挖掘孩子的闪光点，相信每个孩子都是一颗耀眼的星。常言道：身教重于言教，孩子就是我们的一面镜子，在实际教学中，要正确对待差生，做好差生的转化工作，这就要求教师提高认识，加强职业道德修养，以人为本，更新教育观念，做到：宽容、理解、引导、关爱！静等"后进生"的花儿开放！

【资料来源】http://www.pep.com.cn/xgjy/jiaoshi/ztyj/csxy_1_1_1/201312/t20131202_1174838.html

三、教育性

班级的教育性是在任何发展阶段都具有的特点。如果说夸美纽斯在17世纪首创班级授课制时更多地强调班级只是作为一种"大生产"的组织在提高教学效率方面的价值的话，那么，在现代学校教育中，人们更多地关注的乃是班级作为学校教育的单位对学生社会性发展的影响，这也充分说明教育性是班级的主要特点。

班级是学生与学校教育、社会影响之间的"转换器"。班级介于学校、社会与学生个体之间，学校教育、社会影响对学生将产生什么样的作用，学生能否接受，往往取决于班级对学生的影响。由于班级本身所具有的教育功能，人们也更关注班级作为学校的教育组织，对学生发展的影响。

班级教育活动蕴涵着提高学生认识能力、动手能力、人际交往能力等多重因素，能满足正在成长中的学生的好奇、求知、联想、创造等多方面发展的需要，能为他们释放天性、活跃思维、磨炼意志、展示特长、追求发展提供舞台，是学生个性品质发展的重要载体。

班级教育活动作为学生社会化的一种转化过程，也是促使学生社会化的一种动力。此外，班级教育活动对于促进班级目标的实现，加强班风班纪建设，增强班集体的向心力和凝聚力都具有重要的作用。只要充分发挥班级的教育功能，就会增强学生的参与意识，改善学生的人际关系，进而完成培养人、塑造人的目标。

四、社会性

从教育社会学的角度看，班级是社会的缩影，是一种社会体系，是以青少年学生为主体、以社会化学习与交往活动为特征的教育社会。

对于班级社会的含义，是由美国著名社会学家帕森斯（Talcott Parsons，1902—1979）在1959年发表的《班级是一种社会体系》一文中最早提出的，该文运用社会学观点论述了班级社会的概念、特征、条件及功能。他指出，凡是一种行为，牵涉自我和他人的交互关系者，便属于社会行动，社会体系就是由这些单位行动所组成的。

班级是按照一种社会组织的模式来进行建设的，而且是作为一种特殊的社会群体进行建设的。班级的确定、班级中的机构设置、班级中的活动都会反映社会对受教育者的培养要求，时刻受到社会环境的渗透和影响。无论是在班级正式组织还是非正式组织的活动中，每位学生都会与教师、同学进行交往,从而构成小范围的社会关系。

班级的教育性特点不仅仅表现在对学生社会化方面,而且也表现在促进学生个性化方面。在社会化的过程中,个性化与社会化是相容的。社会化不是以牺牲自我发展、自我表现为代价的。学习社会的文化,掌握社会的价值观念和道德规范同个人的学习兴趣、需要从来不是完全对立的。强调班级能够促进学习的个性化,就是要使人们充分认识到学校培养的不是社会机器,而应是全面发展的、具有个性的"充分、自由、和谐发展"的人,这是教育的根本目标。

第四节 班级组织建设

班集体作为学生学习生活的一个整体,它必将发挥着比教师的单一教育还要大的作用。因此,组织和培养班集体,既是班主任的目的,也是对学生进行教育的手段。

一、班级组织的形成

(一)班级组织的基本特征

班级是按照一定教育要求,将年龄、知识水平等相近的学生组织起来的基本组织。但是一个班的学生群体还不能称为班集体。班级组织必须具备以下基本特征。

1. 有明确的共同目标

班级组织不同于群体的最突出的特征就是有共同的奋斗目标。当班级成员具有共同的目标时,群体成员在实现目标的过程中便会在认识上、行动上保持一致,相互之间形成了一定的依存性。这是班集体形成的基础。

2. 一定的组织结构

班级中的每个成员都是通过一定的班级机构组织起来的。组织机构维持着班级成员之间的关系,从而保证完成共同的任务和实现共同的目标。一定的组织结构是一个班集体所不可缺的。

3. 共同的生活准则

健全的班级组织应受到相应的规章制度的约束,并把取得集体成员认同的、为大家自觉遵守的行为准则作为完成共同任务和实现共同目标的保证。

4. 集体成员之间平等、心理相容的氛围

在集体中，成员之间在人格上应处于平等的地位，成员个体对集体有自豪感、依恋感、荣誉感等肯定的情感体验。

5. 正确的舆论和优良的班风

班级组织的舆论导向正确，一个良好的班级组织要形成正确的舆论和良好的班风，去影响、制约每个学生的心理，规范每个学生的行为。正确的舆论、好的班风是一种巨大的教育力量，对班级每个成员都有约束、制约、感染、熏陶、激励的作用。在奖善罚恶的过程中，舆论和班风具有行政命令和规章制度所不可代替的特殊作用。一个良好的班级，必须具有正确的舆论和优良的班风。

(二)班级组织的构成要素[①]

班级组织作为一个小社会系统，必然由许多的要素构成。其中，目标、制度、文化和个体是必不可少的四个要素。

1. 目标要素

"当某一目标的达成需要共同努力时，人们就通过组建特定的组织来协调活动"，[②] 可见，某些特定的目标是组织形成的前提。从班级组织的形成来看，这种论断也是合理的。需要共同实现的目标是班级组织建立的必要前提，没有这些共同的目标，班级组织也就失去了引导，其存在的基础也就产生了动摇。可以说，班级组织中的个体就在这些目标的引导下进行互动，共同维持和建设班级组织。

班级组织的目标要素是由各种目标所构成的系统。首先，从纵向上来看，班级组织的目标包括国家的教育目标、地方的教育目标、学校的教育目标、教师的教育目标、学生的学习目标。每一个层级的教育目标都包含着对上一个层级教育目标的理解、贯彻和实施，而同时也包含着这个层级所特有的个体特征。从地方的教育目标来看，它既包含对国家教育目标的贯彻和实施，同时也包含对地方特有情况的关注；从学校的教育目标来看，它既包含着对地方教育目标的理解，也包含有对学校特色的考虑；从教师的教育目标来看，它同时囊括了学校的教育目标和个人自身的特点和对教育的理解；从学生的学习目标来看，这既有对教师的教育目标的遵

---

① 齐学红：《班级管理》，武汉：武汉大学出版社，2011 年，29～32 页。

② ［美］韦恩·K. 霍伊，塞西尔·G. 米斯克尔：《教育管理学：理论·研究·实践（第七版）》，范国睿译，北京：教育科学出版社，2007 年，22 页。

从，也有自身特征以及兴趣爱好的体现。总之，班级组织的目标由这五个层级的目标所构成，它们之间并非是相互独立而存在，而是相互作用着而存在。其次，从横向上来看，他们每一个人在班级组织中都有一个属于自己的目标，这些属于他们每个人自己的目标能在实际上导引他们的行为。由于他们每一个人的自身特质、自我认识以及对学习、对教育的不同理解，这些目标具有个体的差异性，每一个人的目标和其他人的目标都不相同。但同时，班级中每一个成员的目标在拥有自身特色的同时都或多或少地带有组织目标对个人的要求。因此，从横向上来看，班级组织中的成员都有自己的目标，这些目标是班级组织的目标和个人特有目标的结合。

同时，这些目标在班级组织中也发挥着重要的作用。目标的具体、清晰程度影响着班级组织的结构、班级任务的细化以及班级管理的行为。模糊的班级目标妨碍班级组织的理性化，这是因为，没有清晰的目标，班级组织的管理者是不可能做出合理的决策的。除此之外，班级管理中的日常事务也受目标的引导，目标的清晰有助于班级日常管理的有序进行，而缺少清晰的目标则容易使班级日常管理工作陷入混乱和无序。

2. 制度要素

制度是班级组织的一个重要的要素，它是班级作为一种社会组织的重要体现。指的是班集体为实现共同的奋斗目标而制定的规则、法则，是班集体按一定程序办事的规矩，是班级管理的准绳。在班级组织目标的引领之下，为了更好、更快地实现班级组织的目标，保证班级组织成员之间互动的秩序，制定一定的规章制度是必不可少的。班级管理离不开规章制度，俗话说"没有规矩，不成方圆"，一个良好班集体的形成，必须有一个人人都必须遵守的制度。因此，班级组织的制度更多的是体现了班集体对学生和教师的要求，是他们所必须要遵守的。

一般来说，每一个学校都有一套统一地针对学生的规章制度。从其作用范围上来看，这些制度针对的是全校的学生，是所有学生都必须要遵守的。而作用范围的广泛决定了其内容只是对学生的基本要求。班主任在管理班级的过程中必须把学校的规章制度传达给学生，从而使其成为班级组织制度的一种形式；然而，这些制度并不一定适合班级的实际情况，或者不能满足班级管理的要求，因此，在学校制度之外，每个班级都有针对自己班级所制定的制度，这些制度是由教师或者教师和学生或者学生自己所制定的。学生在这些制度的形成过程中具有一定的作用，不管学生是否参与这些制度的制定，这些制度的最终实施或者生效的前提则是学生的认可。从其广度来看，它们的作用范围只限于本班，是本班学生所必须遵守的，而其他班级则有其他班级的制度，当然各班级的规章制度可以是相同的，也可以是不同的。然而，和学校规章制度不同的是，班级自己的制度有一部分是明文规定的，而有一些则不是。它们是教师和学生在日常互动中所形成的隐性的制度。虽然没有明确的规定，但确实是每个学生和老师都知道的，这是渗透在他们日常生活中的规范。因此，这三种制度形式共同构成了班级组织的制度要素，共同对班级组织成员的行为和互动起着规范的作用。

3. 文化要素

在班级组织中的成员互动过程中，会形成一种共享的价值观、规范、信仰和思维方式。这些共同的取向就形成了班级组织的文化。班级文化是班级所特有的特征，由于它的存在，把一个班级和另外一个班级区分开来，并为班级组织成员提供了一种认同感和归属感。班级文化提供给组织成员一种超越他们个人的信仰和价值观；从而个体属于远远大于他们自身的群体。当文化非常强大的时候，对群体的认同感与群体的影响力也会变得非常强大。

从内容上看，班级组织的文化可以分为物质文化、制度文化和精神文化。班级组织的物质文化是班级组织文化中的实体部分，主要包括班级的教室环境、教学设施、各种墙报、宣传画、图书角、荣誉匾牌以及各种象征物等。班级组织的物质文化的具体形态展示出不同类型的班级往往具有不同形态的物质文化；班级组织的制度文化是指班级组织文化中的制度部分，包括班级中各种条例化和有形的规章制度、行为规范、纪律等，也包括班级中那些无形的习惯、约定俗成的规范，以及班级在教育教学活动中逐渐形成的传统和风气等。然而，班级组织的制度文化并非仅仅指的是制度本身，还包括班级组织的制度所体现的精神以及班级组织成员在遵守制度过程中的行为方式；班级组织的精神文化是指班级组织文化的观念部分，包括班级特定的思想意识、价值观念等。在班级组织中，这些观念文化常常是无形的却又无处不在，它以"隐性课程"的方式对学生的世界观、人生观、价值观产生着重要影响。班级组织文化的这三种形态并非独立存在的，它们是相互联系的，其核心是班级组织的精神文化，它们在一定程度上决定着班级物质文化和制度文化的形态。

班级文化所呈现的是班级组织非文字的情感部分，班级组织的文化是教育学生的一种重要的资源，它全面塑造着学生的个性和特质。

4. 个体要素

每一个组织都是由众多"个体"组成，班级组织也不例外，班级中的个体共同构成了班级组织，他们是班级组织的中心。个体在班级组织中处于中心地位，是班级组织的关键要素。没有了这些个体，班级组织就不复存在。从内容上来看，班级组织中的个体有学生、教师（包括任课教师和班主任）。当然，这些只是班级组织系统内部的个体，他们还受到班级组织系统外部的个体，包括学校领导、家长等的影响，因此，班级组织系统外的个体也影响着班级组织系统内部的个体，他们形成了班级组织的外部系统。

首先，学生是班级组织中的重要个体，没有学生，班级组织就没有了存在的价值和意义。在传统的教育中，我们一直把学生置于教育对象或教育客体的地位，特别是在班级管理工作中，学生成了被管理者。现今越来越多的理论和实践工作者都已经认识到在班级这样一个教育组织中学生所应具有的重要地位，他们应该处于班级组织的主体地位，充分发挥学生的主体性成为教学理论的共识。其次，教师，包括班主任和任课教师，是班级管理的实施者，是班级组织运行的统筹者和主导者。

（三）班级组织的发展阶段

学生班级集体组织，是由不同个体集结而成，要成为具有组织特性的团队，需要一个发展变化的过程。班级组织的形成一般经历三个发展阶段。

第一阶段，组建班集体组织阶段。在新组建的班级中，同学之间、师生之间相互陌生，学生心里还没有班级的概念，群体松散，班级吸引力差，共同的发展目标和行为规范尚未形成。在这一阶段，班级活动都依赖班主任直接组织和指挥。实践表明，班主任在这一阶段如果抓不紧，教育引导不力，组织管理不严，班级很容易出现松弛、涣散现象。因此，有经验的班主任都十分重视从以下方面进行新班的组建工作。首先，抓紧时间全面了解学生，尽快掌握熟悉班级和学生的整体情况，注意发现、选择和培养积极分子。其次，建立班级规章制度，对学生的学习、生活提出切实可行的要求。最后，组织和开展班级活动，促进同学之间的交流，增进了解，提高班级的吸引力。

第二阶段，班级组织初步形成阶段。在班主任的引导和培养下，班集体出现了许多新特点，如同学间彼此有了一定了解，友谊加深；班级里积极分子已涌现出来，集体有了骨干力量，班级核心初步形成。但是，这时的班集体还十分脆弱，集中表现在班级行为规范尚未成为学生的共同需要，集体舆论还没有形成，班级目标还没有转变为全班同学共同自觉追求和行动的动力。针对这种情况，班主任应把住时机，积极向全班同学推荐班干部人选，及时组建班委会，并通过精心指导和培养，逐步放手让学生干部自己组织开展班队工作，锻炼学生干部组织活动和独立工作的能力。同时，还应注意继续扩大积极分子队伍，增强班级的凝聚力和号召力。另外，班主任还要重视班级规章制度的贯彻执行，培养学生自觉遵守班级行为规范的习惯，为良好班风形成打下基础。

第三阶段，班级组织的形成发展阶段。在前两个阶段工作基础上，班级群体已成为班集体，其主要标志是，班集体有了一个较稳定的、团结的领导核心，班干部能独立开展各项工作；班级目标已成为学生个体的奋斗目标，是非观念增强，正确的集体舆论和班风已形成。不过，班集体形成并不等于班主任工作结束，班集体还需要进一步巩固和不断发展，班主任要根据班级情况提出更高层次的奋斗目标，争创优秀班集体。还要针对班内学生不同特点，充分发挥学生个性特长，从整体上提高全班学生的素质。

二、班级组织建设

（一）班级组织机构建设

实施对班级的有效管理，组织结构的落实是必不可少的。好的班级组织结构，将有利于班级整体合力的形成，有利于班级管理中各项措施的落实。班级组织结构的构成一般包括以下几部分。

1. 团支部（少先队）

团支部是共青团工作和活动的基本单位，是团的最基层一级组织。团支部一般由团支部书记、组织委员、宣传委员组成。少先队中队委员会是少先队基层组织的一级领导机构。中队委由中队长、组织委员、学习委员、体育委员、宣传委员、卫生委员、纪律委员组成。

2. 班委会

班委会是班级日常工作的组织者和执行者，是协助班主任根据所属教学部门和校学生处的工作计划开展班级建设工作的一级学生组织。班委会一般由班长、副班长、学习委员、生活委员、文娱委员、体育委员、劳动委员组成。

3. 小组

小组是班级管理中的基层组织。一般班级分为四个小组,组长一人,组员若干。

班级在加强团支部(少先队)、班委会建设的基础上,更应该突出小组建设。因为所有的班级成员,都是小组成员。也只有设计好小组结构,才能将班级所有成员包括进来。

4. 科(课)代表

科(课)代表是各个学科的带头人,是任课教师的好助手。每学科设科(课)代表一人。

案例 1-3

发挥课代表在班级学风建设中的作用

课代表在很多学校和班级里,仅仅是收收作业的"小官"而已,他们往往是自己该门学科成绩好,但缺乏热心为同学服务的精神和责任心,有的同学还担心会因此影响自己的学习,不乐意担任这一角色。其实,课代表在班集体建设中具有独特的作用,他们是学科教师与全体学生之间联系的纽带和桥梁。因此,如何发挥课代表在班级学风建设中的作用,是班主任在班集体建设中的一项重要任务。

我在选拔课代表时,首先把热心为同学服务,责任心强放在首位,其次才是学科成绩好。在课代表的职责中,把发挥榜样示范作用作为重要考查内容。并且及时发现课代表中的典范。

王亮同学是我班公认的课代表的榜样,被生物老师誉为从教十几年来见过的最负责的生物课代表。每次上交暑假作业前,王亮先对同学作业进行分类汇总(分为最认真的、较认真的、一般的和需要改进的),这样,既了解了班级情况,又能协助老师工作。王亮同学还自己编习题,不定时督促辅导六七位后进生逐题去做,隔一段时间还组织检测。他的责任心与热心为同学服务的精神得到了全班同学的认可,他的做法也被其他课代表竞相效仿。

例如,物理课代表经常为同学讲解经典例题;化学课代表主动帮外出开会的老师批改试卷并反馈评改信息;语文课代表制定的"成语接龙"比赛细则,让我领略到了王小丫"开心词典"的神韵。

针对晚自习收交家庭作业耗时长而导致班级纪律涣散的现象,学习委员召集课代表会议会诊,进行了两次整改,从而保证了晚自习的秩序。

正由于课代表们的"软硬兼施、刚柔并济",原先一些经常拖欠作业的学生因碍于同学情面或者不胜其"烦",都有了明显进步。每次考试公布成绩时,课代表们就像急于知道自己的成绩一样关心后进生的分数,为的是督促鼓励后进生,也为了看到自己的工作效果。在课代表的带动下,我班的学习风气日渐浓厚起来,在同学之间形成了"比、学、赶、帮、超"的良好学习氛围。

【资料来源】齐学红:《班级管理》,武汉:武汉大学出版社,2011 年,48~49 页。

(二)班级组织的形成与培养

任何一个班级组织的形成过程都是一个教育培养与类化的过程,期间需要班主任的正确指导与引领。

1.确定切合实际的奋斗目标

目标是集体发展的方向和动力,一个班级组织只有具有共同的目标,才能使班级成员在认识上和行动上保持统一,才能推动班级组织的发展。为此,教师要精心设计班级发展的目标。

案例 1-4

下一阶段的目标

(1)全班同学都要讲文明、团结友爱、尊敬师长,养成良好的行为习惯,让我们班级成为学校最文明的优秀班级。

(2)要遵守纪律,保证课上 40 分钟专心听讲、主动发言,让每位课任教师都喜欢来我们班上课。

(3)乐思好学,不懂就问,博览群书,养成良好的学习习惯,争取每天都能进步一点。使班级的各科成绩名列前茅。

(4)积极参加课外活动,认真做好两操,提高自身的身体素质,争取在学校举行的各项体育比赛(运动会、越野赛)中名列前茅。

(5)为人乐观、善良、诚实、坚强、豁达。

【资料来源】http://www.jxteacher.com/361127004001110024/column29830/6f284
d74d4fb4fae 887b7ba11ddf9294.html

班级组织的发展目标一般可分为近期的、中期的、远期的三种;目标的提出由易到难、由近到远、逐步提高。班级目标的设计,主要依据两方面的因素,一是国家的教育方针政策,学校的培养目标;二是班级群体的现实发展水平。

拓展阅读 1-8

马卡连柯论前景教育

苏联教育家马卡连柯认为，正常的、健康的集体必须不断地向前发展，一旦停滞不前，集体就没有了生命力，这是集体运动的规律。根据这个规律他又提出了"前景教育"原则，要求教师在教育过程中经常给学生指出美好前景，即给学生提出一个或好几个需要经过一定努力才能完成的新任务，"建立新的前途，运用已有的前途，逐渐代之以更有价值的前途……"吸引学生集体和集体中的每一成员，为完成新的任务，实现新的前景，由近及远、由易到难地开展活动，由简单的原始满足发展到最高的责任感，从而使整个集体朝气蓬勃，永葆青春。按照他的意见，"人的生活的真正刺激是对明天的欢乐。……培养人，就是培养他对前途的希望"。因此，他认为，"在教育技术中，这种明天的欢乐就是最重要的工作对象之一"。"前景教育"也称"远景教育""明日快乐教育"。

在实现班级组织的目标过程中，教师要充分发挥班级成员的积极性，使实现目标的过程成为教育与自我教育的过程。

2. 建立积极向上的核心队伍

一个良好的班级组织都会有一批团结在教师周围的积极分子，他们是带动全班同学实现集体发展目标的核心。因此，建立一支核心队伍是培养班级组织的一项重要工作。

拓展阅读 1-9

班级核心队伍与"鲶鱼效应"

挪威人喜欢吃沙丁鱼，尤其是活鱼。市场上活鱼的价格要比死鱼高许多。所以渔民总是想方设法地让沙丁鱼活着回到渔港。可是虽然经过种种努力，绝大部分沙丁鱼还是在中途因窒息而死亡。但却有一条渔船总能让大部分沙丁鱼活着回到渔港。船长严格保守着秘密。直到船长去世，谜底才揭开。原来是船长在装满沙丁鱼的鱼槽里放进了一条以鱼为主要食物的鲶鱼。鲶鱼进入鱼槽后，由于环境陌生，便四处游动。沙丁鱼见了鲶鱼十分紧张，左冲右突，四处躲避，加速游动。这样沙丁鱼缺氧的问题就迎刃而解了，沙丁鱼也就不会死了。这样一来，一条条沙丁鱼活蹦乱跳地回到了渔港。这就是著名的"鲶鱼效应"。

这一原理运用到班级管理中，注重发挥班内核心队伍以及班委、课代表、特长生等"带头人"的作用，同样会取得良好的效果。

班级组织中的积极分子有多种类型，可以是全面发展的，也可是单项突出的，并且积极分子的队伍不是一成不变的。

建立班级组织的核心队伍，首先，教师要善于发现和培养积极分子。这就需要教师在了解学生的基础上，及时发现在班级活动中涌现出来的积极分子，并从中选拔出能热心为集体服务、能团结同学，且具有一定管理能力的学生班干部。一般来讲，班干部的选拔方法有：班级刚刚组建时的班主任推荐和任命式；在自由平等的气氛中每一个学生都参与竞争的集体选举式；通过学生提名和投票选举产生的学生推举式；学生自我推荐的毛遂自荐式；根据一定的规则班干部轮流担任的全体轮岗式等。班主任可根据实际情况选择使用。

其次，教师应把对积极分子的使用与培养结合起来。既要鼓励他们独立开展工作，又要耐心帮助他们提高工作能力；既要维护他们的威信，又要对他们严格要求；既要肯定他们的工作成绩，又要指出他们工作中的不足。

3. 建立科学的正常秩序

班级组织的正常秩序是维持和控制学生在校生活的基本条件，是教师开展工作的重要保证。

班级组织的正常秩序包括必要的规章制度、共同的生活准则以及一定的活动节律。

教师在班级的组建阶段，就应着手正常秩序的建立工作，特别是当接到一个教育基础较差的班级时，首先就要做好这项工作。在建立正常秩序的过程中，教师要依靠班干部的力量，由他们来带动全班同学。一旦初步形成了班级秩序，不要轻易去改变它，不断的让学生体验到正常的秩序对他们的学习、生活所带来的便利与成效。

4. 组织形式多样的教育活动

班级组织是在全班同学参加各种教育活动中逐步成长起来的，而各种教育活动又可使每个人都有机会为集体出力并显示自己的才能。设计并开展班级教育活动是教师的经常性工作之一。

根据班级教育活动的时间分布，主要由日常性的教育活动和阶段性的教育活动两大部分组成，所涉及的内容有主题教育活动、文艺体育活动、

社会公益活动等。

教师在组织各种教育活动时，要有明确的目的和要求，要精心设计活动内容，注意形式的适龄化，力争把活动的开展过程变成教育学生的过程。

5. 培养正确的舆论和良好的班风

班级组织舆论是班级集体生活与成员意愿的反映。正确的班级组织舆论是一种巨大的教育力量，对班级每个成员都有约束、感染、同化、激励的作用，是形成、巩固班级组织和教育集体成员的重要手段。

教师要注意培养正确的集体舆论，善于引导学生对班级组织的一些现象与行为进行评议，要努力把舆论中心引导至正确的方向。

良好的班风是一个班级组织舆论持久作用而形成的风气，是班级组织大多数成员的精神状态的共同倾向与表现。良好的班风一旦形成，就会无形地支配着集体成员的行为，它是一种潜移默化的教育力量。

教师可通过讲清道理、树立榜样、严格要求、反复实践等方面培养与树立良好的班风。

(三)班级组织建设的途径与方法

1. 班级组织建设的途径

班级组织建设的途径是指班级组织建设的实施渠道或形式。

(1)思想政治课和学科教学。

通过教学实施集体教育是通过传授和学习文化科学知识实现的。思想政治课各科教材中都包含有丰富的教育内容，只要充分发掘教材本身所固有的思想教育因素，注意把教学的科学性和思想性统一起来，就能在传授和学习文化科学知识的同时，使学生受到集体主义思想和科学精神、人文精神的熏陶，形成良好的班级组织观念。

(2)各类课外活动与校外活动。

这是生动活泼地向学生进行德育的一个重要途径，它不受教学计划的限制，让学生根据兴趣、爱好自愿选择参加，自主地组织、开展丰富多彩的活动，制订并执行一定的计划与纪律，以调节自己的行为和处理人际关系。因此，通过这个途径进行的班级组织教育，符合学生的特点和需要，能激发他们的兴趣，调动他们的积极性，特别有助于培养学生的识别是非、自我教育等道德能力和互助友爱、团结合作、纪律性与责任感等良好品德。

(3)共青团(少先队)活动。

通过共青团(少先队)活动,能激发学生的上进心、荣誉感,使他们能够严格要求自己,提高思想觉悟,培养良好品德。

(4)班会。

班主任在班级组织建设中,要根据学生心理、生理特点,对学生进行爱国主义教育、集体主义为原则的道德教育;进行以关心、爱护、尊重他人,正确处理人际关系的文明礼貌教育;进行民主、法制和纪律教育等,为了实现这一目标,班主任要充分运用晨会、主题班会形式开展专题教育,这是重要的教育途径。班主任要特别精心组织,培养健全的班集体,并通过集体对学生进行教育。

(5)随机教育。

学生是正在成长中的一代,活泼好动、好奇心强是他们的特点,因此,在学生中会随时随地发生一些临时的意外情况,这就需要班主任善于抓住有利时机,捕捉可利用的因素,恰当处理,会对学生的发展起到良好作用。

2.班级组织建设的方法

(1)目标管理法。

目标管理法是根据国家教育目的、学校教育目标和学生的实际来确定一定时期内预期达到的成果,然后制定出总目标,并为实现该目标而进行的组织、激励、控制和检查等工作的管理方法。自从二十世纪五十年代美国企业管理专家彼得·德鲁克提出目标管理理论后,目标管理法得到广泛运用,被认为是一种科学而有效的管理方法。

在班级组织建设中如果能善于运用目标管理法,可以取得较好的管理效果。在班级组织建设中,利用目标进行管理,可以激发学生的潜力,调动学生的积极性和创造性。在班级组织建设中运用目标管理法注意制定合理、切实可行的目标,这是实行目标管理的关键环节。

(2)系统教育活动法。

系统教育活动法是指在班级组织建设中,围绕班级发展目标和计划所开展的一系列教育活动,使班级组织建设得以实现、学生得以发展的方法。

班级组织的凝聚力和向心力往往是在活动的过程中逐步形成的。也只有在活动的过程中,在所有集体成员为共同的目的而努力奋斗的时候,学生才能体会到集体的力量,良好的班级活动的组织是形成这个班集体凝聚力的重要条件。因此，班主任应着力构建"开放、多维、有序"的班级活动体系，活动的确定要贴近学生的成长实际，活动的开展应体现全员参与和获益，避免形式主义，活动的形式要丰富而富有创意。

(3)规范制度管理法。

规范制度管理法是指班主任在班级组织建设中，通过制定和执行规章制度去规范学生的言行，从而达到班级组织形成和发展的管理方法。

规范制度管理法是班主任班级建设的常用方法，渗透在班级组织建设的方方面面，通常所说的抓常规管理，就是建立班级基本秩序、制度与规范，为学生的学习、生活、成长营造健康有序的环境。

(5)自我教育法。

自我教育法是指在班级组织建设中，学生在班主任的循循诱导下、在自我认识的基础上，自觉进行思想转化和行为控制的方法。

自我教育法的特点在于能充分发挥学生的主体作用，激发学生高度的自觉性。通过激发学生的自我意识，培养和发展学生的自我教育能力，使他们从他律逐步过渡到自律。指导学生自我教育是班级组织建设的重要内容，班主任要正确处理好教师的主导作用和学生主体作用之间的关系，帮助学生制订自我教育计划，使学生明确自我努力的方向，引导学生开展自我设计、自我践行、自我评价的活动，将学校教育、班级教育转化为学生的自我教育。指导自我教育的方式可分为两类，即指导集体自我教育和指导个体自我教育。指导集体自我教育的形式有集体讨论、参观调查、班会等。指导个体自我教育的形式有读书、写日记、自我总结等。

班主任要认识到，随着中学生自我意识、独立意识的逐渐增强，他们的自理能力也得到一定程度的发展，对此应给予充分的尊重和信任，以积极肯定和支持的态度，鼓励中学生的自我成长。同时又要看到中学生还有幼稚、不成熟的一面，无论在思想、情感、意志和行为方面都呈现出不稳定性，需要班主任经常给予帮助、指导和督促。

【本章小结】

本章作为全书首章，具有"绪论"或"引论"的性质，从班级组织概念、产生过程、构成要素、发展阶段及基本特征等方面来认识班级组织，将"班级组织"定义为学校按照教育培养目标，把年龄特征和文化程度相近的学生组合起来，分成不同的级别，再分成具有一定人数的班，以便进行教育、教学和管理的正式群体组织。

本章讨论了班级组织的历史发展，分析了特点，以便帮助学习者对班级组织有一个概略性的认识和总体性的把握；分析了班级组织的发展阶段，将其划分为组建班集体组织、班级组织初步形成和班级组织的形成发展三个阶段，并概述了培养班级组织、班级组织建设的途径与方法。

【思考与练习】

1. 什么是班级组织？它的特点有哪些？
2. 班级的作用体现在哪些方面？
3. 班级组织的基本特征有哪些？
4. 班主任应如何培养班级组织？
5. 班级组织建设的途径与方法有哪些？
6. 请阅读下面的案例，之后回答问题。

班级大整治①

刚接手这个班级时，课堂纪律差极了，乱哄哄的，比菜市场还热闹；班上的怪事也多，同学们不是打架，就是去网吧，或是搞恶作剧；班里简直是"娱乐圈"，每天都有"绯闻""爆炸"性新闻⋯⋯这些现象真是让人头疼。于是我决心一定要进行班级"大整治"。

我和几位班干部开了个会议，商量怎样治理好这个班级。经过研究，计划用三套方案彻底让这个班级每个方面都有所改善。第一套方案就是让这些调皮鬼的首领——霍勇当纪律委员！这样做的目的就是让霍勇听指挥，借着他的威力让众人安静。这一招果然有效，课堂纪律立刻好了很多。从此，男生们又变回了"绅士"，女生们也都变回了"淑女"。这周我们班终于获得了"流动文明红旗"。虽然课堂纪律好了，但其他方面还是较差。于是，又使出了第二套方案，决定来搞"班级风云榜"颁奖，三周举行一次。这些奖由班委会在三周中观察大家，然后进行评选，列出入围名单。这很让大家期待。还真有点像电视上的一些音乐风云榜的样子。果然，这个消息一传出，同学们都变了个样。他们每个方面都很努力地做，都希望自己能入围并获奖。"风云榜"奖项有"最佳文明奖""作业完成优秀奖""衣服整洁奖""爱劳动奖""纪律奖""进步突出奖""最佳值日生"等十几个奖项，这些诱人的奖，让大家精神振奋，各方面进步都很大！

---

① 张作岭，宋立华：《班级管理》，北京：清华大学出版社，2014年，248～249页。

　　第三套方案是什么？别急，让我来说给你听。由于课余时间很多学生爱去网吧，导致贪玩厌学。我们班就成立了"放学后俱乐部"，让同学们的课外生活丰富起来，从而实现"劳逸结合"。俱乐部只收取 5 元钱就可以入会。这 5 元钱是干什么的？是活动经费，用来买书刊报纸和一些学习用具。俱乐部的活动时间是每周星期六，每到星期六，会员们就都聚集在某位同学的家中搞活动。俱乐部开设了美术兴趣组、"小荷"文学社、书法兴趣组等兴趣小组，小老师则由在这些方面有特长的同学担当。当然，还有"读书天地"，让大家在知识的海洋中遨游，丰富大家的课外知识。

　　通过全班同学的努力，我们这个班的学习成绩有所提高，纪律变好了。前些天，"文学社"的几篇作文还在杂志上发表了呢！

　　(1)请您思考如何做好班级组织建设？

　　(2)请用班级组织建设中目标建设的观点分析这位班主任的做法。

【本章参考文献】

1．张作岭，宋立华．班级管理．北京：清华大学出版社，2014

2．齐学红．班级管理．武汉：武汉大学出版社，2011

3．魏书生．班主任工作漫谈．桂林：漓江出版社，2005

第二章　班级管理

【本章学习目标】

1. 知道班级管理的含义和作用。
2. 了解班级管理的理论基础。
3. 知道班级管理的基本原则和运用要求。
4. 准确理解班级管理的几种模式和发展趋势。

班级是一种组织，因而需要管理，班级管理活动既是实现班级教育目标的必要条件，也是实现教育目标的途径。

第一节　班级管理概述

一、班级管理的内涵

(一)管理

管理是一种古老的活动，它与人类社会同时产生，并随着人类社会的发展而发展。当人类的祖先在集体生活时，为了实现某种目标，依靠个人力量无法完成，于是他们就从人群中推选出一个领袖人物，负责组织、指挥和协调工作，以便大家统一行动，这就是管理活动的开端。漫长的人类文明史上，人们创造了许许多多伟大的成就，这些成就既是人类智慧的结晶，也是管理的硕果。

管理概念具有多义性。长期以来，许多中外学者从不同的研究视角出发，对管理一词做出了不同的解释。哈罗德·孔茨（Harold Koontz）认为："管理就是为在集体中工作的人员谋划和保持一个能使他们完成预定目标和任务的工作环境。"亨利·法约尔(Henri Fayol)认为："管理就是实行计划、组织、指挥、协调和控制。"赫伯特·A. 西蒙(Herbert A. Simon)认为："管理就是决策。"约瑟夫·梅西(Joseph Massie)认为："管理就是通过其他人来完成工作。"小詹姆斯·唐纳利(James H. Donnely，Jr.)等人认为："管理是由一个或更多的人来协调他人活动，以便收到个人单独活动所不能收到的效果而进行的各种活动。"彼得·F. 德鲁克(Peter F. Drucker)认为："管理是一种工作，它有自己的技巧、工具和方法；管理是一种器官，是赋予组织以生命的、能动的、动态的器官；管理是一门学科，一种系统化的并到处适用的知识；同时管理也是一种文化。"按照《世界百科全书》的解释，"管理就是对工商企业、政府机关、人民团体以及其他各种组织的一切活动的指导。它的目的是要使每一行为或决策有助于实现既定的目标"。无论从什么角度解释，管理的这个综合概念至少包括四个方面的含义：第一，管理适用于任何一个社会组织。第二，管理的基本对象是人。第三，管理是一种协调活动。第四，管理是一种有目的的活动。这就是说，管理是一种社会现象，凡是有群体共同活动、共同劳动或共同工作的地方，都需要管理，以指导人们完成和达到共同的目的。马克思曾强调管理的重要性，他说："一切规模较大的直接社会劳动或共同劳动，都或多或少地需要指挥，以协调个人的活动。""一个单独的提琴手，是自己指挥自己；一个乐队就需要一个乐队指挥"。

拓展阅读 2-1

现代管理理论与班级管理[①]

一、国外主要管理理论

(一)泰罗的管理理论

泰罗(Frederick W. Taylor，1856—1915)在美国总结出一套科学管理理论，其核心是提高工人的劳动效率和管理人员的工作效率。他提出用建立科学管理制度的办法解决提高劳动生产率的问题。科学管理有两个绝对需要具备的要素：劳资双方合作尽到生产最大盈利的责任；必须用科学知识代替个人的经验。为此，他提出了劳资双方都把注意力从盈余的分配转到盈余的增加上来、挑选合适工人、训练工人、以有差别的计件工资刺激

---

① 刘岩，王萍：《班主任与班级管理》，北京：北京师范大学出版社，2013 年，18～20 页。

工人；管理者与工人合作而分工尽其责。他研究目标在改进生产技术过程的管理，对工人生产环节严加控制，使工人变成机器人似的操作。

（二）法约尔的古典管理学派

法约尔（Henri Fayol，1841—1925）认为，"管理，就是实施计划、组织、指挥、协调和控制"。他提出了管理的原则，提出了组织领导人应有的素质、企业人员的培养问题等。他侧重于生产技术过程分析和组织控制问题。

（三）行为管理学派

行为管理学派侧重于人群关系及个体心理因素分析，提出激发人积极性、创造性的理论和方法，代表性学派如下。

1. 梅约的人际关系学派

梅约（G. F. Mayo，1880—1949）在美国提出了新的管理思想：人是"社会人"，金钱不是刺激人积极性的唯一动力；生产效率取决于人的积极性，而满足人的需要是调动积极性的有效方法；注意"非正式组织"的情感和倾向对人行为的影响；人际关系融洽是提高生产效率的重要因素，良好的人际交往给个体带来满足，给组织增添活力。

2. 需要、动机——激励学派

美国的马斯洛（A. H. Maslow，1908—1970）提出人生需要五层次说：生理需要、安全需要、社交需要、自尊需要、自我实现需要。需要能引起动机，推动行为。

美国的赫兹伯格（F. Herzberg）又提出了激励因素与保健因素的双因素理论。他对马斯洛的理论兼容并蓄，认为保健因素不能激励人积极性，仅是预防人不满的因素，只有激励因素才有调动人积极性的作用。

3. 斯金纳的强化学派

美国斯金纳（B. F. Skinner，1904—1990）认为人的行为只是对外部刺激（S）所做的反应（R），只要创造、改变外部操作条件，人行为就会随之改变。操作性条件反射理论的核心是强化理论。所谓强化，就是增强某种刺激与有机体某种反应间的联系；在管理上，就是对某种行为的肯定或否定的结果，在一定程度上激励或阻止该行为的再现。在管理上，运用强化理论，有着肯定积极因素，形成规范行为，否定消极因素，克服越轨行为的作用。

4. 关于人性的学派

美国的麦克里格（Douglas McGregor）对人性提出不同假设，创立管理中的 X 理论、Y 理论，而美籍日裔学者威廉·大内以日本管理经验提出 Z 理论。三种理论要点列表，如表 2-1 所示：

表 2-1　X、Y、Z 三种理论内容要点

X 理论	Y 理论	Z 理论
1. 多数人本性不喜欢工作。 2. 多数人无雄心，无责任欲求。 3. 多数人必须严格控制，强迫其实现目标。 4. 激励只在生理、安全水平上。 5. 愿意接受指挥、监督。	1. 工作是如同游乐的自然活动。 2. 自我控制实现组织目标。 3. 多数人有解决问题的创造力。 4. 激励发生在各种需要水平上。 5. 可以自我领导。	1. 长期雇佣，职业有保障。 2. 多方面培训职工。 3. 分工负责，注意长期，全面评价。 4. 决策要控制机制与统一思想结合。 5. 全面关心职工，上下级关系融洽。

5. 关于领导行为学派

美国的布莱克(Robert R. Blake)、莫顿(Janes Monton)提出了管理方格理论，如果将这种理论应用于班级管理；则如图 1-1 所示：横轴表示班主任对班级工作关心程度，纵轴表示班主任对班级学生关心程度，其坐标交叉点，即表示班主任管理班级的类型：9.9 型是最佳型班级管理；5.5 型是均衡型班级管理；1.1 型是最劣型班级管理；1.9 型是人际型班级管理；9.1 型是工作型班级管理(见图 2-1)。

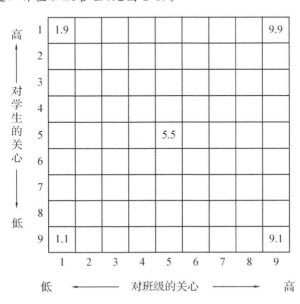

图 2-1　管理方格图

二、现代管理理论对班级管理的启示

(一)管理因素包括理性和经济因素及人性和感情因素

管理因素包括理性和经济因素及人性和感情因素。在班级管理过程中，既要重视正式组织的建设又要重视非正式组织的建设。

(二)管理目标在于提高效率和效益

工业管理目标在于提高生产效率，增强经济效益。同理，班级管理目标也在于提高班主任工作效率，增强培养人才的社会效益。要提高效率就要善于对班级可用资源(人、财、物、信息、思想、文化、时间、精力等)进行充分的挖掘，特别要重视对人力资源(班委、团支部、课代表、小组长等)的培训，增强他们的管理能力，关注投入资源与产出效益的比例关系，追求以最少的投入产出最大的效益。

(三)管理内容包括人的积极性及班级工作

不能见人不见物，也不能见物不见人。我国班级管理要管学生，关心学生、引导学生，也要管班级工作，目的是培养学生。

(四)管理方式采用强化理论

采用强化理论的管理方式，可以更好地改变人的行为。我国班级管理也可以采用强化理论，强化乃至巩固积极行为、弱化乃至消除消极行为。

(五)管理对人的激励方式在于满足，提升需要层次

学生有不同的需要，我们可以考虑以满足学生合理需要、提升需要层次来调动学生积极性，为实现培养目标而努力奋进。

(二)班级管理

班级管理是以班级为载体的教育管理。在我国教育理论界讨论与研究班级管理问题有两种提法："班主任工作"和"班级管理"(也称为"班级经营")。20世纪中叶，我国受苏联教育思想、教育理论的影响，在介绍苏联教育理论的同时，也将苏联的班主任理论介绍到我国。改革开放以后，随着西方教育理论的不断引进，"班级管理"和"班级经营"的概念逐渐在我国教育理论界出现。总的说来，这两种不同的学术语言，所要研究的问题是基本一致的，只是研究的视角和侧重点不同而已。

班级管理具有管理的一般含义，是指班级管理者按照教育管理规律的要求，有目的、有计划地采用一定的方法组织班级教育活动，实现教育目标的过程。班级管理是一种有目的的活动，这一活动的根本目的是实现教育目标，使学生得到充分的、全面的发展；班级管理的对象是班级中的各

种管理资源，包括人、财、物、时间、空间、信息，而主要对象是人，即学生，班级管理主要是对学生的管理；班级管理要遵循一定原则，采取一系列的措施和方法，主要管理手段有计划、组织、协调和控制；班级管理是一种过程，这一过程是围绕着教育活动而开展的，它体现了教师与学生之间的双向活动，是一种互动的关系。

二、班级管理的功能

班级管理对于班级活动的顺利开展，对于学生的健康成长具有很大的作用，具体表现在以下几个方面。

（一）传递社会价值观，明确社会生活目标

班级管理就是按照社会需要和教育目标，在教学和其他社会实践中，向学生进行正确的世界观、人生观、价值观教育，引导学生处理各种人际关系，在社会核心价值观的指导下，树立正确的生活理想、职业理想和社会理想，更加明确社会生活目标和奋斗目标。

（二）有助于维持班级秩序，形成良好的班风

班级是学生全体活动的基础，是学生交往活动的主要场所，因此，调动班级成员参与班级管理的积极性，共同建立良好的班级秩序和健康的班级风气，是班级管理的基本功能，这不仅可以规范学生的行为，而且可以使他们对班级产生强烈的归属感，主动地维护集体荣誉，养成关心集体、爱护集体的良好习惯。

（三）有助于实现教学目标，提高学习效率

班级组织产生的根本原因是为了更有效地实施教学活动，因此，如何运用各种教学技术手段来精心设计各种不同的教学活动，组织、安排、协调各种不同类型学生的学习活动，是班级管理的主要功能。班级教学目的的规范性、课程结构的系统性以及教学过程的可控性，是学生学习社会经验，获取科学文化知识、技能的独特条件。有效的班级管理不但能帮助教师顺利实现教学目标，而且能提高学生的学习效率。

（四）发展学生个体差异，形成学生独特个性

个体的独特性表现在人的个性心理上，诸如兴趣、爱好、理想、信念、能力、性格、气质等。在班级管理过程中，可以根据学生的不同心理发展特征，选择丰富多彩、灵活多样的学习活动和其他实践活动，给爱好不同、性格各异的学生提供更多的选择机会，从而强化学生的个性差异。通过因材施教，帮助学生充分开发其内在潜能，形成自己的优势和特长，

更好地促进自己的发展。

案例 2-1

削梨的孩子

这几年，我每学期都要在班上搞一次特长展示活动。这个学期的特长展示活动，我把它命名为"多彩的舞台"。早在一个星期前，我就让大家各自去准备，以便在"比武"那天"露一手"。不久，孩子们陆续将自己的"拿手绝技"报到了我这里。他们的特长真让我有些眼花缭乱：手工、书法、唱歌、独舞、水粉画、电脑、弹钢琴、打乒乓球……全班47名学生都报了节目，唯独缺一个叫刘巍的孩子。

刘巍是今年从农村转来的，学习很差。他的父母对我说，不指望他能学成什么，只要求他不违法就行。我想：我搞这种特长展示活动的指导思想，是面向每一个学生，刘巍怎么能不参加呢？于是，我把刘巍找来，热情地鼓励他参加特长展示活动。刘巍低着头自卑地说："汤老师，不是我不想参加，只因为我什么都不会。"我慢慢启发他："不管是什么，只要是拿手的，都可以展示出来！你千万不要拘束。"刘巍却急得快哭了："汤老师，我真的什么都不会！"

我想了一下："既然这样，你慢慢想一想，想好了再告诉老师吧。"第二天早上，刘巍找到我怯怯地问："老师，我会削梨，每次家里来客人，爸爸都让我削。请问削梨能算是特长吗？"我当即拍板："就这个了，行！"

开班会那天，我隆重地请刘巍同学表演削梨。在大家好奇的目光下，刘巍拿出了一只黄澄澄的大鸭梨和一把小刀，两手飞快地旋转。不一会儿就削出了一整条细细的果皮，真是干脆利落！那只梨子圆滑晶莹，匀称漂亮。那条细长的果皮展开了足有两米长，就像一条金色的缎带。同学们都情不自禁地鼓起掌来。

那一天，刘巍显得特别兴奋，拿着我奖给他的硬壳笔记本，飞跑回家报喜。从此，刘巍学习可带劲了，虽然许多课听得很吃力，可他始终没有放弃，一直坚持下来，他的学习成绩也有了很大提高。

【资料来源】《人民教育》，2002年第01期。

(五)有助于锻炼学生能力，学会自治自理

班级组织中存在着最基本的人际交往和社会联系，存在着一定的组织层次和工作分工。因此，班级管理的重要功能就是不但要帮助学生成为学习自

主、生活自理、工作自治的人，而且要帮助学生进行社会角色学习，获得认识社会、适应社会的能力，而这对于促进学生的人格成长是极其重要的。

第二节　班级管理的理论基础

班级管理借鉴当今世界上优秀的哲学、社会学、教育学、心理学理论，主要体现在以下几方面。

一、多元智能理论

多元智能理论是由美国哈佛大学的发展心理学家霍华德·加德纳（Howard Gardner）于 1983 年在《智力的结构》一书中提出的。多元智能理论打破传统的将智力看作是以语言能力和逻辑—数理能力为核心的整合的能力的认识，提出人至少存在七种以上的智力，它们是：①言语——语言智力。指个体听、说、读、写的能力，表现为能够顺利而高效地利用语言描述事件、表达思想并与人交流的能力。②逻辑——数理智力。指个人运算和推理的能力，表现为个人对事物间各种关系如类比、对比、因果和逻辑等关系的敏感以及通过数理运算和逻辑推理等进行思维的能力。③视觉——空间智力。指个体感受、辨别、记忆、改变物体的空间关系并借以表达自己思想和情感的能力，表现为个人对线条、形状、结构、色彩和空间关系敏感以及通过平面图形和主体造型将它表现出来的能力。④音乐——节奏智力。指个体感受、辨别、记忆、改变和表达音乐的能力，表现为个人对节奏、音调、音色和旋律的敏感以及通过作曲、演奏和歌唱等表达音乐的能力。⑤身体——动觉智力。指个体运用四肢和躯干的能力，表现为个人能够较好地控制自己的身体，对时间能够做出恰当的身体反应以及善于利用身体语言来表达自己的思想和情感的能力。⑥自知——自省智力，指个体认知、洞察和反省自身的能力，表现为个体能够正确地意识和评价自身的情绪、动机、欲望、个性、意志，并在正确的自我意识和自我评价的基础上形成自尊、自律和自制的能力。⑦交往——交流智力，指个体与人相处和交往的能力，表现为觉察、体验他人情绪、情感和意图并据此做出反应的能力。

后来，加德纳还发现了第八种智力：自然观察者智力，这是指人们辨别生物（植物和动物）以及对自然界（云朵、石头等形状）的其他特征敏感的能力。加德纳指出，随着研究的深入，还会发现新的智力。

多元智能理论在美国教育改革的理论和实践中产生了广泛的积极影响，并且已经成为当前美国教育改革的重要理论基础之一。它所倡导的评价思想也成了我国课程与教学评价改革的依据。

多元智能理论对班级管理的启示：借鉴多元智能理论，我国应该改变单纯地以标准的智商测试和学科考试为主的评价观；从评价内容和评价方式方面，应探索多元多维的全面科学的评价方式；班主任要敏锐而全面地理解、认识和评价学生的思想、学习、能力和兴趣，发现学生的优势和长处，并通过适当的教育强化他们的优势，达到提高学生整体素质的目的。

二、建构主义理论

建构主义是一种集大成的理论，它有哲学的根源，有认知心理学的基础，还有社会学的支撑。

建构主义的基本主张概括为以下几个方面。

第一，学习是一个积极主动的建构过程，学习者不是被动地接受外在信息，而是根据当前认知结构主动地有选择性地知觉外在信息，建构当前事物的意义。

第二，知识是个人经验的合理化，而不是说明世界的真理。因为个体先前的经验毕竟十分有限，在此基础上建构知识的意义，无法确定所建构出来的知识是否就是世界的最终写照。

第三，知识的建构并不是任意的和随心所欲的。在建构知识的过程中，必须与他人磋商并达成一致，并不断地加以调整和修正，在这个过程中，不可避免地要受到当时的社会文化因素的影响。

第四，学习者的建构是多元的。由于事物存在复杂多样性，学习情感存在一定的特殊性，以及个人的先前经验存在独立性，每一个学习者对事物意义的建构将不同。

建构主义理论对我们教学班级管理提供有益的启示：班级活动实施和管理绝不是教师强加给学生思想、知识、技能，而是学生通过驱动自己的活动动力机制积极主动地建构的过程，这种建构是学生在自身的经验、信念和背景知识的基础上，通过与他人相互作用而实现的；教育过程不仅仅是师生互动，而且是师生之间、学生之间的多边互动；班级管理的中心应该在于学生，而不在于教师，教师在班级管理中应该是引导者、促进者和帮助者。

三、人本主义理论

人本主义的教育观主张学校和教师首先应把学生看作"人",相信他的本性是好的,是积极向上的。强调学生是一个有思想、情感、欲望、需求以及各种能力的活生生的人。人本主义心理学的学习理论把人看作是一个有目的的、能够选择和塑造自己行为并从中得到满足的人,而不看作是机械刺激——反应联结的总和。人本主义强调学生在学习中的体验和感受,认为没有感受的学习不是人类的学习。认为教师是学生学习和成长的促进者、合作者、帮助者、鼓励者、倾听者。

人本主义理论对班级管理的启示:人本主义理论对传统的班级教育与管理提出了新的挑战,为教育工作者提供了一个班级教育与管理的全新心理学视角,教师应确立学生的主体地位;在班级管理中,应注重全面了解学生,相信学生的本性是积极向上的;为学生创造和谐的氛围,要注意给学生充分的自由,努力为学生创造自在的、和谐的学习环境,使各有差异的学生在接受教育的过程中都能感受到精神上的满足和获得成功的喜悦,以促使他们潜能的发挥,最大限度地促成自我的形成和发展;建立新型的师生关系,平等地对待学生;不断使学生产生成功的体验,注意按照学生表现出来的令人满意的行为予以关怀,从而产生成功的体验,产生继续努力的动机。

四、后现代主义理论

后现代主义是后工业化社会出现的。后现代主义这个概念最早出现在艺术中,随后出现在哲学中,是一个庞大的思想流派。它作为一种社会文化思潮对整个西方世界产生了重大影响。它对西方的简单、封闭、僵化的传统思维方式进行了激烈的质疑,同时也提出了一种全新的视角。后现代主义教育思想强调多元、崇尚差异、主张开放、重视平等,它提倡尊重个性,强调学生的个别差异,注重学生的主体性和创造性的发挥,鼓励教师和学生发展一种平等的对话关系。

后现代主义理论对班级管理的启示:管理以及一切学生活动是一种发展的过程,而不只是特定的理念、知识体系的载体,因而教育内容不是固定不变的,是一个动态的发展过程;教育活动是师生共同参与的过程;管理目标是可以根据实际状况加以调整的。

第三节　班级管理的内容与管理原则

一、班级管理的内容

班级管理是一个复杂的系统工作。为了实现一定的班级管理目标，需要班集体的每个成员齐心协力、全力以赴地为班级发展做出贡献。

案例 2-2

开学一个月了，我这班主任也当了一个月了。在这一个月里，体验了许多的工作，也收获了许多的经验，它为我今后的班级管理工作奠定了基础。在这里，我对这个月的工作做一个总结：

开学初，由于刚接手新班，对班级状况、学生情况都不是十分了解。因此，我先确立好班委成员，重新选出班干部。在班会上，我让学生通过民主选举的方式选出自己心目中最信任的同学。新班委成员包括：班长、团委书记、军体委员、卫生委员。这些人员分工明确，要求尽职尽责干好班级工作，相互支持，通力合作，协助老师管理好班级。经过一个月的运行，他们之间工作努力，相互协调，班级管理井井有条。

其次，进一步完善班级各项规章制度。对于班级的常规方面，主要在纪律、卫生上加强了管理。要求学生严格按照《中学生日常行为规范》和《中学生一日常规》的要求做，发现违纪同学，严厉处罚。卫生方面主要是明确分工，把班级的每块卫生区具体分到个人，卫生委员每天监督完成情况，我随时抽查。对于偷懒、不认真打扫的同学罚加倍干活。这样使班级的卫生工作做得非常好，在学校组织的检查中取得较好的成绩。

由于全班的同学的共同努力，在学校开展的一系列活动中我班均取得了优异的成绩。

【资料来源】http://www.jxteacher.com/361127004001110024/column29830/6f284d74-d4fb-4fae-887b-7ba11ddf9294.html.

班级管理通常可以从班级组织建设、日常活动、规章制度建设、班级教育力量、文化、突发事件等多个方面来实现。这也就决定了班级管理的主要内容包括以下方面。

(一)班级的组织建设

班级的组织建设是班级管理的首要任务，是把一个随机组成的学生群体，逐步建设成一个目标明确、机构健全、奋发向上、规范有序的班集体。

(二)班级的日常管理

班级日常管理涉及的内容多、范围广，可以说学生在校的所有表现及与学生身份相关的校外行为表现都在管理的视野内。班级常规管理要以《学生守则》和《日常行为规范》为依据，结合班级学生的实际情况予以实施。通常，班级日常管理的内容包括思想管理、纪律管理等。

(三)班级的活动管理

活动是教育的重要形式，活动也是个体积累经验、自我教育的好形式，班级活动则是班级活力的表现。中学生正处在人生的加速发展时期，他们精力充沛、情感丰富、喜欢活动、乐于交往。可以说，活动是他们成长的需要，是他们生活的主旋律。但是，这个年龄阶段的人的知识储备不充足，对生活的理解还比较肤浅，社会阅历都不够丰富，对学生的活动进行引导、规范是很有必要的。

(四)班级的教学管理

教学管理也是班级管理的重要部分之一。学习的意义是十分重大的，它是学生来到学校承担的主要任务，是学生在校从事的最经常最大量的活动。更为重要的，它是学生成长为具有高素质的社会一员的主要训练途径。学生通过学习前人留下的知识和改造客观世界的经验，逐渐形成自己对世界的认识和把握。与此同时，个体经验也在学习中不断地积累和改造，结合所学的知识形成自己的富有个性的世界观、人生观、价值观。

二、班级管理的原则

原则，就是人们在从事社会活动时的基本规范和要求。

班级管理的原则是根据班级发展目标和学生特点提出的指导班级管理工作的基本要求。班级管理的原则对制订班级发展规划，确定活动内容，选择管理方法等具有指导作用，对于建立和发展班级集体，全面实现班级目标以及全面提高教育质量都具有重要的意义。

(一)方向性原则

1. 含义

方向性原则是指班级管理时要有一定的理想性和方向性，以指导学生向正确的方向发展。

方向性原则是德育的一条重要原则，因为学生正处在品德迅速发展的关键时期，一方面他们的可塑性大；另一方面，他们年龄小，缺乏社会经验与识别能力，易受外界社会的影响。学校德育要坚持方向性原则，为学生的品德健康发展指明方向。

2. 贯彻方向性原则的基本要求

(1)坚定正确的政治方向。学校是培养国家未来接班人的重要阵地，履行着培养人、发展人的根本任务，要根据国家教育目的的总体要求，制定班级发展目标，据此开展活动，深入推进未成年人思想道德建设和社会主义核心价值体系教育，重视爱国主义、公民道德基础和心理健康教育，引导学生形成健全人格和良好的道德品质。

(2)班级发展目标必须符合新时期的方针政策和总任务的要求。班级发展目标和各项活动的开展要紧跟时代变化，反映时期特点，统筹安排和指导教育实践、综合实践活动课和专题教育。

(3)要把理想性和现实性结合起来。班级管理工作中，理想教育和方向引领要结合社会现实和学生实际，做到言之有理、言之有物，发挥教育工作的实效性。

(二)正面引导原则

1. 含义

是指班级管理工作中要循循善诱，以理服人，从提高学生认识入手，调动学生的主动性，使他们积极向上。

现代管理是以人为中心的管理。班级管理说到底是对学生的管理。青少年学生具有丰富情感，对他们的管理与教育必须有感情的激发和熏陶。同时，青少年学生又是单纯幼稚的。对他们的管理与教育还必须讲道理、摆事实、循循善诱，启发诱导，帮助他们提高思想认识。

2. 贯彻正面引导原则的基本要求

(1)讲明道理，疏导思想。管理者要善于利用科学的道理和有说服力的典型事例，针对学生的具体问题，由事入理，由浅入深地向他们讲清道理，调动其接受教育的内部动力，提高他们的思想认识，使他们在思想、品德、学业、生活等方面沿着正确的方向发展。

(2)因势利导，循循善诱。针对具体情况，依靠班主任的爱心、耐心、细心和责任心，做好学生工作。

(3)表扬激励为主，坚持正面教育。对学生既要坚持正面引导，耐心教育，又要凭借必要的规章制度要求学生，约束其行为，实行严格教育管理。在情感上则要宽和，善解人意，表扬激励，体现一种"柔性"。管理制度上要严明，要公正，体现一种"刚性"。

（三）尊重学生与严格要求相结合原则

1. 含义

尊重学生与严格要求学生相结合原则，是指班级管理工作中要把对学生个人的尊重和信赖与对他们的思想和行为的严格要求结合起来，使教育者对学生的影响与要求易于转化为学生的品德。苏联教育家马卡连柯也说"要尽量多地要求一个人，也要尽可能地尊重一个人"。

2. 贯彻尊重学生与严格要求相结合原则的基本要求

（1）爱护、尊重和信赖学生。

（2）班主任对学生提出的要求，要做到合理正确，明确具体和严宽适度。

（3）班主任对学生提出的要求要认真执行。各项管理制度制定后，要坚持执行，切实发挥制度的管理作用。

（4）要严格管理学生。班主任在对学生加以爱的同时，还必须管之以严，严爱相济。由于学生心理发育尚未成熟，他们的自觉是有限的，加上自我控制能力的不足会违反校规校纪，所以班主任老师要用严明的纪律来约束、规范他们的言行，做到严而有理、严而有度、严而有方、严而有恒。

马卡连柯在教育工作中十分尊重学生的人格。他从来不把失足青少年当作违法者或流浪儿看待，而是看作具有积极因素和发展可能的人。在他看来，尊重人、信任人，是教育人的前提；只有从尊重人、信任人出发，才能产生合理的教育措施，才能取得良好的教育效果。受过马卡连柯教育的谢苗·卡拉巴林，曾回忆了他在高尔基工学团当学员时，马卡连柯如何尊重他、信任他，使他走上新生的历程。

案例 2-3

马卡连柯尊重信任学生的故事

那是高尔基工学团创办不久的一天，马卡连柯到监狱去领卡拉巴林，当马卡连柯和监狱长一起替卡拉巴林办理出狱手续时，马卡连柯亲切地要他暂时离开办公室。当时，卡拉巴林对此并不理解。过了十年后，当卡拉巴林已经是一名人民教师时，马卡连柯才告诉他说："我当时所以叫你走出监狱长的办公室，是为了使你看不见担保你出去的条子。因为这个手续，可能会侮辱你的人格。"卡拉巴林说："马卡连柯注意到我的人格，可是那时，我自己还不知道什么是人格。这是他对我的第一次温暖的、人道的接触。"当他俩从监狱去省人民教育厅的路上，卡拉巴林总是走在马卡连柯的前面，以表示自己不打算逃跑，而马卡连柯总是和他并肩而行，同时跟他谈话，使他高兴。所谈的都是关于工学团的事，只字不提监狱的情况和有关他过去的事。

有一次，卡拉巴林这样询问马卡连柯："请您直爽地告诉我，您相信我吗？"马卡连柯诚恳地回答说："过去的事不必提了"，"相信""我知道你这个人是跟我一样的诚实"。马卡连柯还见诸行动，曾接连两次把带枪取巨款的重任委托给卡拉巴林去办理，这使这位学员深受感动。他走出马卡连柯办公室，情不自禁地高唱起来：

高山背后，

飞出一群老鹰，

它们边飞边叫，

寻找着美好的生活。

【资料来源】http://zuowen.chazidian.com/zuowensucai21679。

(四)教育的一致性与连贯性原则

1. 含义

教育的一致性与连贯性原则是指班级管理者有目的、有计划地把来自各方面对学生的教育影响加以组织、调节，使其相互配合，协调一致，前后连贯地进行，以保障学生的品德能按教育目的的要求发展。

2. 贯彻教育的一致性与连贯性原则的基本要求

(1)要统一学校内部各方面的教育力量。贯彻教育的一致性与连贯性原则，首先要充分发挥校内领导和教师集体的作用。班级管理要卓有成效，就需要任课教师的密切配合，形成一个团结一致的教师集体。没有良好的教师集体，就不能形成统一的教育力量，也就不可能把班级管理好。

(2)要统一社会各方面的教育影响。随着学生年龄的增长，社会对他们的影响日益增强，对班级管理工作的影响也不可低估，班主任应当广泛地联系社会各方面的力量，使之密切合作，相互补充，形成对班级学生进行综合管理的合力网络。

(3)要争取学生家庭的配合。中小学生大部分时间生活在家庭中，家长的生活方式，家长的一言一行，都给孩子的道德品质、思想行为打上深深的烙印。班主任应经常同学生家长和学生所在的社区保持联系。主动了解学生在家里的表现，主动向家长反映学生的情况，反映班级和学校工作的要求，争取他们的配合支持。

案例 2-4

沟通架构教师与家长、学生联系的桥梁

浙江省绍兴县安昌镇中心小学　傅春光

教育家魏书生老师曾经说过：教师要树立教学民主的思想，就要抑制自我中心意识。要明确，对学生指责，埋怨，强迫，命令，就等于在师生的心灵之间挖鸿沟，只能增加师生之间不理解、不信任的程度，只能降低学习效率。

作为班主任已经有五年多了，自从2007年到现在，迎来又送走了几届毕业生，随着学生年龄的增长，我所面临的问题不一而同，在解决这些问题的同时，我也学到了很多关于班级管理工作方面的经验，受益颇多。

本人接手班级中有一部分学生家庭条件较好，并且学习也名列前茅，这导致了他们平时养成了养尊处优的坏习惯，一切都以自我为中心，使得在处理与其他同学的关系中，出现了一些问题。

小晴是一位六年级的同学，平时学习比较优异，在班级中是一个活泼开朗的孩子。可是有段时间发现其变得沉默寡言，仿佛有什么心事一般，在不久后的学业评价测试中成绩也有所下降。于是我认定其一定是因为某些方面的原因，造成她的情绪产生了波动，继而影响学习成绩。为了让她能扫除心理上的障碍，首先我让和其关系较好的几位同学，平时多关心她的生活，让同学之间的友谊之情来感染她。其次，利用平时午休时间，多与她沟通。

一开始，她心中的想法还是很多，不愿意将心事与我沟通，但在我的"持久战"方针下。她终于放下了包袱，说出了心中的烦恼。原来，小晴的父母因为经商，长年累月在陕西工作，在绍兴只有她和她的奶奶、姑姑一起生活。在年幼时，因为还不懂，所以感觉不到什么，随着年龄的增长，姑姑的出嫁，现在只有她和奶奶两个人生活在偌大的家里。女孩子的心理是非常细腻的，平时看到好朋友与他们的父母快乐地生活，想到自己长时间与父母分隔两地，心中逐渐对父母产生了埋怨。这一次父母终于打电话

回来说要回绍兴来看她，这本是一件让人高兴的事情，却对她产生了不小的折磨，一方面，和父母一起生活的愿望就要实现了；另一方面，内心对于父母长时间在外经商，不关心自己的生活而产生的陌生感与埋怨之心仍旧存在。使得这位优等生的思想很矛盾，但又没有倾诉的对象，导致了性格的转变、学习状态受影响等现象的发生。

根据这个情况，我马上和小晴的父亲联系，当她父亲了解了小晴的烦恼之后感到非常自责，以为只要给她物质上的富有就行了，忽略了小晴对于父爱、母爱的需求。然后我又以六年级学生的特殊性与其父亲沟通，没有至亲陪在身边，孩子很容易产生一些不必要的想法，甚至有走上错误道路的危险。随即她的父亲就决定一定想法让她待在自己的身边。几天之后，我欣喜地发现小晴恢复了往日的开朗与活泼，一问，原来她的母亲从那天起就决定留在绍兴陪她生活了。虽然父亲还是要回到陕西经商，但母亲的回归和这几天与她的对话沟通，让她心中的怨恨消失得无影无踪，留下的只是与家人团聚的快乐。

在帮助小晴解决烦恼的过程中，印象最深的就是及时的沟通解决了原本困扰小晴心头的疑虑，让她重新走上了正确的道路。

通过上述案例，在教学中我也收获了很多：（1）当产生问题的时候与学生家长和学生本人的沟通是多么重要。（2）用何种方式进行沟通也是需要具体问题具体分析，不能一概而论。回想以前，也是和家长或者学生进行过沟通，收效却是不大，原来是沟通的方法不对头。真正与学生交朋友，真正做到家校联系，教师必须用"心"去沟通，最近一段时间中，我多次到学生的家中去和家长做面对面的交流，掌握了学生学习、生活的第一手资料，在学校里，多次和学生进行单独、集体等多形式的沟通，让学生感受到老师和自己的家长对他们抱以多么大的期望。通过沟通，相信学生在思想上最终会有所感悟，在学习中集中注意力，用优异的成绩来回报家长与老师们的殷切期望。

【资料来源】http://www.pep.com.cn/xgjy/jiaoshi/ztyj/csxy＿1＿1＿1/201312/t20131202＿1174842.html。

（4）对学生进行德育要有计划有系统地进行。学生在校几年纵向上是一个整体，班主任应主动组织协调班级各方面教育力量，目标一致，共同合作，做好班级管理工作。

（五）实践性原则

1. 含义

实践性原则是指在班级管理的过程中，班主任必须引导学生参与实践，必须在实践中促进思想、知识、能力和身心的进一步发展，促进班级健康发展。没有实践的理论和没有理论的实践都没有意义，瑞士教育家裴斯泰洛齐很重视"知识与知识的应用"。他指出，"你要满足你的要求和愿望，你就必须认识和思考，但是为了这个目的，你也必须行动，知和行又是那么密切地联系着，假如一个停止了，另一个也随之而停止"。

拓展阅读 2-2

在美国，有一位当水手的父亲，每年往来于大西洋的各个港口之间，他为儿子搜觅书本要比别人来得方便。然而，这位父亲没有抱回一摞一摞的书籍，让儿子在书的海洋里辗转漂泊，而是利用自己独特的条件，引领着儿子去阅读生活。这位父亲先是带儿子去参观了凡·高的故居。在看过了那张小木床及裂了口的皮靴之后，儿子问："凡·高不是位百万富翁吗？"父亲说："凡·高是一位连妻子都没娶上的穷人。"第二年，这位父亲又带儿子去了丹麦，在安徒生的故居前，儿子又困惑地问："爸爸，安徒生不是生活在皇宫里吗？"父亲回答道："安徒生是鞋匠的儿子，他就生活在这栋阁楼里。"面对生活这部最生动、最直观的教科书，这位出身于黑人家庭的孩子终于从天才的人生经历中读懂了它。20年后，在回忆童年时代的这段经历时，他不无感慨地说："那时，我们的家里很穷。有很长一段时间，我一直认为像我们这样地位的黑人是不可能有什么出息的。好在我有一位父亲，他让我认识了凡·高和安徒生。这两人的经历告诉我，上帝没有这个意思。"成功不是富人的专利，正是从生活中感悟到这个道理，一直激励着这位黑人孩子去努力，去奋斗，也正是在这种信念的支撑下，他最终成为美国历史上第一位获得普利策奖的黑人记者。他就是伊尔·布拉格。

【资料来源】赵国忠：《班主任最需要什么——中外教育家给班主任最有价值的建议》，海南：南方出版社，2008。

2. 贯彻实践性原则的基本要求

（1）理论知识的教育要注意联系实际。只有注意理论联系实际，学生的思想教育工作才能生动活泼，使抽象的制度、要求易于被学生理解，吸收转化为他们的有用的精神财富。而不至于造成学生囫囵吞枣，掌握的是一大堆无用的空洞死板的概念。

（2）重视培养学生运用理论知识的能力。首先要重视各类班级活动，其次还要重视引导学生参加实际操作和社会实践。教师应当根据学生的需要，组织学生进行参观、访问、社会调查，组织他们从事一些科学观察、实验与发明以及生产劳动等，培养他们的实践能力。

(六)因材施教原则

1. 含义

因材施教原则是指进行班级管理工作中要从学生的思想认识和品德发展的实际出发，根据他们的年龄特征和个性差异进行不同的教育，使班级和每个学生都能得到最好的发展。我国古代著名教育家孔子提出了"视其所以，观其所由，察其所安"的了解学生的有效方法，提倡根据学生特点进行有区别的教育。

案例 2-5

那条小鱼，我在乎！

小学语文教材里有这样一篇课文：

那条小鱼在乎

在暴风雨后的一个早晨，一个男人到海边散步。他一边沿海边走着，一边注意到，在沙滩的浅水洼里，有许多被昨夜的暴风雨卷上岸来的小鱼。它们被困在浅水洼里，回不了大海了，虽然近在咫尺。被困的小鱼，也许有几百条，甚至几千条。用不了多久，浅水洼里的水就会被沙粒吸干，被太阳蒸干，这些小鱼都会被干死的。

男人继续朝前走着。他忽然看见前面有一个小男孩，走得很慢，而且不停地在每一个水洼旁弯下腰去——他在捡起水洼里的小鱼，并且用力把它们扔回大海。这个男人停下来，注视着这个小男孩，看他拯救着小鱼们的生命。

终于，这个男人忍不住走过去："孩子，这水洼里有几百几千条小鱼，你救不过来的。"

"我知道。"小男孩头也不抬地回答。

"哦？那你为什么还在扔，谁在乎呢？"

"这条小鱼在乎！"男孩一边回答着，一边拾起一条小鱼扔进大海。"这条在乎，这条也在乎，还有这一条，这一条，这一条……"

生命诚可贵，小鱼在乎，何况人乎？何况学生乎？泰戈尔说过："教育的目的应当是向人传送生命的气息。"是的，教育之"育"应该从尊重生命开始，使人性向善，使人胸襟开阔，使人唤起自我身上美好的"善根"。说到底，也就是让我们的老师和学生拥有"这条鱼在乎"的美丽心境。

【资料来源】马向葵：《基础教育课程》，2008 年第 06 期。

2. 贯彻因材施教原则的基本要求

（1）深入了解学生的个性特点和内心世界。

（2）根据学生个人特点有的放矢地进行教育，努力做到"一把钥匙开一把锁"。班主任的工作要面向全班每个学生，充分发挥他们的智力、体力等各方面的潜能，实现个体的目标和班级总目标。

（3）根据学生的年龄特征有计划地进行教育。要引导全班学生积极主动地制订班级远、中、近努力目标，以及小组、个人目标。同时，采取各种有效措施，使目标具体化并变为行动的过程。

案例 2-6

躬行为范

要知道，教育者影响受教育者的不仅是所教的知识，还有他的生活方式以及对日常现象的态度。

上学期，学校安排我担任初二年级两个班的班主任工作。开学第一天，当我走进初二(5)班教室时，黑板上写了"你也下课吧"五个大字。我知道：该班已连续换了两任班主任，原因是该班学生无论是学习、班级卫生以及日常行为规范等方面的表现都极差，前两任班主任就因为在班主任积分上被扣分而失去了当班主任的资格。我暗暗告诫自己，一定要冷静。于是，我对黑板上的几个字置之不理，面对希望我暴跳如雷、发一通脾气的学生和颜悦色地说：各位同学，受学校委托，从今天起我将承担你们班的班主任工作兼数学课的教学，希望在今后两年的共同学习中合作愉快。同时我向你们承诺下面五点。

1. 学校要求你们按时到校上课，我也一定不迟到、旷课和早退，不拖堂。

2. 认真备好每一节课，上好每一节课，认真细致地批改作业。

3. 关心和爱护大家，满腔热情地帮助和解决同学们在学习和生活中遇到的困难。

4. 和同学们一道积极参加每日班级清洁卫生劳动。

5. 随时和同学们打成一片，全心全意为大家服务，在当好一个老师的同时，又做你们的一个好战友。

当我一口气讲完后，教室内静得连落下一根针都能听得到，接下来便是长时间的鼓掌欢呼，我长长地舒了一口气。一个月很快就过去了，我所带的两个班在班级评比中都得了优，受到了学校领导和老师们的好评。

后来，学校室外清洁区重新调整，二(5)班的室外清洁区是负责学校的厕所卫生，当我在班会课上将这一决定宣布后，绝大部分学生反应强烈，议论纷纷。有的说："学校那么多班级，为啥偏偏安排我们班?"有的私下议论："打扫厕所，好脏哇。"甚至还有人公开说："反正我是不会去打扫的。"面对这一情况，我没有指责他们，也没有高谈阔论，只是将学生分成四个小组，室内外轮流打扫。我当时心里非常清楚，这样做是远远不够的，在同学们没有解除思想上的认识问题时是不会去打扫的，就是去了，也是你看我，我看你，不认真、不彻底。果不出所料，当天下午打扫卫生的时候(实际上我已暗中准备了一个桶和几个拖把)，我从远处观察到，只有两三个人手抱着手在厕所外面站的站、蹲的蹲，其他人则在僻静处观望我这个班主任用何种方法处理此事。我二话没说，便到接水处挑了一桶水，手拿拖把，快步向厕所走去，我一边用水冲厕所，一边大声地说："大便不像同学们所说的那样臭嘛。"以此想打动他们。但当我出厕所准备挑第二桶水的时候，却一个人都没有了。当时，我真的好气呀，很想行使一下班主任的"权威"，找到他们狠狠地批评一顿，但转念一想：这样不行，同学们的观念不是一时一事就会转变的，而是要有一定过程的。

第二天早读课，我一进教室，从同学们的面部表情就可以看出，有的人是在等着挨批，大部分人则是在等着看我发火。我努力克制自己，沉着冷静，面带笑容地当着全班同学的面宣布。"从昨天打扫清洁卫生的情况来看，有部分同学嫌厕所脏、臭，不愿打扫，就是有人愿意，又怕别人说风凉话，但大家应该知道，厕所的清洁卫生是近几年来我校的老大难问题，既然学校信任我们，我们就应当将其干好。如果大家实在有想法的话，本期的厕所卫生就由我一人承担。"有的同学目瞪口呆，大部分同学则埋下了头。就这样，我每天按时挑水冲刷厕所，坚持着、耐心地等待着，一天、两天、三天……终于在一天下午打扫卫生时，我挑一挑水上楼梯差点摔倒时，班干部们再也沉不住气了，他们跑过来夺下我手中的拖把，抢走我肩上的水桶，冲进了厕所，其他同学则流着泪对我说："老师，我们

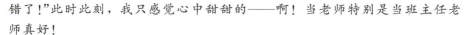

错了！"此时此刻，我只感觉心中甜甜的——啊！当老师特别是当班主任老师真好！

学期结束时，我所带的两个班均被评为校级先进班集体。

【资料来源】魏薇，路书红，王红艳等：《中外教育经典案例评析》，济南：山东人民出版社，2005年。

第四节　班级管理的几种模式

班级是学校的教学活动基本单位，也是学校行政管理的最基层组织。其管理水平的高低，对学生健康全面地发展，对完成教育和教学的各项任务起着举足轻重的作用。班主任作为学生全面发展的第一责任人，其管理方法的优劣，对班级的进步与否至关重要。目前，传统的班级管理方法已不利于现代学生的全面发展，班主任只有不断创新，改变管理方法，实现学生的自我管理，才能既有利于良好班风的形成，又有利于学生的自身发展。

一、班级管理的几种模式

（一）常规管理

1. 常规管理简介

班级常规管理是指通过制定和执行规章制度去管理班级活动的模式。

规章制度是学生在学习、工作和生活中必须遵守的行为准则，它具有管理、控制和教育作用。班级管理者要达到预定的发展目标，就必须对学生的行为进行约束，通过规章制度的制定，使班级各项工作有章可循、有条不紊，通过规章制度的贯彻，可以培养学生良好的行为习惯以及优良的班风。一般来讲，班级管理者所运用的规章制度可分为三个层次，一是国家教育行政部门制定的各种制度，如中小学生守则、中小学生道德规范、学生成绩考查和升留级制度、学生考勤制度、奖惩制度等；二是依据上述制度制定的校内规则，如课堂规则、请假规则、阅览室规则、图书馆规则、实验室规则、生活作息制度、卫生扫除和卫生检查制度、公务管理和借用制度等；三是班级组织自己制定的各种管理制度。

2. 实施常规管理应注意的问题

（1）以学校管理目标为基础制定包括出勤、卫生、纪律、学习、劳动等在内的齐全的规范、标准、制度，同时把握制度的统一性和衔接性，各制度之间不能互相矛盾。

(2)制度制定要科学准确，内容要明确具体，文字要简明、扼要、准确，使学生便于掌握和记忆，利于贯彻执行，符合学生的年龄特点和可接受水平。

(3)通过各种宣传形式，大造舆论，要让每个学生都了解规章制度的内容和意义，提高学生执行规章制度的自觉性。

(4)执行过程中对全班学生要一视同仁。

(5)制度的制定和执行要以促进学生健康成长为出发点，要充满人文关怀。

(二)平行管理

1. 平行管理简介

班级平行管理是指班主任既通过对集体的管理去间接影响个人，又通过对个人的直接管理去影响集体，从而把对集体和个人的管理结合起来的管理模式。

班级平行管理的理论源于苏联著名的教育家马卡连柯的"平行影响"的教育思想。

拓展阅读 2-3

马卡连柯和"平行教育影响"

马卡连柯(Makarenko, Anton Semiohovich, 1888—1939)苏联教育家，作家。1905 年从小学师资训练班毕业后开始教育生涯。1905 年起担任小学教师和校长，在 15 年的教育实践中，积累了丰富的经验，奠定了他的教育思想的基础。1920 年后，他先后主持高尔基工学团和捷尔任斯基儿童劳动公社，从事对流浪儿童和少年违法者的教育改造工作。提出了通过集体和生产劳动来教育儿童以及在集体中进行教育的原则和方法，丰富了他的教育学理论。1935 年马卡连柯任乌克兰苏维埃社会主义共和国内务人民委员部工学团管理局副局长，同时从事写作、理论著述和学术讲演活动。

平行教育影响原则。马卡连柯认为，首先，集体是教育的基础。其次，集体是教育的手段。最后，集体是教育的目的和对象。马卡连柯认为，每一项针对集体开展的教育活动应收到既教育集体又教育个人的效果。

2．实施平行管理应注意的问题

(1)要充分发挥班集体的教育功能，使班集体真正成为教育的力量。

(2)要通过转化个别学生，促进班集体的管理与发展。

(3)要实施对班级集体与个别学生双管齐下、互相渗透的管理。

(三)民主管理

1．民主管理简介

班级民主管理是指班级成员在服从班集体的正确决定和承担责任的前提下，积极参与班级管理，以完成各项任务的一种管理模式。班级管理民主化是社会民主化的一个缩影，随着时代的进步，这一趋势将会不断得到强化。

班级民主管理实质上就是发挥每一个学生的主人翁精神，让每个学生都成为班级的主人。采用这种模式，让学生参与管理，发扬民主，可以增强学生的社会责任感，有利于形成自我管理能力。班级管理者运用民主管理的方法，能够体现师生平等，有利于师生之间思想与情感的沟通，营造和谐班级的气氛，为教育教学提供环境条件，学生"亲其师，信其道"，会取得很好的教育教学效果。

拓展阅读 2-4

李镇西的爱心与民主①

李镇西，四川乐山人。1982年四川师范大学中文系毕业后，在乐山一中担任语文教学工作兼任班主任。2003年6月博士论文《民主教育论》获得通过，并完成博士学业。2003年获得四川省和成都市中小学教育专家的荣誉称号。现任成都市武侯实验中学校长。发表文章1000多篇，相继出版了《民主与教育》《心灵写诗》《做最好的老师》等20多部专著。曾经有四名普通中学生给周济同志写了一封信，推荐一本好书，那就是李镇西的第一本著作《爱心与教育》，这本曾再版多次的书，记录下了他教育实践中的大量故事，感动了许多人。

我们都知道老师要尊重学生，发自内心地爱学生，但不一定懂得真正的爱。李镇西认为，在我们国家对民主这个概念误解得太多，而他自己也

---

① 田恒平：《班主任理论与实务》，北京，首都师范大学出版社，2007年，148～149页。

是经历了从爱到民主的升华。

（一）爱心与教育

李镇西的成名之作就是上面提到的《爱心与教育》，相对于具有理论建构的面向一般学生的理论教育学而言，可以说这是一本关于许多个案的实例教育学。李镇西用爱心关怀逆境学生，培养优秀学生，转化后进学生，探索心理教育。不同的老师读来会有不同的感受，但肯定会对李镇西所说的"当一个好老师最基本的条件是拥有一颗爱学生的心"产生共鸣。

（二）从爱心到民主

李镇西逐渐认识到，教育只有爱是不够的，还缺乏民主。爱心不一定包含着民主，而真正的民主必然蕴含着爱心。"民主教育应该是当今中国教育的时代主题。"于是，李镇西尝试了一种新的班级管理模式："法治"管理。

他和学生们一起制定了《班规》，内容包括"学习纪律""寝室纪律""清洁卫生""体育锻炼""值日生""班干部""班主任""其他"共八个部分40条，每一部分中又有若干具体细则，基本上覆盖了班级管理的各个方面、各个环节。《班规》还专门设了"班主任"一项，对班主任订下许多制约规定。《班规》的每一条都写明了执行者，并对执"法"不严者也有明确的惩罚规定。

李镇西归纳了民主教育应该具有的内涵和特征。

——民主教育是充满爱心的教育，而不是专制教育中的非人教育；充满爱心的民主教育是充满人性、人情和人道的教育。

——民主教育是尊重个性的教育；尊重个性，就是要尊重学生的主体性，尊重学生发展的主动性，承认他作为个体的差异性。

——民主教育是追求自由的教育；尊重学生心灵的自由，就是尊重学生思想的自由，感情的自由，创造的自由。

——民主教育是体现平等的教育；真正优秀的教师应该是学生的引路人，也是和学生一起追求新知、探求真理的志同道合者。合作学习的态度，就是平等精神在民主教育中的体现。

——民主教育是重视法治的教育；教育中的法治精神还体现于学生班级管理从"人治"走向"法治"，让学生在实践中受到民主精神、法治观念、平等意识、独立人格的启蒙教育。

——民主教育是倡导宽容的教育；民主本身就意味着宽容：宽容他人的个性，宽容他人的歧见，宽容他人的错误，宽容他人的与众不同……在

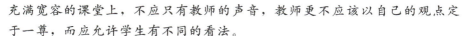

充满宽容的课堂上，不应只有教师的声音，教师更不应该以自己的观点定于一尊，而应允许学生有不同的看法。

——民主教育是讲究妥协的教育；在民主教育过程中，如果说"宽容"是善待他人的不同观点，那么"妥协"则是对话双方都勇敢地接纳对方观点中的合理因素，彼此相长，共同提高。成功的民主教育，往往都充满了师生合作的气息，这"合作"之中便有"妥协"。

——民主教育是激发创造的教育；民主是对人的本质的解放，而人的本质在于创造。发展学生的创造精神，是民主教育的使命。

见李镇西老师的管理智慧显示为：最初以"爱心与教育"成名，后来以"民主与教育"成家。

2. 实施民主管理应注意的问题

(1)确立平等的师生关系，用平等的人际关系代替有等级的人际关系。

(2)理解学生、信任学生，组织调动全体学生参加班级全程管理。

(3)充分发扬民主，建立班级民主管理制度，努力把班级的民主管理渗透到各个方面去。

(四)目标管理

1. 目标管理简介

目标管理是由美国管理学家彼得·德鲁克提出的管理方法，它通过让组织的成员亲自参加工作目标的制定，实现"自我控制"，并激励员工努力完成工作目标。

目标管理应用于班级管理，就是指班主任与学生共同确定班级总体目标，然后转化为小组目标和个人目标，使其与班级总体目标融为一体，形成目标体系，以此推进班级管理活动，实现班级目标的管理模式。

拓展阅读 2-5

《穿越玉米地》——目标引领你走向成功

请设想一下。

此时此刻，你站在一片玉米地的面前。田野上，清新的风徐徐地吹来。铺展在你眼前的，是一片果实累累的玉米地，同时，这又是一片隐藏着无数大大小小的陷阱的玉米地。今天，你将穿越它。你和对手们将要进行一场有趣的竞赛：看谁最早穿越玉米地，到达神秘的终点，同时，他手中的玉米又最多。也就是说，你穿越玉米地，要比别人更快，手里要有更多的玉米，而且要时刻保证自己的安全——这是"玉米地游戏"的三个生存要素：速度、效益和安全。你可以进行一万种以上的选择，再高明的数学大师都无法计算出这三者之间的最佳比例——或许世界上根本就不存在这样的公式。不同的状态，会产生不同的结果，而每一个最佳的方式，又因为客观环境和条件的变化而变化。穿越玉米地的过程，就是创业决策的过程，N次的选择将产生N种经营状态和结局。穿越的魅力就在这里。企业经营的谜底也就在这里。

你为什么要穿越玉米地？当你的人生开始一场新的角逐的时候，在你的事业掀开新的一页之际，你曾经认真地直面过这个问题吗？而这个问题又真的有那么重要吗？

有一年，一群意气风发的天之骄子从美国哈佛大学毕业了，他们即将开始穿越各自的玉米地。他们的智力、学历、环境条件都相差无几。在临出校门时，哈佛对他们进行了一次关于人生目标的调查。结果是这样的：3％的人，有清晰而长远的目标；10％的人，有清晰但比较短期的目标；60％的人，目标模糊；27％的人，没有目标。

以后的25年，他们穿越玉米地。

25年后，哈佛再次对这群学生进行了跟踪调查。结果又是这样的：

3％的人，25年来几乎都不曾改变自己的人生目标。25年来他们都朝着同一个方向不懈地努力，25年后，他们几乎都成了社会各界的顶尖成功人士，他们中不乏创业者、行业领袖、社会精英。

10％的人有清晰的短期目标，25年后大都生活在社会的中上层。他们的共同特点是：那些短期目标不断被达成，生活状态步步上升，成为各行各业不可或缺的专业人士。如医生、律师、工程师、高级主管等。

60％的人目标模糊，几乎都生活在社会的中下层面，他们能安稳地生活与工作，但都没有什么特别的成绩。

剩下的27％的人，他们的生活没有目标，过得很不如意，并且常常在抱怨他人、抱怨社会、抱怨这个"不肯给他们机会"的世界。

其实，他们之间的差别仅仅在于25年前，他们中的一些人知道为什么要穿越玉米地，而另一些人则不清楚或不很清楚。

2. 实施目标管理应注意的问题

(1)要使一个班级共同确立奋斗目标，形成一个同心同德的集体。

(2)目标管理中的目标要与学校目标和班级管理目标保持一致，要以学校目标和班级管理目标为依据。

（3）班级各种组织开展活动都要符合班级目标的要求，同时班级管理者、任课教师与学生同心协力，使班级工作形成合力，采用各种手段使许多关键管理活动结合起来，并且有意识地瞄准有效和高效地实现班级目标和个人目标。

案例 2-7

北京 22 中孙维刚老师把班级管理目标分为德育目标、智育目标和体育目标。

德育目标：

（1）做诚实、正派、正直的人。

（2）做有远大理想和抱负的人。他说："我们的远大理想和宏伟抱负，不是上大学。诚然，对于我们班的同学，大学是一定要上的，而且要上第一流的大学。但是上大学的目的又是什么？我们的抱负是，将来为人民多做贡献。"

（3）做有丰富感情的人，要因为自己来到这个世界上，而使别人生活得更幸福。

智育目标：

造就一个强大的头脑，把不聪明的自己变聪明起来，让聪明的自己更加聪明。

体育目标：

（1）人人身体强壮。

（2）运动会上要拿团体第一。

孙维刚老师还对学生提出了一个明确的目标："神圣的课堂永远安静，明亮的教室永远干净。"他是这样要求的，班级同学也是这样做的。

【资料来源】http：//guanli. ljedu. gov. cn/2009/1114/3768. shtml.

（4）目标应有主次和实施的先后之分，明确班级管理的主要矛盾，抓住班级管理的普遍性问题，解决班级管理的迫切问题，尤其是影响和制约班级活动发展的问题，还要注意内容的衔接、内容的层次以及内容的深化，切忌随意性。

（5）在目标的引导下，最终实现学生的自我管理。

二、班级管理的发展趋势

传统教育认为学生只是被动地接受教育，在这种理念下，班级管理方式是专制式的。随着现代教育的发展，班级管理逐渐走向科学，呈现出以下发展趋势。

(一)教师角色由"领导者"向"引导者"过渡

教师是班集体的教育者、组织者和指导者。当我们重视并突出班级的组织特性，遵循组织管理的一般原理时，教师的角色就很容易被窄化为"管理者"。管理不能代替教育，教师角色由领导者向引导者转变已是一种趋势。

班主任首先要从思想上更新管理观念，确认每个学生在班级中的主体地位、权利和义务，尊重学生的人格、个性，加强自主意识和民主意识的教育，引导学生参与班级管理目标的制定。

案例 2-8

把班级建成一个朝气蓬勃、积极进取的集体，是每位班主任苦苦探索和孜孜以求的目标。而班主任和学生之间应该保持怎样的距离，众说不一。我在多年的班主任工作中潜心研究初中学生心理，认为班主任和学生各是剪刀的一叶，班主任和学生的距离就是"剪刀差"。

初一年级是学生对中学生活的适应期。新的学校、新的环境、新的教师、新的同学，一切无不从"新"字开始，同时也是新的风气、新的习惯形成的关键时期。这一阶段班级工作抓得好，极有利于养成良好班风，良好的学习习惯。因此，在和学生的交往上，要做到"离多接少"。此时的学生，大都愿意把自己的长处、优点显露给教师，而不良习惯在新环境中处于自我抑制的隐蔽状态，不敢冒头。学生也愿在师生共同制定的班纪班规中约束自己，展露才华。这段时期班主任在了解学生，学生也在了解班主任，他们通过班主任处理每一件事的方法来摸清班主任的脾气。班主任此时应和学生保持"离多接少"的距离，对学生严而有方、严而有度，让学生觉得老师很严。这一时期中，班主任认真带领学生做好班级的每个第一次，形成良好的开端，对以后的工作大有裨益。

到初二年级，学生进入初中生活的转折期。随着学生对环境的熟悉，自身的缺点、毛病也开始暴露，松懈情绪出现，同时从生理心理上已基本跨入青春发育期，学生情绪不稳定，动荡分化较为剧烈。学生对教师的态度也发生明显的变化。此期的班主任和学生间的距离，已不再是初一那样"离多接少"，而已在相互了解中逐渐缩短，形成一种"若即若离"的距离。对学生的教育本着晓之以理、动之以情的原则，让学生觉得老师虽严，但严而有据，严而有爱。在工作中能洞察学生的思想变化，想学生所想，急学生所急，及时为学生排忧解难，引导学生走出误区，进一步提高班主任在学生中的威信。

初三的到来，对学生而言是人生道路的转折期。他们渴望得到教师的理解与信任，尤其是教师的支持与鼓励，这一时期绝大多数同学对学习有一种紧迫感，学习压力和心理负担均较以往增大。此时班主任应和学生多接触、多谈心、多理解，保持"离少接多"，缩短师生之间的距离，站在学生的角度去思考，走到学生中间和他们打成一片，建立亦师亦友的亲密、和谐、平等的关系。教育中掌握"以教为主，教训结合"的原则，讲究工作方法，注意营造良好的教育氛围。"感人心者，莫先乎情"，此时班主任工作更应细致深入，从关爱学生出发，与学生推心置腹地交谈。让学生感到师爱的温暖，体验到被信任和被尊重的幸福感，对班主任产生由衷的尊敬和爱戴，并乐于接受班主任的要求和指导，使班主任真正成为学生人生道路上的朋友和指导者。

从初一到初三，班主任和学生之间由不了解到逐渐了解，再深入了解的整个过程，班主任和学生之间的距离也经历了最远、渐近到最近的变化，这就像一把张开的剪刀，班主任和学生各是剪刀的一叶，剪刀张口最大处，两刀叶相距最远，处在初一，师生距离最远；慢慢随着岁月的推移，两刀叶之间距离缩短，师生间距离逐渐缩短；到初三结束，刀叶交叉并拢，相距最近。在对学生了解得越来越深的过程中，班主任对学生的教育如丝丝春雨，润物无声，已深深浸入学生的心扉，班主任也已成为学生的知心朋友。

【资料来源】http://www.jxteacher.com/361127004001110024/column29830/ee349788-e83c-45b9-94a0-a3cf15067e76.html.

（二）教师影响力由权力性影响向非权力性影响过渡

影响力是指一个人与他人交往中，影响或改变他人心理状态或行为的能力。领导者对被领导者的影响力有权力性影响力和非权力性影响力之分。

权力性影响力的形成在于职位的规定性与上级的授权，具有相对稳定性。权力性影响力带有强制性、不可抗拒性和组织规范性，被管理者表现为被动、服从，具有时效性，它由职位的高低、职务职责的大小与多少、职权的具体内涵构成。

非权力性影响力又称自然影响力，与权力性影响力不同，既没有正式的规定，也没有组织授予的形式，是在领导者实施领导过程中自然形成的，它是以个人的品德、才能、知识、感情等因素为基础形成的，能使人产生敬佩、信赖和亲切感，管理者与被管理者关系融洽，这种影响力具有持久性的特点。

同样，教师对学生的影响也可分为权力性影响和非权力性影响。实践证明，如果教师具有渊博的知识、较强的能力、高尚的品格、丰富的情感，那么，在班级中极易形成民主、平等的人际关系，班级气氛良好，学生学习质量高，道德观念也会有很好的发展，正所谓"亲其师，信其道"。随着社会的发展，在班级管理过程中，教师的非权力性影响将会越来越占有重要的地位。

(三)教师的管理方式由"专制型"向"民主型"过渡

一般地说，在班级管理中存在三种类型的管理方式：专制型、放任型、民主型。

专制型管理属于支配性指导，以僵化的对策为基础，只给予统一强制的指导，或一味地斥责和威胁。班主任视自己为权威，管理支配学生的一切行为，要求学生服从自己，对不服从者给予批评、处罚。

放任型管理属于不干预性指导，班主任主张无为而治，而真正的动机是不愿意负责任。容忍班级生活的种种冲突，无意组织班级活动，回避学生的主动精神。这种班级有群体而无组织，班主任与学生、学生与学生不存在有意义的良性关系，对学生的成长极为不利。

民主型管理属于综合性指导，班主任主要不是以直接的方式领导，而是以间接的方式引导班级组织的发展。能够灵活地根据学生的个性差异引导学生的自发行为，促进班级同学的思想在合作中进行交流。学生在教师的民主性的指导下，行为较稳定，自主积极的行为较多。

案例 2-9

"小鬼"当家

引言：学生有权利向教师说"不"。

一个我平时不太注意的学生走过来，给了我一片纸，上面写着："给我们一方水，我们会成为浩渺的海洋；给我们一片云，我们会成为绚丽的

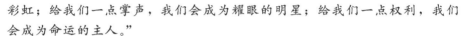

彩虹；给我们一点掌声，我们会成为耀眼的明星；给我们一点权利，我们会成为命运的主人。"

我迷惑不解地看着他，他以低沉的、略带不安的声音说："我想当官！"

"什么？"我吃了一惊。

"是的，我想当班长！"他表情庄重。

"哦，能谈谈你的想法吗？"我不动声色地问，心里却更惊讶了。

"我对您指定的班干部不服，不光我，还有很多同学。我认为我比他们更能管理好咱们班。"

把他送走，我陷入了沉思。这是一个各方面表现并不出色、甚至还有点"捣蛋"的学生，但他的一席话和这份勇敢，却给我带来了极度的兴奋。我的眼前仿佛豁然一亮；一个大胆而新颖的班级管理方案浮出脑海。我毫不迟疑地抓住了这刹那间的灵感。

我开始大刀阔斧地进行"学生民主自治"改革。我感到，长期以来教师"高高在上"向学生发号施令的状况，是一种不平等的师生关系。以学生为主体，突出学生主人翁地位，确切地说是把学生当"人"看，当成一个"独立自信"的人！这才是符合现代教育理念的学生观。

1. 改革序曲

改革首先拿班主任"开刀"。我宣布"放权"，以前我"钦定"的班干部也全部免职。顺应"民意"，由学生民主选举产生新一届班委会。全班酝酿产生出改革领导小组成员10名，安排并组织了选举大会，通过自我推荐、民主测评，确定了班长、副班长、各科代表和体育、卫生、纪律委员的候选人名单。然后通过候选人竞职演说，全班无记名投票选出新的班干部。在选举过程中，我坐在旁听席上，没有发表任何意见。大会"胜利闭幕"，从此掀开了"学生民主自治"的新篇章。

2. 改革现在时

如果班主任整天守着班、围着学生"转"，才能使班级平安无事，一旦离开就"班"将不"班"了。可以肯定地说，这个班主任是不合格的。我所追求的管理境界是"无为而治"，实践证明，只要给学生权利，他们就会表现出令人惊奇的创造性。

(1)新班委的新举措。

实行"学生民主自治"后，大到制定班规，小到排值日，这些以前让我疲于奔命的事务，我都不再"染指"。新当选的班长便是那个找我"毛遂自荐"的学生。他"执政"后，第一项措施是主持制定了新的班规，在全班以高票通过。新班规首先规定了学生应享有哪些权利，然后才是义务及赏罚措施。第二项措施是设立监察部，督导检查班干部的工作。第三项措施是设立了"意见箱"，由专人定期查看，及时反馈大家的意见。第四项措施是改变科代表的职责，由过去单纯送发作业，变为师生之间的联络员，反馈学生对该学科的意见及建议，同时负责组建学习小组，落实学生的学习任务。

（2）是"垂帘听政"，还是"幕后顾问"？

改革以后，我不再直接参与班级管理，但并不是说我这个班主任失去了存在的作用。我不时召开班干部会议，帮他们出谋划策，找学生代表座谈，了解班级动态。有人戏称我是"垂帘听政"，实际上我可不是"慈禧太后"，因为班级事务均由学生自己拍板。我的建议仅供他们参考，决不会强迫他们执行。

每次周会我退居台下，甚至不参加，由班长主持。周会课从此"改头换面"，由过去班主任的"一言堂"变为如今的"学生论坛"，成为学生们"参政议政"的主阵地。学生的热情越来越高涨，很多富有创意的管理办法都是在周会上产生的。

（3）学生要造老师的"反"。

学生的热情一旦被焕发出来，便一发而不可收。他们开始重新审视每位教师，从教师的仪表、教学态度到教学方法、教学过程。他们不满有的教师教法的陈旧单调，不满有的教师敷衍了事，于是把全体同学的"倡议书"送呈教师"御览"，大有"限期整改"之势。

更新鲜的还在后面。有学生提出要搞一个教师排行榜，班长召开全班公决大会，居然全票通过。于是每月在板报栏公布教师排行榜，选出"最佳仪表教师""最佳教态教师""最佳教学能手"等。

一贯温良谦恭的"小绵羊"，变成了觉醒的"猛狮"，教师至高无上的"权威"开始动摇。一些教师笑着对我说："就冲学生这股认真劲儿，咱以后可得多'充电'，否则有一天会被学生'下课'的。"

（4）学生的"名言"上了墙。

有不少学生提出，教室墙上的名人头像及一些名言流于形式，不如换成学生自己的"心声"。于是，一夜之间教室墙上的名人名言全部"消失"。班委会发出号召，征集"名言警句"。很快，学生们自己的"名言"上了墙，还"堂而皇之"缀上大名。这一招还真灵，这些颇富哲理的"名言"，在班上

掀起小小的学习高潮。为了能"一语惊人"，以前不爱读书的学生，现在也开始读书看报。

3. 改革没有完成时

实现学生民主自治，只是我的一个小小尝试，其间有苦也有乐，我跟学生一起在探索中成长着。我相信，随着教育理念的深入，这样的尝试会与时俱进，日渐成熟和完善。

就用一个学生的话做结束语：

"人十人＝众；心十心＝诚；梦十梦＝灵；众志成城，心诚则灵。"

【资料来源】《人民教育》，2003 年第 03 期。

从历史上看，传统教育过程中的班级管理多倾向于采取专制式的管理。这种专制式管理方式不仅影响了师生之间的正常关系，也使学生的身心发展受到阻碍。因此，追求一种民主化的管理方式将成为班级管理的目标。因此，专制型、放任型的管理已不能适应社会发展对教育的要求，必将向民主化管理过渡。

当然，采用民主型管理方式不仅需要教师转变自己的管理观念，还要相应地提高自己的管理能力和水平。实行民主型管理有助于加强学生自我管理能力的培养，有利于减轻班主任的工作负担，有助于充分调动班级全体学生参与民主管理的积极性。

(四)学生的自我管理意识与能力逐渐增强与提高

学生自我管理是指学生在班级中自己管理自己。学生自我管理，不仅可以提高学生自我教育的能力，而且可以培养他们独立的个性，为培养合格人才打下坚实的基础。

从班级组织的功能来看，班级为学生的自我管理提供了一个基本的活动舞台。在班级中，有一定的层次和分工，学生干部和其他成员有机地结成一个整体，他们都是班级的主体，不是消极被动地服从和执行任务，而是积极主动参与组织决策、分工、沟通，学习怎样服从集体的领导和遵守群体规范，学会怎样控制自己的行为，学会对人与事的正确评价和总结等社会行为。

(五)教师的管理手段由技巧型、经验型向智慧型过渡

经验是一名班主任带班的财富，但也可能成为束缚班主任进一步发展的枷锁。如果仅停留在经验的积累，甚至只运用经验来带班，班主任是无法实现自我超越的。现代意义上的学生教育不仅仅是品德的教化、知识的

传输，也不仅仅是师爱的无私奉献，更需要的是教师去唤醒学生的灵魂，去解读学生的内心世界，去推动学生心灵深处的变革。做智慧型的班主任，是当今班级管理发展的更高境界，现在的学生需要智慧型教师，当今社会发展需要智慧型教师。

新的教育理念对教师的角色有了明确的解释，教师是学生活动的参与者和协助者，行为的记录者和研究者，而这些角色集中地体现在一点，那就是机智而灵活地处理好师生之间的互动关系。当学生出现可能引爆他们思维火花的兴趣点时，是不是知道该如何把握；当学生的探索四处碰壁、走入"死胡同"时，是不是知道如何挖掘；当学生闪出烟花般灿烂而又短暂的智慧时，是不是能及时捕捉……而这就更加需要教师的生成智慧，并且随着时代的变化，学生的思维方式、接受能力也在发生着改变，班主任应从技巧型转向智慧型。

案例 2-10

一个班主任的三次班会

有一个班主任，十二年前接了一个班，发现学生不好好学习，于是他精心设计了一个班会。

老师走进教室，说："今天我们开个班会，我说几种现象请大家评议。"

"有个孩子到饭店，用父母的血汗钱点了一大桌菜，可他守着不吃不喝。服务员劝，父母劝，谁劝也不吃！他饿着肚子离去。请评议。"

"傻瓜——"学生们哄笑。

我不动声色："这孩子买了车票，却不上车，跟着跑。"

"傻瓜——"学生们大笑。

我也笑了："他买了衣服，却撕成一条条扔了。"

"傻瓜——"学生大乐。

一切尽在掌控之中，我做出沉痛状："有个孩子，将父母辛辛苦苦挣来的钱交了学费，买来书本，却整天胡打乱闹，不好好学习，浪费时间。"

"傻——瓜！"同学们回答得很沉重。

我脸上"苦大仇深"，心里却乐开了花。

六年前，我踌躇满志地将这个故事搬进了七年级四班。

"有一个孩子点了一桌菜，可不吃不喝，饿着肚子走了，请评议。"

"减肥呗。"学生不感兴趣。

我扶扶眼镜："他买了车票却不上车，跟着车跑。"

"锻炼呗。"学生懒洋洋地回答。

我勉强笑笑："他买了新衣服却撕成一条条扔掉。"

"烦呗。"学生有气无力地回答。

我不再迂回，直奔主题："交了学费，买来书本，不好好学习，整天胡打乱闹，请评议。"

"想当明星，当老板。"学生小声议论着。

我晕……

今天，我怀着异样的心情，在七年级六班开了这个班会。

"有个孩子点了一桌菜，不吃不喝，饿着肚子走了。请评议。"

"派儿。"学生们兴奋起来。

"他买了车票，却不坐车，跟着车跑。"

"帅呆。"学生大叫。

我扶扶眼镜："买来名牌服装，却撕成一条条扔掉。"

"哇，酷毙了。"学生拍着桌子。

我直奔主题："交了学费，买了书本，却不好好学习，整天胡打乱闹。"

"耶，新新人类！"学生异口同声地嚷道。

我的眼镜跌了下来。

这个故事虽然很短小，但是很耐人寻味。今天当我们谈及专业发展的时候，为什么要发展的时候，有好多老师都说不得不发展，是啊，不得不……社会改变，学生的想法在变，教师的讲法也要变。同一个的故事对不同的学生起到的作用完全不同，当然同一种教法不会对每一届学生都适用，所以我们必须得提高我们自身的专业素质，不断地学习……

——摘自《读者》

【本章小结】

班级管理是指班级管理者按照教育管理规律的要求，有目的、有计划地采用一定的方法组织班级教育活动，实现教育目标的过程。班级管理的功能体现在：传递社会价值观，明确社会生活目标；有助于维持班级秩序，形成良好的班风；有助于实现教学目标，提高学习效率；发展学生个体差异，形成学生独特个性；有助于锻炼学生能力，学会自治自理几个方面。班级管理的内容从班级组织建设、日常管理、活动管理、班级教学管理等多个方面来实现。班级管理应遵循一定的原则。在不断的发展中，班级管理凝练出了非常有借鉴意义的几种模式。随着现代教育的发展，班级管理逐渐走向科学，呈现出教师角色由"领导者"向"引导者"过渡；教师影响力由权力性影响向非权力性影响过渡；教师的管理方式由"专制型"向"民主型"过渡；学生的自我管理意识与能力逐渐增强与提高；教师的管理手段由技巧型、经验型向智慧型过渡的发展趋势。

【思考与练习】

1. 什么是班级管理？它的功能表现在哪些方面？
2. 请介绍班级管理的几种模式。
3. 班级管理应该遵循的基本原则有哪些？
4. 班级管理中的正面引导原则含义和贯彻要求是什么？
5. 班级管理中的尊重学生与严格要求相结合原则含义和贯彻要求是什么？
6. 班级管理的发展趋势有哪些？

【本章参考文献】

1. 刘岩，王萍. 班主任与班级管理. 北京：北京师范大学出版社，2013

2. 张作岭，宋立华. 班级管理. 北京：清华大学出版社，2014

3. 田恒平. 班主任理论与实务. 北京：首都师范大学出版社，2007

第三章　班级日常管理

【本章学习目标】

1. 掌握班级日常管理的主要内容。
2. 了解班级日常管理的特点。
3. 学会运用班级日常管理的方法进行班级管理。

班级日常管理涉及的内容多、范围广，可以说学生在校的所有表现及与学生身份相关的校外行为表现都在管理的视野内。班级常规管理要以《学生守则》和《日常行为规范》为依据，结合班级学生的实际情况予以实施。通常，班级日常管理的内容包括班级环境管理、纪律管理、学习常规管理。

第一节　班级环境管理

班级环境是学校环境的重要组成部分，它指的是影响班级成员生活和发展的各种因素的总和。良好的班级环境对学生个人的成长成才产生着潜移默化的作用。班级环境管理就是对影响班级的环境进行人为的控制和调节，为学生的发展创造良好的条件。一般来说，班级环境管理包括班级物质环境管理和班级制度环境管理两个方面。

一、班级物质环境管理

班级的物质环境是以物质为载体的环境，它是由人工创设的，能发挥育人功能的环境。班级的物质环境一般包括教室的空间大小、色彩和照明，教室的整体布置、学生座位的编排等几个方面。其中与班级日常管理密切相关的是教室的布置和学生座位的编排。

(一)教室的整体布置

教室是学生的一个重要组成部分。它不仅是学生日常学习的场所，更是一个集体团结奋进的阵地，是同学们交流、互助、活泼发展的平台。教室的环境直接或间接地影响到师生的健康、安全、舒适和动机。幽雅、洁净、富有内涵的班级人文环境，定能在育人路上发挥"润物无声"的功效，潜移默化地陶冶学生的情操，净化学生的心灵。苏联教育家苏霍姆林斯基曾说："教育的艺术在于使器物——物质和精神财富起到教育作用。用环境，用学生自己周围的情景，用丰富集体生活的一切东西进行教育，这是教育过程中最微妙的领域之一。"这就告诉我们，良好的育人环境有一种特殊的教育功能。良好的教室布置不仅可以为学生提供学习的场所，更重要的是发挥其应有的教育价值。学生每天在教室生活的时间长达八九个小时，优美的班级环境是一个班级学生精神面貌的体现，也折射出班主任的带班能力和水平。

1.教室布置的原则

教室的布置并不是杂乱无章的，而应该遵循以下原则。

(1)教育性。教育性指教室布置的内容要符合其中的某一项教育目标。教室布置必须首先考虑教室环境对学生的教育作用。布置教室时，要以思想性强、富有感召性、激励人心为出发点，尽量避免传统性、教条式的内容。要把教育的意向、教育的目标等通过具体物化的环境设计和布置充分表现出来，从而达到教育人、熏陶人的目的。如可以选择励志的名言警句、劝学名篇、陶冶身心的诗歌、伟人逸事等。

(2)功用性。教室的布置不应该只是达到装饰的功效，而应考虑到规范行为、培养品格、丰富知识、陶冶性情等实际教学需要，每一个栏目的设计要有明确的目的，充分发挥教育的功能。在布置教室时，如果根据教学需要，适时地增加一些相关教学资源，可以提高教室整体布置的功用性，使用起来方便可行。当然内容要经常变化更新，避免一劳永逸，否则学生会失去新奇感，对之不闻不看不管，久而久之，教室作为一种教育的因素、教育的资源也会逐渐失去应有的活力。所以，对教室的布置应该不断更新变化，而且整个教室资源也是能不断地动态生成的，它能让学生在这个过程中不断地获取进步的动力和养分。如评比台、作业展览、优秀作文评比等，经常更换能充分调动学生学习的积极性，这样才能有很强的操作性，体现教育新理念，与时俱进。

（3）针对性。教室的布置设计应独具特色，彰显班级文化和风格，不能照搬照抄，避免千篇一律。在内容和形式的选择上要针对学生的年龄特点和知识层次。另外，布置教室时，班主任也应该结合本班级学生的特点，考虑本班在不同阶段的不同任务，从而使得教室的布置更具针对性。例如，对于低年级的学生来说，色彩鲜艳、形式活泼的布置更能引起大家的注意；对于高年级的学生来说，文字、内容可以富有哲理、寓意深刻，形式和内容上庄重一些较好。

（4）主体性。教育教学活动是由教师和学生共同完成的。因此，教室的布置也应充分发挥师生的合作：学生是班级的主人，教室的布置理应听取他们的意见，让他们参与到其中来。在布置教室时，教师既不能将全部工作推给学生，撒手不管，也不能独断专行，而是要集思广益并结合班级具体情况，做好整体的规划。在实际操作过程中，教师要严格把关，积极引导学生自己动手，群策群力，充分发挥学生的主体作用。让学生自己动手设计和布置教室，能让他们觉得有亲切感，好像布置自己的家，有巨大的积极性和创造性。这样做既可以培养学生的动手能力，也能增强班级的凝聚力，更可以让学生知道教室布置的不易，让每位学生为美化自己的教室出一份力，让教室充满人情味，成为学生真正温馨的家园。同时，通过教师与学生的共同参与，不但能减少师生间的嫌隙，而且能融洽学生间的气氛，更能提升班级的向心力，激发学生的学习意愿。

（5）艺术性。教室的布置要突出"美化育人环境"的"美"字，教室布置其本身就是对学生进行美育的过程，要遵循艺术性的原则。教室布置要力求美观大方，对整体的布局应进行巧妙设计，背景应朴素淡雅，装饰美观大方，栏目大小、色彩的搭配要适宜，切忌眼花缭乱、繁杂拥挤，也要避免单调苍白、破碎凌乱，色调要层次分明和谐漂亮，字体选择要适合本班学生年龄特点，讲究艺术效果，充满书香气息。

（6）创造性。创造性指的是人们的思维或实践活动具有的创新特性。培养学生的创造性是素质教育的核心所在。因此，在布置教室时，应给学生留有一定的创造和发展空间，避免统一化、单调化的倾向。每间教室的布置都要体现其独特的教育价值追求和班级文化取向。

2. 教室布置的规划与操作

根据不同的功能可以把教室布置划为不同的类别：教学单元类、作品展示类、荣誉榜、时事与时令、生活辅导、休闲娱乐类、工具类、装饰类、杂物类和置物柜等。[1]

一般而言对于教室布置的具体操作主要包含如下几方面。[2]

(1)班训与班徽。班训和班徽一般张贴在黑板的正上方,起到提醒、告诫和激励作用。班训一般由全班共同制定,字数不宜过长。班徽由班级学生共同讨论决定,具有一定的价值内涵,是班级思想的精华。

(2)管理园地。管理园地的设立不仅可以杜绝学生在教室里胡乱张贴的现象,同时可以保证对班级规范化的管理。管理园地可以张贴如下一些内容:《学生守则》《班级公约》《干部名单和职责》《分组名单》《值日表》《课程表》等,它一般设置在教室前墙面黑板右侧前门进门处。

(3)公布栏。公布栏主要张贴一些临时性内容,比如各种通知、获奖情况、检查评比结果以及出勤竞赛情况等。

(4)荣誉栏。荣誉栏一般设置在教室后墙上方,一般会张贴班级荣获的各种荣誉和奖牌。

(5)板报或者墙报。教室后墙的墙报或者板报占据的空间比较大,在教室布置中具有重要的地位。板报或者墙报的设置要选择好设计版式、主题,而且要装饰美观。

(6)学习园地。学习园地一般是配合教学来设计的。学习园地可以开辟出很多专栏,比如,"五色土""金手指""百草园"等。

(7)其他。其他内容主要指壁柱布置、阅读栏等。这些布置也是教室布置的重要组成部分,发挥着重要的教育功能。

3. 教室布置的注意事项

在布置教室时,班主任老师还应提高安全意识。如不要在教室的窗台上摆放重物,避免物体掉落砸伤楼下行人,或者增加必要的保护措施;如悬挂玻璃物品时,要保证其稳固,否则有砸伤学生的危险等。另外,布置教室时还要本着经济节约的原则,切忌铺张浪费。

案例 3-1

师生携手美化教室

新学期开学后,作为班主任的我,一直在思考着如何为学生营造一个和谐、温馨的教室环境。为了体现学生的主体地位,关注学生的情感,使

① 林进材:《班级经营》,上海:华东师范大学出版社,2006 年。
② 田恒平:《中小学班级常规管理》,上海:华东师范大学出版社,2009 年。

学生乐于在自己制定的各项评比中来严格要求自己，以便更快地形成良好的班风、学风，我打算让学生讨论如何美化教室。八月三十一日学生返校的那天，我问同学们："你们愿意亲自讨论、设计、美化咱们班的教室吗？"同学们异口同声地说："愿意！"并且每个人都特别兴奋。于是，我在黑板上写下了讨论的题目。你打算为你们小组起一个怎样富有诗情画意的名字？如何设计符合我们四年级三班特色的班徽？怎样用简练的文字体现班训？评比台和展示台应起什么名字？里面应展示哪些内容？收集一些催人上进的名人名言。看到这些，学生们在下面议论得真是热闹非凡！我把这些留作学生开学第一天的作业，回家可以查阅相关资料。

九月一日那天，我们利用班会的时间汇报、讨论，拟订美化教室的方案如下：

班训：勤奋守纪、团结创新。班徽是圆形的，主色调是蓝色（象征着知识的海洋），由幼苗、星星火炬、彩虹、旭日四部分组成。

象征意义：我们五十六名小朋友在知识的海洋里遨游，一棵棵幼苗在阳光下茁壮成长。彩虹象征着孩子们金色的童年。

评比台的题目为"星光闪烁"。里面贴上同学们自己最喜欢的相片。当然，这里的同学都是在各个方面表现比较突出的同学，通过月评或竞赛得出。如：卫生星、纪律星、计算星、拾金不昧星、助人为乐星、体育之星、音乐之星等。在相片的下面有标识。在教室后面的右侧设计"红花擂台赛"栏目。这里主要针对学习，对平时各科测验得满分的同学，得一次奖励一朵红花。对学习中下等的同学，根据他们进步的不同程度，奖励一朵红花。展示的题目为"青青芳草地"栏目，定期地展出学生的优秀作品和独特想法。

方案确定后，我们师生共同准备材料，有的同学从家里拿来彩纸板，有的同学拿来胶水，有的从家里拿来大白纸……准备工作就绪后，我把美术和书法较好的同学进行分工，每四人一组，每组负责一个栏目。

一切准备就绪，接下来我们就开始布置教室了。星期六那天，我们师生同往常一样早早地来到了学校。看，同学们有的剪，有的画，有的在设计精美的图案……各个忙得不亦乐乎！看到此情此景，我的心里有说不出的高兴，我的学生长大了。

一个班级就像一个大家庭，只有家中的每个成员都处处为这个家着想，这个家才会幸福、和睦。因此，班务栏由我来设计，完成班级干部名单，小组分工，组员职责，作息时间表，课程表等内容的书写。当我在设计小组分工栏目时，有的同学向我建议："老师应在相应的小队名称上面贴上小天使、火箭、花仙子、小神龙的精美图案。"当时，我觉得这个主意不错，就采纳了同学们的意见，布置出来的效果果然不错。

学生们各个是心灵手巧，布置展示台的同学把"青青芳草地"这几个字涂上了富有生命的绿色，并且在栏目的最下方粘满一排嫩绿的小苗，看上去别有一番"小荷才露尖尖角"的意味。评比台的"星光闪烁"几个大字涂上红、黄相间的颜色，还在栏目的四周镶一些漂亮的花边，花边的装饰多以暖色为主。我班的美术课代表告诉我："老师，我从有关资料上查找到，暖色系的环境使人容易放松心情，从事动态学习活动，因此，花边我们采用了暖色。"学生的思维是多么富有创意啊！我想，通过学生对教室的布置，不仅使教室变得更加温馨，更重要的是培养了学生的动手能力，创造能力。在自己亲手布置的环境里学习心情一定更加舒畅。经过我们师生一天的努力，教室按预想的那样布置成功，虽然那天我们回家很晚，但看到焕然一新的教室，我们师生的脸上都露出了微笑。

(二)学生座位的编排

1. 座位编排的常规方式

(1)教室课桌的常规摆放方法。

教室课桌一般有环形和行列式两种摆放方法。环形摆放是将座位以教室的中心为圆心，呈椭圆形摆放，学生和老师围成一圈进行教学活动。这种编排方式有利于师生之间平等地交流，弊端在于教室摆放桌椅的数量有限，这种摆放方法适合小班教学。

行列式是我国最传统、最常见的座位形态。这种摆放方法的优点在于教室的容纳量很大，学生相互影响较小，教师容易在黑板上演示。不足之处在于容易形成师生间的地位落差，座位间的视觉差异客观上形成了座位的好坏之分。

(2)学生座位的常规编排方式。

一般而言，行列式摆放课桌时，学生的座位编排主要有以下几种基本形式。

第一种，高矮型。教师在编排学生座位时参照学生的身高，一般来说，身材矮的在前排，身材高的在后面。这种编排方式有其合理性，在一定程度上能保证公平，但也不可避免地对学生造成一些影响，如在"边缘"地带的学生受到关注的程度会降低。

第二种，成绩型。不少班主任依据学生成绩的优劣来编排座位。成绩好的学生可以优先挑选好的座位。这种唯成绩是瞻的方法很容易挫伤学生的积极性，其弊端是显而易见的。

第三种，自选式。有的老师在编排座位时，由学生自主选择同桌，自由搭配座位。这种方法看似民主，事实上其背后映射的是教师不负责任的态度，很难兼顾学生的特殊情况，容易造成座位编排的混乱。

第四种，关系型。教师在编排座位时，依据自己与学生家长关系的亲疏来安排。与其家长关系密切的学生被安排在好的位置，反之则安排在较差的位置。这种编排方式带有明显的功利性，严重损害了教师的形象。

2. 座位编排的原则

(1)互补性。所谓互补性原则就是要打破传统的座位格局，达到优势互补，为学生提供一个能够充分地发展自我的环境，[1]主要包括性格互补、成绩互补、性别互补等。

性格互补，主要指教师根据学生的性格特点，可以把好动的学生与安静的学生搭配，意志不坚定、自制力差的学生与勤奋踏实、刻苦拼搏的学生搭配来编排座位，这种互补的效果胜过教师的直接教育。

成绩互补，指的是班主任在编排及调整学生座位时，可以全面了解学生的各科学习情况，把学科上有差异的学生尽可能编排在一起，结成学科互帮小组。这种方式有利于同学们对不同学科之间的交流，有利于大家的共同进步。

性别因素也同样具有很大的互补和诱导作用。如女生的形象思维、感性和男生的抽象思维、理性，女生的认真细致与男生的果敢敏捷等，均可以优势互补。

(2)灵活性。所谓灵活性，就是教师要根据教学实际需要灵活选择座位编排方式。因为不同的教学活动、不同的互动形式与学生学习以及管理会有不同的影响。因此教师要根据不同学科、不同课程类型的需要，灵活选择或调整学生的座位。

3. 座位编排的注意事项

给学生编排座位虽然是件小事，但在新班组建时，同学们对此最敏感。班主任能不能做好这项工作，将直接影响到他在学生们心中的形象。

---

① 张作岭，宋立华：《班级管理》(第2版)，北京：清华大学出版社，2014年。

因此，编排座位时一定要注意做好以下几个方面。

第一，切忌徇私情，照顾各种关系。教师编排座位时要注意不搞歧视座位，不搞权利座位，不搞腐败座位，老师应该平等对待每一个学生，不能歧视学生，更不能为了巴结权贵们的孩子而过分照顾他们。这样不仅有损教师的权威性，也不利于班级的管理和孩子的健康成长。对于要求照顾的各种"关系家长"，要给他们讲明道理，要让他们相信，你有能力让每一个孩子都有机会在最佳座位上坐一段时间，对那些确有特殊情况的，要表示通过和同学们商量来解决。

第二，要充分发扬民主。首先，要把安排座位的方案向同学们讲明，并征求他们的意见。其次，如果班里确有身体残疾、视力太差需要照顾的同学，要策划搞一些关心爱护他们的班级活动，激发起同学们团结友爱的热情，然后在合适的情况下提出来，征得全体同学同意后再执行，千万不要独断专行，否则，你做得尽管合理，也容易引起同学们的反感。

第三，要尽量体现互补性。即把性格相异、学习成绩不同、兴趣爱好不同、性别不同的同学穿插安排在一起，这样编排利于学生在学习活动中优势互补，也利于学生形成互相帮助的局面。

第四，要适当轮换。一般情况下，左右进行大轮换。前后划分域进行轮换，如每三排划为一个区域，在这个区域内前后轮换。轮换会使每个同学有很多不同的同桌，有利于同学间的相互了解，有利于班级的团结。

第五，变换座椅的摆法。一般情况下，座椅的摆放是面向黑板横竖成行。而对于班容量较小的班级来说，教室的空间相对比较宽裕，这种情况下，班主任就可利用充足的空间，通过改变桌椅摆放的形式，来调整同学们的座位。特别是在小学，座椅摆放形式可根据课的不同方式进行，如上音乐课，可摆成圆圈型，上手工课可分成小组摆放等，这样容易使同学们产生新鲜感，激发孩子们上课的兴趣。

案例 3-2

班级座位安排漫谈

新接手一个班，各种琐事千头万绪。班级学生座位安排，就不像其他事情，可以干脆利落地完成，它必须有一到两个月的磨合期，直到班主任老师对学生有了初步了解之后，才能慢慢确定下来。而此时，家长总是千方百计地跟老师套近乎，"老师，能不能让我的孩子坐前面一点？""老师，给我的孩子坐靠中间一点。""同桌安排好一点的。"等等。

可老师要关注的不是某一个人，而是整个班级。我们通常会考虑到许多因素，比如个子高矮、动静搭配，还有尽量让学生互相帮助，互相监督，有时会让优秀生同后进生结成对子，安排坐一块；最后，在这几个前提之下，适当考虑孩子的视力。当然，每个班主任还都有自己另外的安排原则。不过，有一点是相通的，就是希望自己班级的每一个学生都能得到最大的进步。

现在，一个家庭大多只有一个孩子，家长眼里只有自己的孩子，于是，家长跟班主任在位置安排上，是"公说公有理，婆说婆有理"，会有许多不同的见解，从而产生一些误会，甚至是争执，引起许多的不愉快。面对家长，有时拒绝他们，我觉得于心不忍，太不给面子了。可一旦重新调整，不光是一个人的动静，势必会有许多学生跟着动。再说，今天你不忍心，开了这个口子，以后其他家长来说，那怎么办呢？

就在我左右为难的时候，无意中听到一位同事也在为此事发牢骚，并谈到自己在尝试一种新的方法。我一听，挺实在的，就学鲁迅先生的"拿来主义"，在班级实施了。

这以后，我们班级每个星期都在换位子了。单周，大组（竖排）轮换，第一组到第二组，第二组到第三组，第三组到第四组，第四组到第一组，依次这样转过去；双周，横排的两行交换位置，即第一排到第二排，第三排到第四排，第五排到第六排，下次双周时再换回。这样，竖着动，横着也动，我美其名曰"横竖联动"，让学生有更多的机动位子，有时能坐前面一些，有时能坐中间一点，不管你怎么换都有坐边上的概率，也不会永远坐最后一排。

家长也是通情达理的。当他们再来提出换位置时，我先是讲一通大道理，告诉他们老师会精心安排、统筹考虑的。然后话锋一转，说出了这个"横竖联动"的办法，家长想想，也觉得还挺实在的，也认同了老师的做法，就没再说什么了。现在很少有家长再提到学生座位变动的事情了。

【资料来源】http://blog.zzedu.net.cn/userl/yulinglong007/archives/2009/116182.html.

二、班级制度环境管理

制度环境主要指班级日常生活常规，包括日常必须遵守的行为规范等。制度环境中有些是非正式的、约定俗成的，有些是正式的。但无论是什么样的制度环境都在学生发展中发挥着重要的作用。学生在班级生活中所感受到、接受到的规则、制度与价值在保证他们融入班级组织、顺利开展各种教育活动的同时，还以潜移默化的方式引导学生理解班级的规则、规定和常规，为其在现在和将来适应范围更加广泛、内涵更加深刻的社会生活进行着预期的社会化过程。①

第一，考勤制度。班主任按照《中学生守则》的要求，督促学生遵守作息时间，严格考勤制度，为教育教学以及班级管理创造良好的环境。考勤制度的基本内容包括考勤范围、考勤的标准、考勤程序、考勤审批手续、考勤注意事项等。

第二，课堂学习秩序。课堂学习是目前学生学习的主要形式。课堂学习秩序包括听课秩序和作业秩序。听课秩序具体要求为：②上课预备铃声响后，学生应该迅速进入教室，准备好上课用品，静候上课；凡迟到者要打报告，得到老师允许方可进入教室；上课时未经老师同意，不得擅自离开座位；上下课应听班长口令全体起立，向老师致敬、问好；上课要专心听讲，积极思考，认真做好笔记；提问先举手，回答问题应该起立，声音洪亮；上课不干扰正常课堂教学，不看与课程无关的书籍；课堂交流要在老师安排的时间内进行，交流中不谈与主题无关的话题。作业是学生复习、巩固应用知识的重要形式，作业的基本要求是课前预习，课后认真复习，按时完成作业，书写工整，卷面整洁。

第三，考试制度。考试不仅是对学生知识的考查，更是对学生人格的检验。因此班主任要做好考试管理工作，强调考试的意义以及基本要求，让学生明确考试制度，公平合理地处理好考试成绩。

拓展阅读 3-1

我国是世界上实行考试选拔人才最早的国家。据《礼记·学记》记载，我国古代西周时"国学"中的大学，就设有定期测试学生学业的考试制度。汉朝则有了"设科射策"的考试方法。隋朝出现了科举考试的选择人才制度。科举考试采用平等竞争、公开考试、择优录取的形式，比世袭制度进步得多。它经过唐、宋、元朝的不断完善，至明朝就基本定型，清光绪三十一年(1905年)，皇帝下诏停止科举。科举考试经历了1300多年，为世界上历史最长的考试制度。

---

① 李乔生：《班级制度规范的隐性德性分析》，载《小学德育》，2008(1).

② 田恒平：《中小学班级常规管理》，上海：华东师范大学出版社，2008年。

第二节 班级纪律管理

班级纪律管理是班级日常管理的基础。正所谓"没有规矩，不成方圆""步调一致才能胜利"。培养学生自觉遵守纪律，是保证班级良好运行的必要条件。本节将就学生违纪行为的分类、原因和处理方式进行探讨。

一、班级违纪行为分类

班级违纪行为，是指学生在班级情境中的不良适应的外显行为，其行为干扰到课程的正常运作，导致教学及其他学生学习受阻。不同学者对学生的违纪行为有着不同的分类。

有的学者将学生违纪行为分为喧闹行为、不服从行为、小丑行为、任意发怒、骚扰别人、离开座位六类。

有的学者将学生违纪行为分为上课讲话吵闹，或逗弄前后左右同学；看课本以外的书或写作业；上课打瞌睡；上课吃东西；考试作弊；在教室里赌博；在教室吸烟；阅读色情报刊、图片或者小说等；在课室打架或吵架；破坏公物；上课戏弄女教师；上课迟到；轮到值日时偷懒，不干活等12类。

学生违反班级纪律的行为主要表现为两大类：一类是教师不期望出现的行为出现得太多；另一类是教师期待发生的行为出现得太少。前者多半是造成课堂秩序混乱的违纪行为，必须依赖教师予以制止或削弱；后者会妨碍正常教学的进行，必须予以诱发或者增强。

二、班级违纪行为的原因

(一)来自教师方面的原因

第一，自己是否具有诸如自信、真诚、友善、自制、健康等受学生喜爱的人格特质？是否太过于权威、武断、否定、小题大做、反应过度等？

第二，自己领导方式及管理风格是否适当？

第三，教学活动准备是否充分？教学流程是否顺畅？教学经验是否丰富？

第四，对学生的期望是否适当？是否存在不自觉的偏见？

第五，言传身教是否符合教师的形象？

第六，教师压力、焦虑适当否？

第七，自己的衣着打扮是否得体？

(二)来自学生方面的原因

学生精力过剩或身体虚弱、睡眠不足、视听力不良；无聊、无助；功课太过无聊而无事可做等情况下容易出现违纪行为。有的学生学业成绩欠佳，学习缺乏目标，无事可做，想通过违纪行为来获得老师的注意，争取关怀、肯定、重视、赏识。还有的学生个性脾气及人际关系欠佳，不利于班级纪律的管理。

(三)来自其他方面的原因

以下几方面也是班主任教师不能忽略的问题。

第一，学生的家庭是否健全？是否是单亲家庭或破碎家庭？

第二，校规及班规是否完善？

第三，班级目标及教室管理计划是否合理？

第四，班级的大小是否合适？

第五，教材深浅是否适合学生程度？如果教材太深听不懂，太浅又无聊，就容易导致学生心生旁骛，违反课堂纪律。

三、班级违纪行为的处理

针对学生的特点，班主任可以从以下几方面进行培养。

(一)对学生加强思想教育

随着社会经济体制的不断完善，各种思想文化相互激荡和价值观念碰撞交融；社会生活的纷繁复杂，带来了青少年学生生理心理特点和情感认知规律中的变化，我们的学生其思想品德教育出现了新问题、面临着新课题。教育是一个国家综合国力的加油站，从国家与民族的利益出发，我们要在新思维、新技术、新潮流革命的大潮中制定对策，以期在这场革命中占据制高点，夺取主动权。这是实现教育现代化的关键。而中小学生正处在人生的起步阶段，在此阶段要加强高尚道德品质的培养，注意良好行为习惯的养成，要在成长中不断提高理性认识，以理论指导道德行为，并为人生观和世界观的形成打下基础，这对他们以后做怎样的人具有决定性的影响。良好的品德、健康的人格、知识的双面性也同样要求我们必须做好中小学生的德育工作。人只有具有良好的品德、健康的人格，才能将学到的知识应用到社会的有益发展中去。班主任老师要经常对学生进行《守则》《中小学生规范》和学校规章制度的教育，让学生熟悉并牢记国家和学校对中小学生行为的要求，并以此为自己的行动准则。要让学生知道哪些该做，哪些不该做，并且以法律法规和学校的行为规范为准则严格要求自己。

(二)坚持对学生的正面教育

注重对学生进行正面教育积极引导，引导他们正确表现自我，使每个学生在班级生活中，有困难得到帮助；有烦恼得到化解；有成绩得到鼓励；有才能得到发展。我们的学生处在人生的重要时期，一方面在思想特质上具有单纯性和多变性，他们生活阅历浅，天真无邪，幼稚单纯，思想活跃，情感丰富，人生观正在形成之中，价值观尚未定型，这就需要一座座光辉的灯塔引导他们步入人生的正确航程；另一方面，在行为方式上具有模仿性和可塑性，他们精力充沛，敏思好动，好奇心强，向往美好的人生，崇拜各种英雄模范人物。因此，对我们的学生进行正面典型教育，生动形象，能够抓住他们的兴奋点，拨动他们思想的琴弦，点燃他们思想的圣火，有利于取得感情共鸣、思想交流、行为导向、强化教育的效果，达到育人树人的目的。教师要做到言传身教，对于犯错的学生要进行正确的引导，动之以情，晓之以理，避免打骂学生这类有损教师形象的事件发生。

(三)灵活运用科学的教育方法

强化法(reinforcement methods)是根据斯金纳的操作条件反射原理设计出来的，目的在于通过强化(即奖励)而造成某种期望出现的良好行为的一项行为治疗技术。强化法建立在操作性条件作用的原理上，若一个行为得到奖赏，那么以后这个行为重复出现的频率就会增加，得不到奖赏的行为出现的次数可能会较少。强化主要分为正强化、负强化、惩罚、消退。正强化是指为了能建立一个适应性行为模式，采用奖励的办法，使这种行为模式反复出现；负强化是运用批评或指责方式去对待不希望出现的行为，引发所希望的行为出现；惩罚是指不适当的行为出现时给予惩罚，以消除此行为；消退是指某种不良行为出现时，不予理解，让这种行为自行消退。教师采用此方法时要注意应以正强化方式为主。并对完成个人目标者，给予及时的物质和精神奖励(强化物)，以求充分发挥强化作用。采用负强化(尤其是惩罚)手段要慎重。负强化应用得当会促进安全生产，应用不当则会带来一些消极影响，可能使人由于不愉快的感受而出现悲观、恐惧等心理反应，甚至发生对抗性消极行为。

心理学的行为主义学派特别注重奖励的运用，奖励在行为的强化中起到了重要的作用。所谓强化通俗来讲就是用行为的结果去影响和塑造人的行为。奖励包括精神奖励，也包括物质奖励。其中行为疗法中的代币法是把物质奖励和精神奖励结合起来的一种方法。代币法是行为疗法中运用最广泛的方法之一，也称表征性奖励制。用奖励强化所期望的行为，用惩罚消除不良行为而达到目的。代币法就是运用代币并编制一套相应的激励系统来对符合要求的目标行为的表现进行肯定和奖励。代币起着表征的作用，只是一个符号，在小学里尤其是以小红花、五角星等为代表，也可以是记分卡、点数等，可以根据情况灵活运用。

契约法是指班级中师生通过契约明确各自在人、事、物等中的权利与义务，进而实现管理的目标。其实契约法可以看成目标激励的一种，这里将它单独列出，是因为契约有其独特的运用背景。班级管理中谈"契约"在过去简直是不可思议的事，因为契约必然建立在相互意见一致的基础之上，是各方当事人不受干预和胁迫地自由选择的结果。当今传统师生关系正面临着前所未有的挑战，契约隐含的有关各方平等和互利互惠的精神，使它逐渐成为调整现代师生一个基本准绳。契约管理包括正式契约和心理契约两种基本形式。正式契约是正式与具体的，它对权利义务关系进行了明确的规定。班主任和学生协商后，只要各项条款清楚明确，双方都感到公平合理，签名同意后契约即可生效。然而班级管理中并非所有的权利义务都能够且有必要进行细致规定，过度地细化也会让人厌倦。那些正式契约触不到的地方，必须依靠心理契约来调整人们之间的权利义务关系。教育说到底是一个精神的领域，因此心理契约比正式契约更符合教育的宗旨，更能激发学生求真、向善、爱美的潜能。

(四)与家长和其他任课老师联系，形成教育合力

当学校教育与家庭教育有机结合起来，形成合力，就会取得良好的教育效果。而家校合作的基础则是教师，特别是老师与家长的沟通、交流，这是家校之间能否建立良好关系的关键。老师和家长一起探讨交换看法，熟识学生特点，了解学生的心理，做到心中有数，对症下药。与此同时，老师尤其是班主任还要担当起家长教育顾问的责任，定期与家长交心、协调一致，形成合力，共同教育学生，使他们能够愉快地学习、健康地成长。只有家校经常联系，家长和学校在教育孩子的方式方法上统一思想，教育才能达到事半功倍的效果。

教育是一个统一整体，正如马卡连柯所说："哪里教师没有结合成一个统一的整体，哪里也就不可能有统一的教育过程。"班主任是班级工作的

组织者和管理者，没有务实的有序的班主任工作，任何学科的教学如同逆水行舟；没有科任老师的全心全意的勤奋劳动，班主任工作的效果就只能是海市蜃楼。的确光靠班主任一个人的力量是没有可能完成任务，建立良好的班集体的，只有协调好班主任与科任老师的关系，配合科任老师管理学生，才能建立优秀的班集体。

1. 班主任和科任老师步调一致，目标统一

无论是班主任还是科任老师要想管理好学生，两者必须步调一致，目标统一，心往一处想，劲往一处使。班主任和科任老师在管理的过程中要协调一致、统一要求。要做到这样，班主任就要了解各科的具体规定和要求，任课教师也要了解班级规定。若班级在某一阶段工作中新立起了一些规定或新采取了一些措施，班主任要主动地告知任课教师。大家都应该有意识地统一要求、统一执行，这样就能形成一个有条不紊的班级管理体系，从而增强班级建设的实效性。同时也会使我们的学生们觉得老师们的工作很有章法，对于他们在为人办事方面也会有一定的影响。特别是在每个新学期开始，作为班主任要主动联系科任老师，将自己的班级管理设想和措施告诉他们，同时也咨询他们对班级学生的要求，互相协调，统一要求，联手把学生管理好。如上课的要求、收发作业的形式、学生座位的安排、评选"三好学生""校园小明星"等条件，都达成共识。如有一位班主任，在班上进行"每月一评"活动，班主任事先将要求跟所有科任老师通气，然后特地设计一份表格放在讲坛上，科任老师上课时，也记录表现最棒和后进的学生。对于后进的学生，课后班主任就找那个学生做思想工作，教育他要尊重老师，认真上课。一个月结束，统计表现好的学生进行奖励。

2. 甘当学生，主动联系任课教师，予以尊重

很多的老师原来都是一些优秀的班主任，还有很多是很有主见，很有经验的老教师。可以说每一个任课教师都能独当一面。因此，要共同管理好班级，首先得尊重任课教师。在任课教师面前，班主任要先当学生，在班级制度的制定，班干部的人选，学习方式的组织上，要尽量征求任课教师的意见，在各方意见的基础上，寻求最佳的方案。在交流过程中，不仅可以巧妙地让任课教师掌握班级情况，还可以了解任课教师的一些想法、做法，为更好的合作奠定了基础。而且，通过班主任主动地交流，也让任课教师了解了作为班主任的我们的处事态度、管理方法。在充分了解的基础上，任课教师会给班主任提出很多很有价值的经验和做法。

3. 协助任课老师处理教学中出现的问题，建立了解与信任

学生在班主任面前的表现与在任课教师之间的表现往往是不太一样的。由于班主任在学生心中的特殊性导致了学生在班主任面前往往有所保留，但在大多数的任课教师之间学生不会有这种顾虑，所以任课教师所反映的一些问题往往是学生们真实的一面，班主任要虚心诚恳，冷静听取任课教师的提醒、建议甚至批评。如有一位班主任，当听到两位科任老师反映有学生不遵守课堂纪律、不完成家庭作业后，那位班主任马上做学生的思想工作，并立即与家长沟通联系，了解不做的原因，还制定制度，引导、约束学生，让他们认真上课。实行一个星期后，数学和英语老师都告诉那班主任学生大有好转。总之，班主任不应把任课教师在教学中遇到的问题简单而又片面地以为那是他们自己的事，课堂发生的事由科任教师管，与己无关，或袖手旁观，或有意回避，而应积极配合科任老师解决问题。

4. 建立定期会晤机制，积极主动地互通情况，形成一个高效的教育集体

建立定期会晤机制，主要有三种方式：一是特意找科任教师，了解学生阶段性的学习成绩或对学生的问题进行探讨或针对某一学生的该课学习情况进行专门探讨；二是有意地找科任教师闲聊，如上班，下班路上，主动打招呼，可聊学生也可聊家常，以便拉近与科任教师的距离，并了解科任教师的一些教育理念和教育方法，以求更好地配合；三是全体科任教师一月一聚，畅谈班级的管理思路及交流个别重点学生的不同教育教学方法，以便使科任教师之间互相了解，对学生的教育能够互通，形成教育合力。班主任老师作为班集体的主要负责人，与学生和家长有着更多的接触，所以对学生有着更广、更深的了解，因此为了使科任教师了解学生，班主任要主动地向科任教师介绍本班学生的情况和存在的问题，注意听取他们对学生的看法和意见，及时向科任教师反映学生的意见和要求等。这样既是尊重科任教师，又能激发科任教师关心班级工作的热情，而班主任的主动，还能消除科任教师在班级管理上可能存在的顾虑，从而达到互相配合、同舟共济，共同为班集体建设出力的目的。而且班主任多与课任老师交流，会了解掌握更多的信息，受到更多的启发，从而全面地了解每个学生的个性。

5. 以诚相待，帮助科任教师建立威信，形成合力

苏联著名教育家马卡连柯指出："如果五个能力较弱的教师团结在一个集体里，受一种思想，一种原则，一种作风的鼓舞，能齐心一致地工作

的话，那就比十个各随己愿地单独行动的优良教师要好得多"。所以班主任应该主动协助科任教师开展工作，使科任老师的工作得以顺利开展。另外，作为班主任，切忌在学生中间抬高自己而贬低其他课任老师。尤其值得注意的是，当学生提出某个科任教师在教学中的不足时，更要在维护科任老师应有威信的前提下，正确引导学生一分为二地评价科任教师，积极主动地宣传科任教师的长处和劳动成果，使学生对他们产生敬佩之情。同时，要通过合适的方式帮助科任教师改正不足，以树立其在学生中的良好形象。不然不仅达不到预期的教育效果，而且还会影响科任教师的工作情绪。如果我们能把这项工作做好了，科任教师便会与班主任心往一处想，劲往一处使，班级就更容易管理了。

当科任教师找班主任调课时，也要以诚相待，积极主动。有这样一位班主任，科任教师找班主任调课，恰巧她也没办法帮他上课时，她就主动找其他科任教师调课，甚至一调再调，帮老师解决问题。再如期末复习期间，如果英语数学老师需要术科的课，她就主动协调好各科的课，优先满足英语数学老师的要求。在科任老师临时有困难需要协助时，她也及时顶上，主动分担科任老师的工作。例如，帮忙收发作业，检查读书，看管学生，代课等。有时候，学生没有做好课前准备，她就提醒督促学生做好下一节课的课堂准备，还会一直等到上课的老师来了，才离开教室。总之，能帮就帮，一切为了学生。

案例 3-3

我教学生"耍滑"

昨天的风真大，早晨升旗的时候，学校组织全体同学召开了一年级新队员入队仪式，我们班的孩子们一直都笔直地站立在风中，没有一个人说话，没有一个人违反纪律。仪式结束后回到班里继续上班会，我首先表扬了孩子们的坚强，其次就班级上周的表现做一总结。

当说起学生的纪律问题时，学生反馈很多时候的"违反纪律"事出有因，有的是因为借文具，有的是因为善意的提醒，有的是因为凳子出了毛病……孩子们不是故意违反纪律的，如果继续批评他们，太没有道理了。可是如果继续任其发展，就有可能出现个别学生钻空子的现象，那纪律就只能是一张空白的纸了。此时我发挥出我"超级能说"的本领，教孩子们"耍滑"。教育家常常说授之以鱼不如授之以渔，其实就是在说，作为教师，与其给学生开出一张"禁令"，不如教会他们怎样正确选择做法。可是道理天天讲，时时讲，学生未必对老师的苦口婆心领情，那就不如来个"使坏"的法。

我首先讲了"人家牵驴你拔橛"的小故事，故事简单，但配上我声情并茂的讲述，夸张的表情、动作，孩子们都笑得前仰后合，自然就明白了拔橛的愚蠢，当然也就不选择拔橛的工作。其次，我讲明老师是怎么发现他们做错事的。然后，就进入了关键部分，那就是教孩子们"耍滑"，其实就是告诉他们怎样做，可是我用的方法就是教他们如何避开老师犀利的目光，从而不被捉。比如，发现同桌不注意听讲，需要提醒，那就轻轻用胳膊肘碰碰，如果同桌没反应，那就逐渐加力，如果同桌表现出抗议，那你就装作若无其事，那同桌逐渐升级的反抗，自然会被老师发现，这样，你既解决问题，又没有被牵连。再比如，你对身边随便说话的同学很反感，那就采取"一瞪、二怒、三举手"的方法。再比如，你缺少文具或桌椅出现问题，需要告诉老师，那就举手示意……我举了好几个例子，孩子们也在不断帮我补充，这样，我们利用十几分钟的时间，就摆出好多课堂突发事件解决的事例，而这些事例基本囊括了课堂的现状。

孩子们笑声不断，但从他们喜悦的眼神中，我读懂了，他们已经欣然接受了我的"耍滑建议"。当然我也要不失时机地表扬班里几位定力极佳的孩子。昨天一天的纪律就特别好，孩子们努力地控制着自己的不听话部分，努力地"耍滑"，到了下午我问起他们一天的收获的时候，他们却说没有发现自己守纪律、认真听讲是件很困难的事，看来我的办法有点效果了。今天我观察了他们一天，发现孩子们已经开始愉快地使用我的建议。今天的课堂纪律就非常规范，而且上课时的参与意识也渐渐增强，作业完成情况也出乎我的意料。

有时在教育中使点"小伎俩"也能起到事半功倍的效果，希望这些小活宝们可以使用此方法多一些天，那样他们就会养成习惯。也可以为我想出其他的妙招争取点儿时间。

第三节　学习常规管理

学习是学生在校的主要任务，也是学生在校从事的最经常的活动，是学生成长的主要途径。在构建学习型社会，倡导终身学习的时代大背景下，学会学习比知识本身更加重要。为此，加强班级学习的常规管理十分关键。学习常规管理是班级日常管理的重要内容。从班级管理的角度看，学习常规管理不仅包括课堂教学的管理，还应该关注学生课外的学习状态。小学阶段是学生良好学习习惯养成的最佳时期。教师应注意培养学生的学习兴趣、提高学生的学习能力。

(一)培养学生的学习兴趣

学习兴趣是学生对学习活动或学习对象的一种积极认知，或趋近的意识倾向。它是一种学习动机，是学习积极性中最现实、最活跃的心理成分。兴趣是最好的老师。当一个学生对某种学科发生兴趣时，他总是心情愉快地去学习，积极主动地获取知识；否则，学生就会感到学习是一种负担。因此，班主任要重视学生学习兴趣的培养并掌握培养学习兴趣的方法和技巧。

培养学习兴趣，就是要善于把间接学习兴趣转化为直接学习兴趣。比如，开始对解数学难题并不感兴趣，但懂得了学好数学的意义和它对培养计算能力、抽象思维能力和开发智力的重要性后，在实践中会逐渐产生对解数学题的直接学习兴趣，以致题目越难越有味，解题方法越多越快乐，兴趣就越浓。培养学习兴趣，还应注意既要有广泛的兴趣，又要有中心兴趣。中小学生更应注意广泛兴趣的培养，让他们从作业、考试的重压下解放出来，更多地接触社会和大自然，对人世间的万事万物，对大自然的千变万化都发生兴趣。这对培养他们的观察力、想象力，对他们开阔眼界、增强求知欲是十分必要的。这个时期他们表现出兴趣多变、爱转移的特点，这是正常现象，但随着年龄的增长，就应注意中心兴趣的培养。

激发学生学习兴趣的方法有很多。如引起学生的好奇心，运用新奇的教学方法，用榜样的力量，通过树立目标，在实践中学习，创设模拟教学情境，以比赛竞争的方式等来激发学生的学习兴趣。

案例 3-4

魏书生的教学艺术

魏书生教学，就是要通过各种教法找到兴趣的源泉。他认为，教师讲课，寡淡无味、平铺直叙是教学的大忌。他总是力图为学生创造一种轻松活泼的学习气氛，在课堂上，趣事、乐事层出不穷，学生思维可以驰骋，聪明才智得以充分发挥，久而久之，学生对他教的语文学科产生浓厚兴趣，爱上了它并迷上了它。

以"奇"激趣。

课堂中的"奇"能激发学生的学习兴趣，"奇"是学习内部动机的源泉。苏霍姆林斯基曾经说过："思维是从吃惊开始的。"中小学生对什么都好奇，我们称这种心理特征为"潜兴趣"，教学时，充分利用"潜兴趣"，就能激发学生的学习兴趣。

魏书生教书20多年来，经常有外地老师听他讲课。次数多了，即使到俱乐部上课，同学们也不紧张。但刚接班时，学生就不习惯。特别是到外省、市上课时，不少学生都是第一次在舞台上上课，看见下面有成百上千位教师在听课，学生精力不集中，精神紧张。于是魏书生请同学们集体唱一支歌或集体朗诵一首诗以消除学生的紧张情绪。

请同学们集体唱一支歌，唱同学们平时最爱唱的，或是在合唱比赛时得过奖的那支歌，请文娱委员起音并打拍子。有时是魏书生起个头。一般情况下，这种方法能使同学们轻松起来，他们交头接耳地议论选哪一首歌好，纷纷向文娱委员建议，有的还推荐同学独唱，更有甚者，有时把矛头指向了魏书生老师，让他给大家独唱。有一次在全国中学学习科学研究会首届年会上，当着全国同行的面，兴城市三中的学生就将了魏书生一军，让魏书生给同学们来个独唱。盛情难却，魏书生只好高歌一曲《过去的事情不再想》。课堂气氛立刻就轻松了，同学们忘记了是在舞台上面上公开课。集体朗诵一首诗也是魏书生常用的办法，魏书生老师问学生："大家愿意朗诵吗？最喜欢朗诵哪篇文章？朗诵诗也行！"朗诵陈毅的《梅岭三章》""可以。""朗诵《生于忧患，死于安乐》吧！""也行。"于是魏书生老师说："请全班同学起立，朗诵。"整齐的声音，让学生感到新奇，激发出了学生上课的兴趣。

学生都是好奇的，一些稀奇古怪的事情容易引发他们浓厚的探究兴趣。魏书生利用学生猎奇心理，善于从《国外科技动态》杂志上选择一些文章向学生介绍，比如飞船对接、天外飞行体、人造心脏、逝者冷藏、人工合成食物等惊人的新发现等。这些新奇的内容，激发了学生的自学兴趣。

以"新"激趣

新的事物，学生会有兴趣。变换教学方法从中得到快乐，学习兴趣就会成倍增长。魏书生老师在校或外地讲课，课前总喜欢用气功冥想的办法来激发学生的兴趣。他请同学们起立，两脚分开，与肩等宽，两脚掌平行，背直、头正、微闭双眼，以眼视鼻，以鼻对口，以口问心，然后意念，浑身放松。学生紧闭双目，意想自己像一片云，飘向空中；然后变成一轮月，俯瞰地球这个直径比月球大两倍的浅蓝色的星体；再想自己是一颗星，在广阔的宇宙空间遨游，这时再看地球只是光亮极弱的一颗小星星……这样学生容易排除与课堂无关的杂念，集中精力于课堂。

魏书生常说老师要教给学生一些常规性的学习方法，帮学生制订一些语文学习的规矩、制度、计划，在一些方面使学生有法可依，有章可循，有老规矩可遵守。在一些方面让学生猜得透，但在具体一堂课的安排上，具体教法的运用上，在一些小的技术、技巧问题上，又应该让学生猜不透。越猜得半透不透的，学生越愿猜，越猜学习兴趣越浓，与老师感情越近，对老师所讲的理解得越深。

有一次，十几个城市的百余位老师到他教的班上听课，讲的是《核舟记》。遵照学生意见，翻译时先易后难。最后剩下船头一段，因这段人物位置关系不太好理解，翻译效率可能不高。于是他就说："老师想了一个好办法，用这个办法，大家很容易理解课文。谁能猜一猜，老师想的是什么办法？"他说完，一位同学稍加思索就举起了手，说："老师一定是想找三名同学，分别扮演苏东坡、鲁直、佛印，让他们照课文内容去做自己角色的动作。他们边做，老师边指导，大家看书，难点就解决了！"魏老师一听很高兴地说："你猜得太对了！你怎么知道老师这样想？"他说："我上课时经常猜老师今天又可能用什么好办法讲？猜得多了，猜的能力就强了。"

用这种新奇的教学方法，学生倍觉新颖，也激发了学习兴趣，同时也拉近师生心与心的距离。

以"疑"激趣

兴趣是以需要为基础的，虽然不是所有的需要都产生兴趣，但是符合需要的事物，都可能引起学生的兴趣。疑，疑难，解决疑难是学生学习的需要，提出疑难，让学生思考，更是教学的关键环节。

一位物理老师讲"惯性"这一课时，讲述了一个免费环球旅行的设想：大气球下吊一篮子，人坐在篮子中，升至空中某处，由于地球日行（自转）八万里，悬在空中的人岂不可以领略世界各地风光吗？这个设想可以吗？问题一出，学生争论激烈，思维活跃，用他们所学知识解决问题后，又感到成功的喜悦，新的兴趣油然而生。

一语文教师教《果树园》一课，引导学生分段时，先让学生用一个单音词给每一部分加上小标题。于是学生说：一个是"乐"，一个是"恨"。变双音节词一个是"欢乐"，一个是"仇恨"，又变成偏正词组，"农民的欢乐"，"地主的仇恨"，再变成动宾词组，"描写农民的欢乐"，"刻画地主的仇恨"，这一启发，使学生对"疑"层层得以解决，整个过程，学生兴趣盎然。

霍懋征老师在讲《冬晚》"北方的冬天有它的威严"一句话时，启发学生还可以怎样描述"冷"，她要求学生不许说"冷"字，只许说出冷的意思，看谁说得好。这样一来，个个动脑筋，说出"北风呼啸"，"大雪纷飞"，"河里结了冰"，"窗户的玻璃上结了冰花"，"我们穿上了棉衣"，"弟弟围上了大围巾"，"小妹妹的脸冻得像苹果"……学生既展开了想象，又使整个学习过程在兴趣之中。

数学教学中采用以"疑"激趣的方法教学，更为老师们喜欢并常采用。一次，一位老师讲数列前 n 项和公式时，引用了德国数学家高斯九岁时计算"$1+2+3+\cdots+100=?$"的故事，引发学生疑问，激起学生兴趣。

魏书生教学中，经常给学生种种疑问，有时让学生捧书解答，有时让学生讨论解答……学生总是非常高兴，使学习兴趣倍增。

【资料来源】http：//www.wsbedu.com/jia/ban2/weishu2.html

(二)提高学生的学习能力

自主学习的能力和良好的学习方法对学生的学习至关重要。因此，班主任要重视对于学生学习能力的培养。

1. 养成良好的学习习惯

"习惯"是人们后天获得的趋于稳定的动力定型。习惯一经形成，不容易改变。学习习惯是学生在学习活动中形成的稳定的态度和行为。学习习惯具有稳定性、自动性和约束性的特点。良好的学习习惯对学生的学习具有促进作用，可以引发学生的学习动机，激发学习兴趣，也是学生取得良好成绩的重要因素。一般而言，良好的学习习惯主要包括：制订学习计划、课前预习、专心听讲、课堂笔记、认真问答、按时完成作业、单元小结、勤于思考、考试总结等。

2. 培养学生的学习意志

意志就是人们自觉地确定目的并支配其行动以实现预定的目的的心理过程，这种心理过程是在人的行动中表现出来的。良好的学习意志品质主要包括以下三方面内容。

(1)学习的主动性和独立性。学习意志的主动性和独立性，就是每个中小学生要善于自觉地调节，控制自己的学习活动，使它服从于一定的学习目的，而不只靠外力的推动。具备了这种学习意志品质的学生，他不用等待别人的暗示、提示，也不屈从于周围的压力。在全部的活动中，会以科学的信念和追求的目标出发，规范自己的举止和言行。他会充分相信自己所作决定的正确性，在学习的征途上克服各种困难，勇往直前。

(2)学习的坚持性。学习的坚持性是指在较长的时间内，克服内部和外部的各种困难，坚决完成学习任务的品质。学习的坚持性包恬在学习过程中具有充沛的精力和坚韧毅力。许多同学并不常常具有这两种品质。有的同学在学习开始时可以精力充沛地干着一件事，可是很快就疲倦了。他只有短时间困难的突击能力，缺乏毅力，不能顽强持久地攻克学习难关。有坚强学习意识的人才能顽强地，持久地克服一切障碍，为达到既定目的而坚持不懈。

(3)学习的自控力。学习的自控力是指在学习生活中善于控制和支配自己行动的能力，为了提高学习质量，学生应在教师的指导下，学会自己管理自己，自己约束自己，科学地组织学习。不允许不经过深思熟虑而发生一时的冲动，干扰自己学习计划的执行，更不允许白白地浪费时间，破坏自己学习时间的规定。要通过教师的点拨努力掌握科学的学习方法，并把感性认识升华到理性认识，发挥学习的主观能动性，有效地加强学习上的自控能力的培养和锻炼。

中小学阶段是一个人全面发展的非常重要的时期，而他们的学习不论在自觉性、果断性，还是坚韧性和自制力方面都是比较差的。学生在日常的学习生活中难免会遇到这样或那样的挫折，在面对挫折时，意志品质将会发生重要的作用。因此，在学习生活中，教师要注意培养学生的韧性、要有迎难而上的勇气和不怕吃苦的耐性。另外，中小学时期，既是一个人身心发展的重要时期，也是一个人身心发展的准备时期。在这个时期中，对别人的依赖和模仿是少年儿童的重要心理特征。所以，在培养学生意志力时，教师既要向学生讲道理，对学生监督检查，也要以自己的意志行动去示范、启发、感染学生，使自己的意志行动成为学生培养自我意志力的"标本"。在教书育人过程中，教师既要坚定果断地处理问题，又要表现出很强的"自制力和韧性"。如在改变"双差生"此类问题上，教师一定要有耐心，对工作、家庭、社会一些不如意的事情带给自己的情感干扰，要善于控制，并排除这种干扰，切不可将不良情绪带到课堂上或发泄在学生身上。

3. 指导学生掌握学习方法

"授人以鱼不如授人以渔"，学生在学习过程中，需要掌握必要的学习方式和方法。尤其是当今这个知识高速发展的社会，学习知识的能力远比知识本身更重要。所以，帮助学生掌握有效的学习方法，是当今每一位教师必须要正视和探索的问题。我们所说的具体学习方法主要指阅读的方法、记忆的方法、听课方法、复习的方法等。另外，在新课程理念下，班主任老师还要有意识地培养学生自主学习、合作学习和探究的能力。

4. 学习不应该只是书本上的知识，还包括实践性的知识

班主任要有意识地指导学生养成主动参与社会实践活动的习惯。学校的任何活动，诸如劳动、学习、科技、文体活动等都需要一个人为达到一定目的而表现出坚毅、顽强和果断的精神。因此，把学生组织到课堂外的其他有益的实践活动中去，不仅有利于提高学生的综合能力，还有助于培养学生的意志力。在组织实践活动时，要特别注意引导学生努力完成好那些对他们来说兴趣不大的、平凡的、情绪上带来不愉快的或困难的活动，这样更能使学生的意志力得到锻炼。当然，为了增强他们锻炼意志力的信心和决心，在活动中，教师必须辅之以必要的赞扬、勉励、提出榜样和介绍锻炼意志的方法，有时还可用限制、批评、惩罚的方法来阻止他们违反纪律的行为，但应以赞扬、勉励为主。此外，教师对学生提出要求的难度也要适中，太难或太易的要求都是不利培养学生的意志力的。

拓展阅读 3-2

如何矫正学生的不良学习习惯[①]

学生在学习过程中，由于诸方面原因，难免会形成一些坏习惯，如作业马虎、上课小动作多、书本乱扔、不按时完成作业等。面对学生已经形成的坏习惯，教师该怎么办呢？

一、正面疏导

正面疏导是一种不采取强迫手段，而是抓住学生的兴奋点和兴趣点顺势引导，让学生在不知不觉中接受教育以达到"润物细无声"的方法。这种方法由于没有明显的教育痕迹，学生的心理较为放松，不会产生抵触情绪，同时又抓住了学生感兴趣的方面，因此教育效果较好。例如，有个学生不按时完成作业，不爱学习，做事拖拉马虎。教师通过调查，得知他沉迷于看电视，也喜欢和别人谈论电视中的内容。于是，教师可以从电视入手进行引导，先谈电视节目、电视的好处，再谈电视的产地、电视的原理，最后过渡到学习上去。可以用一些问题刺激他一下："你那么喜欢看

---

① 周鸿辉：《中小学班级管理策略集粹》，杭州：浙江教育出版社，2005 年。

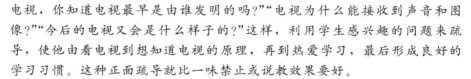

电视，你知道电视最早是由谁发明的吗?""电视为什么能接收到声音和图像?""今后的电视又会是什么样子的?"这样，利用学生感兴趣的问题来疏导，使他由看电视到想知道电视的原理，再到热爱学习，最后形成良好的学习习惯。这种正面疏导就比一味禁止或说教效果要好。

二、强制训练

要矫正坏习惯，光有正面疏导是不够的，还需要堵，需要一定的强制训练和强制性的惩罚措施。必要的惩罚对矫正学生的不良习惯是有一定作用的。要克服不良习惯既需要内在的意志力，也需要外部的强制力，仅靠自觉是不够的。惩罚作为一种外部强制力量，对矫正不良习惯具有一定作用，是疏导法的辅助手段，但在运用的时候要谨慎。

惩罚的方式有多种，如口头批评、通报批评、记过等。不管是何种方式，关键是要让学生知道他们的行为是错误的，并能激发他们努力改正。为更好地发挥惩罚的效果，老师要注意以下几点：惩罚适度；惩罚适量；惩罚适时；罚之有理；讲究技巧。如，在批评、惩罚之前，先进行肯定。例如，"你一直都是一个不错的学生，这次是怎么了？……""近来你在听课方面表现很好，但在完成作业方面还得加把劲儿，尤其是要改掉马虎的毛病。"

三、激将法

激将法是指教师用比较强烈的或反面的言语、行为故意刺激学生，唤起学生的自尊，使学生猛然警醒，从而下决心改掉不良学习习惯的方法。这种方法必然会触及学生的自尊。从教师角度来看，运用此法是有目的的，而学生并不了解这种目的，以为教师那些过度激烈的言行是真心流露，所以自尊心一定会受到伤害。而且对教师可能抱以不满、怨恨、冷漠等情绪。因此，不到万不得已，教师不要运用激将法，控制不好的话，会造成师生关系紧张。

运用激将法时，首先要选择合适的对象。对那些自尊心强、表面满不在乎，又屡教不改的学生适合采用激将法。而对那些胆小羞怯、敏感脆弱的学生则不宜采用。其次，要选择合适的场合。可以私下用，也可当众用，而当众用比私下用更为有效，对学生的震撼力也更大。最后，要选择合适的言行。用激将法时，教师的言行比平常的批评要更加激烈，更带有刺激性，要使学生霎时间感受到刺伤后的痛苦，这种痛苦足以使学生痛下决心。例如，某学生学习时粗心大意，教师教育多次均无效。单元测试又因粗心，成绩很差。发考卷时，教师发到这位学生，当着全班同学的面说：

"你要是能改掉粗心的毛病，老师我就要搬到月球上去住了！"语调中饱含失望、轻视和讽刺。全班学生哄堂大笑。这位学生的脸"刷"一下就红了，并且怨恨地看了老师一眼。自此以后，他憋足了劲儿要把自己的毛病改掉，从做作业到复习考试，均认真对待仔细检查。两个月下来，他像换了个人似的。这时老师向他点拨："看来激将法确实能帮你改掉坏毛病。"

【本章小结】

通常，班级日常管理的内容包括班级环境管理、纪律管理、学习常规管理三个方面。其中班级环境管理包括班级物质环境管理和班级制度环境管理。本章主要围绕班级日常管理活动，对班级环境管理，纪律管理和学习常规管理进行了阐述。就学生违纪行为进行了分类并对其造成的原因和处理方式进行了探讨。随着现代教育的发展，培养学生的学习能力愈加重要。本章节结合案例介绍了班主任教师培养学生的学习兴趣、提高学生的学习能力的方法，对班主任开展班级日常活动有一定的帮助和指导意义。

【思考与练习】

1. 班级日常管理包含哪些方面？
2. 班级环境管理包含哪些内容？分别是什么？
3. 造成学生违反班级纪律的原因有哪些？
4. 如何提高学生的学习能力？
5. 请阅读下面的案例，之后回答问题。

小刚是小学三年级的学生，最近他经常在课堂上东张西望，神不守舍；或者在下面偷偷玩东西；作业不做或敷衍了事。一二年级时，学习成绩还可以跟上，从三年级开始，随着知识内容的加深，父母忙于农活，不能给予家庭辅导，由于父母的放任自流与奶奶的过分溺爱，导致该生缺乏责任心与自制力，上课自由散漫，独立性较差，把不良的生活习惯（自己该做的小事不做）带到学习中来（自己该完成的作业不完成），久而久之，学习自然跟不上了，越是跟不上，越是不愿学习，形成了恶性循环，导致学习成绩迅速下滑。

问题：假设你是小刚的班主任，面对这种情况，你将作何处理？

【本章参考文献】

1. 林进材. 班级经营. 上海: 华东师范大学出版社, 2006

2. 田恒平. 中小学班级常规管理. 上海: 华东师范大学出版社, 2009

3. 张作岭, 宋立华. 班级管理 (第 2 版). 北京: 清华大学出版社, 2014

4. 周鸿辉. 中小学班级管理策略集粹. 杭州: 浙江教育出版社, 2005

5. 戴胜利, 徐雄伟, 万瑾, 陈勇. 班级管理技能. 上海: 上海教育出版社, 2009

6. 龚春燕, 董国华, 等. 魏书生教育教学艺术. 北京: 中国宇航出版社, 2003

第四章　班级制度管理

【本章学习目标】

1. 掌握班级制度的主要内容、功能及作用。
2. 了解班级制度的修订和完善过程。
3. 了解班级制度落实和宣传的手段和技巧。

　　所谓班级制度，指的是党和政府的有关方针、政策、法规、条例、指令等和社会主义道德观念、行为规范、是非标准等在班级日常管理中的具体体现，是班级群体成员共同认可并自觉遵守的行为准则。它是班级的准绳，对于一个班级的秩序化、法制化具有重要的作用。它的作用在于协调人与人之间的关系，提高群体活动效率、保持群体意识形态特征的准则，具有心理控制与约束力，也就是说对于个体，它是一种心理力量，可以通过这种心理力量调控活动，使之符合群体要求。

第一节　班级制度概述

一、班级制度的内容

　　班级制度是一个班级得以建立和存在的保证，只有设计出合理恰当的制度并将其落到实处，班级的发展才有章可循。根据形成的方式，班级制度的内容可以分为成文的制度和非成文的制度。

(一)成文的制度

　　成文的制度是学校教育教学工作的基本规范要求，即实施常规管理。它直接受社会的政治制度、经济制度和文化规范的制约，既反映国家的教育方针、政策、法令、条例等方面的宏观层次的内容，又反映学校拟定的规章制度和公约等微观层次的内容。对于学生来说，最具体的就是学生守则。常规管理具有基础性、强制性、实际操作性等特点。它一方面调节团体与个人的行为，保证共同的活动目标得以实现；另一方面保护成员在团体中的权益，使个体获得发展。每一个班级都应遵守和服从规章制度，这是衡量和评价班级工作的基本标准。每个学生在群体中生活也必须有基本的规范，表现为角色意识、公众意识、责任感和义务感。①

值得注意的是，强调班级制度管理还应避免"控制主义的层级化管理"，也就是班主任或教师按照校领导的要求，直接或间接地通过班干部，借助一定的规章制度去约束学生，实现对学生思想与行为的控制。这种管理方式会导致班主任或教师只关心如何矫正学生表现出来的形形色色的错误行为与利己意识；学生只是关心如何表面地、形式地维护规章制度；班长、班委会只从事监视活动，要求伙伴不违纪、不迟到、不做小动作，行使的是"警察"的职能。这一过程是从处在高位的校领导的要求，到班主任或教师对上级指令的遵行、对下级学生的指导，再到学生班干部的执行，最后到学生群体的服从。这种管理观实际上是把集体与个人对立起来，学生的主动性、积极性，以及情感、态度、愿望和兴趣等常处在抽象认识的状态，被具体落实的往往是规章制度的遵守和群体行为的统一，其结果是束缚了学生的发展，并人为地造成学生在班级地位中的差异，而且学生的社会化将沿着学会服从要求和循规蹈矩的方向发展。

(二)非成文的制度

非成文的制度是指班级的传统、舆论、风气、习惯等，即是不成文的、约定俗成的非常规管理②。班级中开展的教育教学活动，常常是根据班主任、教师和学生的具体情况而定的。每一位班主任或教师都会以自己独特的方式对待和要求班级中的学生，而每一个学生在班级中的地位也是由其个性特征和具体的行为方式决定的，由此班级就形成了特定的文化时空，诸如班级的风气、传统等。学生在学校里生活的质量取决于班级生活质量的高低，而班级的生活质量不仅仅是课程计划中规定的东西，更是由班级群体所创造出来的一种班级生活决定的。它是隐性的，学生生活其中

---

①　全国十二所重点师范大学：《教育学基础》(第2版)，北京，教育科学出版社，2008年，293页。

②　同上书，294页。

就能逐渐形成一种班级共有的生活方式，在这种生活方式中，群体和个体都能得到发展与成长。

班级制度管理的内容不同，在班级组织的建设中就发挥着不同的作用。成文的制度管理既是学校的规章制度，也是班级的规章制度，它是学校中每一个班级都必须遵守的，具有普遍性的舆论，在班级建设中发挥着引导、评价、调节和指标作用，对班级建设起着重要的规范作用，属于定型性的管理。在定型的班级组织中，个人角色作用是固定的，以维护团体的共同目标。非成文的制度管理是班级组织在形成过程汇总班级本身建立的规范，常常是班级个性的体现，属于不定型的管理。在不定型的班级组织中，个人的角色是相互流动的，彼此之间的关系具有相互扶助的性质。成文的制度管理具有普遍的规范性和约束力，是刚性的管理；不成文的制度管理则具有个别性和针对性，是柔性的管理。由于班级管理的对象是活生生的、有思想有感情的、可塑性很强的学生，所以，班级管理应该积极倡导体贴人的纪律和柔性的管理方式。

二、班级制度的功能

班级制度是班级成员的行动准则，是班级发展的强制性保障。班级制度具有三大基本功能。

(一)引导功能

这是班级制度中要求人们怎么做的部分，规定了人们行动中的规则，如怎样对待老师、父母、同学，怎样遵守课堂秩序，怎样做好值日生的工作等。学生在班级里必须承担责任。作为集体的一名成员，他必须尽到一个学生的基本义务，即"我必须做什么"。"人人有事做，事事有人做"，并非道德上的要求，这些"事"中，有些是必须去做的，有些则是可以自由选择去做的，必须去做、不得不做的，就是义务，要用制度明确下来。这是一种引导学生行动的手段，为人们的交往提供一种确定的结构，即解决"怎么做"的问题，使得学生的行为变得更可预见。班级里的一些常规事务如果没有操作标准和程序，也会导致混乱。在班级工作中，即使对一些细节的处理，如果能注重规则的运用，也能对整个班级的和谐运转起到良好的帮助。

(二)警示功能

班级制度可以让班级的活动、运作都有序地进行，稳定有序的班级环境最有利于学生的幸福成长，也有利于班级的健康发展。生活在班级制度下的学生心理是稳定而健康的，他能够把握班级的发展进程，在这样一个安定有序的集体中，学生可以从容地规划自己的生活和目标，并且知道，如果沿着既定的方向前进，一定会得到预期的结果。也就是说，在制度健全的班级中，学生十分明确，"这样做或不这样做的结果是什么"。班级制度的警示功能是班级制度中对不规范行为的预设，它明确了行为和结果之间的因果关系，指出了哪些行为不能做，如果做了会造成哪些不良后果，会对他人和集体造成哪些伤害。班主任老师要让学生明确知道，在自己的班级里不是想做什么就做什么、想怎么做就怎么做的，很多行为必须受到制度和规则的制约。如果你的行为不符合班集体的要求与规范，你就必须对自己的行为负责。

（三）纠偏功能

这是班级制度中对危害他人和集体行为的一种惩罚措施。它告诉学生，每个人都必须为自己的言行负责，如果你的行为危害了他人和集体，你就必须接受惩罚，通过惩罚使学生加深认识，纠正自己的行为。如，损害公物就要赔偿。如果没有规则，管理班级、教育转化学生都靠"说服""教育"，看上去班主任很敬业、教育观念正确、对学生很关爱，其实，从另一个角度去解读，还可以说"没有更多的方法"，这样的班级管理是低效的。只有加强和完善班级制度建设，靠制度管人，以制度加以硬约束才能营造出健康、稳定、有序的班级管理的氛围。

三、班级制度的特点

班级制度是一个班集体顺利运行的有力保障。只有和谐的班级制度才能使班级管理真正规范化，使学生养成良好的文明习惯和行为；才能使班级管理经常化，防止"抓则紧，放则松"的冷热病；才能使班级管理精确化、科学化，有效克服教师在操作评定中凭印象和感觉的模糊化管理现象。一个良好的班级制度应具备以下几个特点。

（一）公正性

公平，是制度的重要特征。正义，是制度的根本德行。公正性是班级制度管理的最基本要求。苏霍姆林斯基曾经说过"很难想象还有什么比由于不公正而产生的情感上的麻木更能摧残儿童的心灵"。班级制度从形式上看是一种行为规范，但从本质上看它是班级学生"利益"的均衡器和导向器，它承担着分配和协调班级学生之间相互"利益"的重任。班级制度的实施公正、公平与否切实关系到每一位学生的利益。因此，班级制度的实施，必须要制定公正、公平的奖惩制度。只有严格落实这些奖罚制度，才能满足学生渴望公平的心理需求，起到公平的激励作用。有调查表明：90％以上的中小学生认为公正是教师的基本道德；90％以上的学生认为，偏心的教师是不可原谅的。从中可以看出，学生的心目中对公正的需求非常强烈。制定并执行班级制度，不是为了压制学生、制服学生，而是为了在保障个人利益的前提下，让所有人都能得到最好的发展。因此，在制定班和执行班级制度时首先要注意保证公正性，不偏向任何一个学生，也不歧视任何一个学生，其根本目的是为了主持正义，保证班级管理健康、和谐、有序地发展。

(二)民主性

班级制度的民主性体现在班级制度的制定过程和执行过程两个方面。

首先，班级制度的制定过程应该是民主的。制定班级制度的基本原则是"学生主体、班主任主导"。一种很重要的工作方法就是"班主任和学生共同商议制定制度"。只有学生在班级制度的问题上有发言权，制度才会得到学生的认可与接受。但是，由于学生是未成年人，思想尚未成熟，所以，也不能完全放手让学生自己制定，班主任还要起到重要的监督、引导、指导作用。

其次，制度的执行过程也是民主的。主要表现在：第一，制度（规则）面前人人平等，没有任何人可以凌驾于制度之上或游离于制度之外；第二，制度的执行过程和结果都是公开的；第三，制度的执行人大部分由学生自己选出的代表担任。

(三)简洁性

班级制度是针对班级日常工作中那些经常性工作，它涉及的内容相对单一，不外纪律（教室、寝室、公共场所）、卫生（个人、教室、公共场所、寝室）、学习（作业收交、学业成绩）、锻炼（体育课、两操、课外活动）等方面，切忌事无巨细，包罗万象。因此，班级制度在语言表达方面要简洁明了，避免烦冗复杂、含糊不清；另外，良好的班级制度可以避免班主任就一些常态问题进行反复的说教、解释，避免重复而低效的劳动。用制度来解释，既简单明了，又富有力度。运用科学的管理制度使班级井井有条，运转流畅，可以将班主任从繁重的体力劳动中解放出来，有时间阅读、写作、思考、研究，有更多的精力去关注学生成长的深层次问题，这是每个班主任都需要追求的目标。

案例 4-1

魏书生班级管理方法

让学生进行自我管理，是"人本"思想的发展，它并非魏书生的创造，然而魏书生管理本身最鲜明地体现了这一思想，其教学策略之高明，教学手段之巧妙令人称道。

第一，他非常注意提高学生对管理活动的认识。曾经有学生问他："您还能做我们的班主任吗？"魏书生说："为什么不能？"学生说："我们看您太累了！""那我就请副班主任来管嘛！"学生问："副班主任在哪？"魏书生说："就在每位同学的脑子里！"谈话中，魏书生除巧妙地向学生传达了对学生的信任外，还向学生传递了这样一个信息，这就是：管理对整个教学活动来说是必要的，但管理不是老师来约束学生，而是学生在学习活动中的自我约束。通过引导学生对管理的认识，使学生自觉意识到管理的必要性，特别是自我管理的必要性，在客观效果上，减少了学生对管理的抵触以至对抗的情绪，大大减少了由人际关系不和谐产生的内耗，这无疑极大地提高了教育管理的实效。

第二，魏书生创造性地创设了多种自我教育形式，如：写"说明文"，写"心理病历"等，大力倡导学生自我约束和自我管理，帮助他们在心里筑起第一道防线，以尽量把问题消灭在萌芽状态。

第三，他大大强化了规划、决策过程中的民主参与，通过引导学生制订班规班法，即使学生的意志与愿望通过合理渠道得到了满足，又密切了师生关系，同时由于学生有为自己的目标负责的倾向，所以它容易使学生对自己的行为产生自我约束，真可谓"一举数得"。

第四，大胆转化了管理机制，为班级重新建立起以学生自我管理为主的新机制，其新颖之处表现在四个方面。

一是全员参与，相互制衡。在魏书生的班中，人人都是管理者，人人又都是被管理者，管理因时而动，权力彼此制约，而教师则处在一个驾驭、服务的位置上。如此管理，教师如何不轻松？

二是照章办事，责任明确。"人人有事做，事事有人做"，且凡事皆有章可循。

三是管理教学，相互结合，管理的目的是服务于教学中，魏书生的班级管理中就包含有大量的教学因素，比如让学生写"说明"，目的是让学生进行自我教育，但他同时训练了学生的书面表达能力。办《班级日报》沟通了同学间的联系，但不也是一个让学生全面受教育的过程吗？

另外，除课堂教学，魏书生还把大量的课外教学活动(包括德、智、体等科)纳入了班级管理的轨道，如定期定人检查作业批改作文，课前一支歌等，加强了教学与管理间的联系，推动了教学管理与班级管理的整体自动化。

四是善始善终，持之以恒。凡事不做则已，一做必做到底，既显示了制度执行的一贯性，又锻炼了学生的意志力。

第二节　班级制度的制定与完善

一、班级制度的制定过程

(一)以国家的法律法规为依托

创制班级制度所依据的法，应是广义上的法，特别是那些与班级管理相关的法，班主任应重点关注。从 1978 年教育工作全面恢复和重建之后，我国相继制定了一系列有关学生工作的法规。在全国人大或全国人大常委会制定的法律中，涉及学生管理的，在制定班级制度时必须依照，如《义务教育法》《未成年人保护法》《教育法》《预防未成年人犯罪法》等。国务院制定的某些行政法规，如《义务教育法实施细则》《学校体育工作条例》《学校卫生工作条例》等也是创建班级制度的重要依据。教育部(原国家教委)还相继颁布了一系列教育行政规章，涉及学生管理的较多，如《中、小学德育纲要》《中、小学德育工作规程》《中小学生守则》《中、小学生日常行为规范》《中、小学班主任工作暂行规定》《小学管理规程》《关于高中建立学生档案的暂行规定》《关于中学共青团工作几个具体问题的规定》《关于小学少先队工作几个具体问题的补充规定》等，这些规章是创建班级制度时最主要的法律依据。另外，各省(直辖市、自治区)、省会城市、经济特区市、国务院授权较大市的人大和政府，依据法律、行政法规还制定了大量的地方教育法规和规章，这些教育法规和规章在各地范围内生效，也是各地班主任组织制定班级制度的重要依据。

拓展阅读 4-1

中小学生守则

1. 热爱祖国，热爱人民，热爱中国共产党。

2. 遵守法律法规，增强法律意识。遵守校规校纪，遵守社会公德。

3. 热爱科学，努力学习，勤思好问，乐于探究，积极参加社会实践和有益的活动。

4. 珍爱生命，注意安全，锻炼身体，讲究卫生。

5. 自尊自爱，自信自强，生活习惯文明健康。

6. 积极参加劳动，勤俭朴素，自己能做的事自己做。

7. 孝敬父母，尊敬师长，礼貌待人。

8. 热爱集体，团结同学，互相帮助，关心他人。

9. 诚实守信，言行一致，知错就改，有责任心。

10. 热爱大自然，爱护生活环境。

【资料来源】http://baike.baidu.com/link? url=yvFSHmDXJLl5maT _ y0vCbQjpg0zV2l8nmGaDZQm12J7DXo64tvPboIb8Kzwg7qJsX0

拓展阅读 4-2

中学生日常行为规范(修订版)

一、自尊自爱，注重仪表

1. 维护国家荣誉，尊敬国旗、国徽，会唱国歌，升降国旗、奏唱国歌时要肃立、脱帽、行注目礼，少先队员行队礼。

2. 穿戴整洁、朴素大方，不烫发，不染发，不化妆，不佩戴首饰，男生不留长发，女生不穿高跟鞋。

3. 讲究卫生，养成良好的卫生习惯。不随地吐痰，不乱扔废弃物。

4. 举止文明，不说脏话，不骂人，不打架，不赌博。不涉足未成年人不宜的活动和场所。

5. 情趣健康，不看色情、凶杀、暴力、封建迷信的书刊、音像制品，不听不唱不健康歌曲，不参加迷信活动。

6. 爱惜名誉，拾金不昧，抵制不良诱惑，不做有损人格的事。

7. 注意安全，防火灾、防溺水、防触电、防盗、防中毒等。

二、诚实守信，礼貌待人

8. 平等待人，与人为善。尊重他人的人格、宗教信仰、民族风俗习惯。谦恭礼让，尊老爱幼，帮助残疾人。

9. 尊重教职工，见面行礼或主动问好，回答师长问话要起立，给老师提意见态度要诚恳。

10. 同学之间互相尊重、团结互助、理解宽容、真诚相待、正常交往，不以大欺小，不欺侮同学，不戏弄他人，发生矛盾多做自我批评。

11. 使用礼貌用语，讲话注意场合，态度友善，要讲普通话。接受或递送物品时要起立并用双手。

12. 未经允许不进入他人房间、不动用他人物品、不看他人信件和日记。

13. 不随意打断他人的讲话，不打扰他人学习工作和休息，妨碍他人要道歉。

14. 诚实守信，言行一致，答应他人的事要做到，做不到时表示歉意，借他人钱物要及时归还。不说谎，不骗人，不弄虚作假，知错就改。

15. 上、下课时起立向老师致敬，下课时，请老师先行。

三、遵规守纪，勤奋学习

16. 按时到校，不迟到，不早退，不旷课。

17. 上课专心听讲，勤于思考，积极参加讨论，勇于发表见解。

18. 认真预习、复习，主动学习，按时完成作业，考试不作弊。

19. 积极参加生产劳动和社会实践，积极参加学校组织的其他活动，遵守活动的要求和规定。

20. 认真值日，保持教室、校园整洁优美。不在教室和校园内追逐打闹喧哗，维护学校良好秩序。

21. 爱护校舍和公物，不在黑板、墙壁、课桌、布告栏等处乱涂改刻画。借用公物要按时归还，损坏东西要赔偿。

22. 遵守宿舍和食堂的制度，爱惜粮食，节约水电，服从管理。

23. 正确对待困难和挫折，不自卑，不嫉妒，不偏激，保持心理健康。

四、勤劳俭朴，孝敬父母

24. 生活节俭，不互相攀比，不乱花钱。

25. 学会料理个人生活，自己的衣物用品收放整齐。

26. 生活有规律，按时作息，珍惜时间，合理安排课余生活，坚持锻炼身体。

27. 经常与父母交流生活、学习、思想等情况，尊重父母意见和教导。

28. 外出和到家时，向父母打招呼，未经家长同意，不得在外住宿或留宿他人。

29. 体贴帮助父母长辈，主动承担力所能及的家务劳动，关心照顾兄弟姐妹。

30. 对家长有意见要有礼貌地提出，讲道理，不任性，不要脾气，不顶撞。

31. 待客热情，起立迎送。不影响邻里正常生活，邻里有困难时主动关心帮助。

五、严于律己，遵守公德

32. 遵守国家法律，不做法律禁止的事。

33. 遵守交通法规，不闯红灯，不违章骑车，过马路走人行横道，不跨越隔离栏。

34. 遵守公共秩序，乘公共交通工具主动购票，给老、幼、病、残、孕及师长让座，不争抢座位。

35. 爱护公用设施、文物古迹，爱护庄稼、花草、树木，爱护有益动物和生态环境。

36. 遵守网络道德和安全规定，不浏览、不制作、不传播不良信息，慎交网友，不进入营业性网吧。

37. 珍爱生命，不吸烟，不喝酒，不滥用药物，拒绝毒品。不参加各种名目的非法组织，不参加非法活动。

38. 公共场所不喧哗，瞻仰烈士陵园等相关场所保持肃穆。

39. 观看演出和比赛，不起哄滋扰，做文明观众。

40. 见义勇为，敢于斗争，对违反社会公德的行为要进行劝阻，发现违法犯罪行为及时报告。

【资料来源】http://baike.baidu.com/link? url＝eAeDBiEBrezcl 4Ip1IUC9ad7phnI2-ZeOeUrRXgEP-FIKLGhh8FTdn2UiaMwbD3A _ DVyBqrrG-iglbOXLBSGba. html.

(二)以班级的实际情况为根据

班级制度的制定一般由社会来完成，需要学生自行制定的并不多，学生只需理解这些制度并按照制度的要求执行就可以了。但每个班级不免存在着特殊情况，这就需要由班级在社会规范的前提下进行修订和完善。在班级制度的修订方面，应该是在学校各项规章制度的大背景下，结合班级实际情况，通过班级民主决议而产生，并由全体学生监督实施，这样才可以使每个学生信服并自觉遵守。

在班级制度的内容确定上，班主任要立足班级实际，凸显班级建设目标，以发展的眼光确定制度内容。

1. 继承传统，取其精华

学习、借鉴可以使我们更快、更好地获得有价值的信息。长久以来有多种班级制度为我们提供范例，如以学习、休息、运动等学生活动内容为制度框架的，或者以学生的一日生活时段为制度框架的，都很贴近学生的生活。包括很多文字的表述内容，如果适合本班学生的，我们都可以将其精华部分"拿来"使用。

2. 改良不足，弃其糟粕

随着时代的发展，很多陈旧的、不符合学生认知特点的内容逐渐退出历史舞台，比如关于爱国主义的"高""大""全"的口号。随着学生主体地位的提升，表述的方式也更多地由禁止、命令，向陈述、号召转变。因此，不符合时代特点的元素无可争议地要淡出现代班级管理的舞台。

3. 敢于创新，与时俱进

法律具有相对稳定性，而教育则是与时俱进的，班级制度不仅要依照教育法规，还必须依照灵活性较强的教育政策来制定。在我国，教育政策的表现形式是多种多样的，包括党的教育政策、国家行政机关制定的教育政策，还包括人民团体制定的教育政策等。因此，班级制度应该随着很多时尚的社会元素涌入校园，并补充新的内容。如在学习方面，出现了综合实践学习，那么在班级制度中就应该提出关于实践学习的相应标准，综合性学习中，要积极倡导学生参加公益社团、慈善活动，并将其作为班级制度中的一项重要内容，以提高学生的社会参与意识。在一些制度的奖惩方面，可以采用学生一些创新的想法，比如因为个别学生的行为而导致班级荣誉受损的事件，传统的做法是老师批评，学生写检讨或在全班面前检讨，我们班的学生就提出可以让这个学生在全班面前作一次以"我爱我班"为主题的演讲，这样的做法避免了学生的自尊受伤害，但同时又能让他认识到自己的错误，增强他及全班同学的集体荣誉感。

二、班级制度的制定原则

由班级自行制定的制度规范，又称"班规民约"。包括"班级自习制度""班级值日制度""班级卫生制度""班干部岗位责任制"等。在班级制度修订的过程中，我们应用人文理念建立班级人文制度，具体要坚持以下三个原则。

1. 以人为本

"以人为本，尊重人的基本权利"已成为现代社会的基本理念。班级制度虽然是以静态的文本形式呈现的，但它的作用对象却是学生，是一个个鲜活且富有个性的个体。班级中的规章制度制定得是否科学、合理，是否以学生成长为出发点是班级制度文化建设是否合理的核心。因此，在制定班级制度的过程中，不能由班主任或班委会闭门造车，而应该集思广益，调动所有学生参与其中，在所有学生进行民主讨论的基础上，适当集中，最终形成。这样的班级制度才具有广泛性和约束力，学生才会认可并自觉维护和执行。大量事实表明，由全体师生共同参与的、民主管理的方式下制定的班级制度使得学生在情感上更容易接受和认可，在内容上更容易理解，在行动上更容易自觉遵守。在制定班级制度时，除了学生的全员参与外，制度的本身也要体现民主、平等和人性化，不能厚此薄彼。因为制度不是一味地管理人、约束人、控制人，而是创造条件发展人。制度的设立要针对学生的心理特点，班主任要重奖轻惩，而惩还需讲究艺术性，绝对不能出现罚款、体罚和变相体罚制度的出现。

2. 注重引导

制度是一种具有强制力、约束力的条文，但其最终目的在于引导学生良好的行为。然而，有些班级制度把重点放在纠正学生的"错误行为"上，而不是放在养成积极健康的行为上，是以"关注"学生、不让学生出事为工作目标的；是形式的，它反映的只是学校的管理，而不是学生的生活。这是一种专横的、病态的班级制度。面对天真烂漫，正在发展进步阶段的中学生，他们的世界观还未形成，自控能力较差，难免处于"犯错而不知错"或"犯错不自觉"的状态，所以，制定班级制度时，要关注班级制度文化育人作用，可以采用生动活泼、易于被学生接受的语言。即使学生犯了错，也注意要刚柔并济，教育引导为主。从学生成长的历程来看，学生犯错误未必就是坏事，教育的关键在于引导学生认识错误并改正。

3. 切实可行

班级制度要在符合社会规范要求的基础上，根据班级建设的实际情况需要，根据班级现在或者将来可能存在的某种倾向来制定，而不是越多越好，越复杂越好。班级制度的制定不宜太繁杂，表述要尽可能通俗易懂，条款要契合学生的身心发展规律，切实可行，这样才有利于学生行为的规范，有利于班级各种问题的解决。把学生的学校生活看作是自身生命不可复演的一种经历，通过对人的积极主动性的调动，再加上执行对象的灵活性要求，在执行过程中既讲求原则又不乏人情味，在动态执行过程中增进执行主体与被执行者的交往，增进理解，放大育人效率，将班级制度转化为学生内心的法则和外显的行为，才是班级制度文化建设的最终归宿。

当然，制度的形成不是一步到位的。在制度试用的阶段，每个学生都可提出修改建议，再通过全班讨论，让班级制度建立一个动态生成的过程，使其最终能适合整个班级的建设。

案例 4-2

班级文化的自我创建①

高中学生正处于个体发展的成熟期，其自我意识已达到了一个较高的水平，其理想中的自我形象逐渐确立，其自我观察、自我评价、自我体验、自我监督能力逐步提高。这些都为学生展开自我教育提供了很好的契机。近年来，我在班主任工作中就如何发挥学生的主体作用，实现真正的自我教育这一课题作了一番思考和探索。

（一）从引导学生制定目标入手，培养学生的自主精神

制定目标是班级管理的前提条件，而学生的自主精神是班级管理的灵魂。因此，在班级管理中，班主任首先要从思想上更新管理观念，确认每个学生在班级中的主体地位、权利和义务，尊重学生的人格、个性，加强自主意识和民主意识的教育。有了这样的认识，我担任高一（5）班的班主任后，立即引导学生以"我是班级管理的主人"为理念，积极参与班级管理目标的制定，以此来培养学生的自主精神。

1. 共同确立班级总目标

制定管理目标的过程，也是学生自我教育、自我激励的过程。确立管理目标，既要使所有的学生看到前进的方向，又要明确目标实现是每个个体努力的最终结果，还要让学生明白目标高而可攀，但必须经过努力才能实现。我在制定班级管理目标时，比较注重调动每个学生的积极性，引导他们以主人翁的身份出谋献策，通过集体学习、相互讨论、逐步完善，共同制定出切合班级实际的总目标。具体内容为：高中三年规划，五班的常规管理、寝室管理力争首位，学习、活动方面力争上游，人人追求全面发展，高考人人争取上重点。在讨论制定过程中，学生利用"五"与"吾"谐音的特点，提出了"五班吾做主"的口号，确定了班级座右铭：我们要用三年改变自己的一生，不要用一生来追悔这三年。此外，学生们还集思广益，发挥创作才能，为班级设计了象征着积极上进、健康昂扬精神的班徽。

---

① 林少莲：《让自我教育走进班级管理》，载《班主任之友》，2007 年第 12 期。

班徽设计：*五*

[设计说明]

(1)班徽正看是一个汉字"五"，寓意我们的五班。

(2)正看还是一个"互"字，寓意我们的班集体是一个互相帮助、互相关爱的集体。

(3)看似一个舞者，代表在文艺方面的积极勃发。

(4)看似一个奔跑的运动员，寓意本班体育活动不甘落后，积极进取，取得佳绩。

(5)酷似一个尽力冲刺的人，寓意我们将以冲刺的姿态来迎接即将到来的高三、高考。

(6)酷似一个奔跑的人，寓意我们将不怕艰辛，不惧困难，在人生的跑道上永远向前。

2. 引导学生制定阶段目标

阶段目标分为常规目标和应激目标。

常规目标涉及学习风气、组织纪律、班风班容等。对这些目标，学生都予以量化，变为可检测的硬性指标。我班通过小组讨论制定了学习、纪律、寝室、卫生、文体等方面的目标，并以文字的形式记录下来，学生定期进行对照，不断激励自己。为了让学生始终保持一种积极参与的态度，又在寝室与寝室、个人与个人之间开展竞赛(制定了百分制竞赛表)，以挖掘发挥学生潜在的能量。

有专人负责记录每一天的情况(记录在"班务日志"上)，每月一统计，评出优胜个人，期末按目标评出总分"二十佳"、各单项"十佳"，给予一定的精神和物质奖励，并在下一学期专门举行颁奖班会。二是应激目标。如运动会前一个月，我组织学生讨论运动会的目标：我们在没有一位特招生的情况下，要发扬人人为班级争光的精神，充分挖掘每个同学的潜力，50位同学一条心，争取年级前三。期中考来临，集体制定目标：平行班中争前三。艺术节动员班会上，学生们在班级文艺分子紧缺的情况下，制定出了"重在参与，力争前八"的目标。在制定班级目标的同时，还要引导每位学生根据自己的实际情况制定个人阶段目标：认真对待每一次活动、每一场考试，争取发挥自己最佳状态。在阶段性的激励和自我评价中，我班学生基本上能达到自己制定的个人目标和班级目标。引导学生共同制定班级管理目标，可以使班级管理目标在较短的时间内化为学生的自觉行动，增强了班级主人翁的意识与责任感，为学生开展自觉有效的自我教育创造了有利的条件。

(二)构建班级自我管理体系，培养学生的管理能力

只有把学生的积极性充分调动起来，才能形成合力，实现学生自我管理。因此，班主任必须创设多种岗位，给每个学生提供上岗"施政"的平台，使每一个人都有机会服务同学、锻炼自己、展现风采、提高能力。

1. 制定"五班班规"

没有规矩不成方圆。国有国法，家有家规，班级也必须有一套切实可行的规章依据。但是这个年龄层次的学生在潜意识里对学校、老师的诸多规定比较反感，所以，我把制定班规的主动权交给了学生，这既是让他们进行自我教育，同时也让学生知道班主任对他们的想法的尊重。在开学第一天的教育课上，我首先分析了班规之于班集体的重要性，然后要求学生以寝室为单位共同讨论班规的内容。学生们结合初中学校、班级的一些合理可取的规定，再根据我们学校、班级的实际情况，提出了很多建议，再由班委成员把建议记录下来并加以整理，形成文字发放到每个寝室，仔细阅读、审核后通过。就这样，集思广益，制定了高一(5)班规。由于班规是共同制定出来的，学生们在思想上很认同，每个人都能自觉遵守，一旦有同学违反班规，大家一致谴责，而违反班规的学生，发自内心地感到不安和自责，能自觉地改正。通过学生参与班规制定，较好地实现了学生自我管理，使学生从"要我做什么"变成了"我要做什么"，外在的约束变成了内在的自觉意识。当然，班规也不是一成不变的，要时时根据实施情况作适当修订。实施一学期后，学生们修正了许多不合理的条款，又根据班级中出现的一些新情况，增添了一些新的条款。通过不断地修订，到了高二，我班的班规已经比较完善，既合理可行又充满人性。两年来，学生们养成了良好的学习和生活习惯，这在很大程度上应归功于班规。

2. 实行"干部轮换制"

学生负担一定的社会工作对于道德品质与个性的发展具有重要意义。而考入我们学校的学生，在小学、初中基本上都担任过班干部，这种曾经的优越感在这所人才济济的重点中学，既是一种压力，也是一种动力。如何引导学生变压力为动力，是班主任工作的一项重要内容。在高一班级文化建设之初，我就不断向学生传达这样的理念：若想在班级中证明自己的工作能力，实践是最好的方式。在此基础上，我提出了这样一个口号：干部轮换制，给你自信的舞台。正是这样的舞台，锻炼了学生，管好了班

级，赢得了信任。干部轮换制的实施步骤是：组班之初，先通过毛遂自荐或他人推荐，班主任面试后组成临时班委，任期一个月。一个月后，也就是同学们彼此了解的时候，采用演讲竞选和无记名投票的方式产生新一轮的班委成员，任期一个学期。此后，每个学期重新竞选一次，确保班委有新鲜血液加入。同时，我把干部轮换制运用到寝室管理中，让寝室的每个成员轮流当寝室长，同样取得了良好的效果。

实行干部轮换制在更大范围使有管理能力和锻炼意愿的学生走进了班干部的行列，既保证了班级工作的正常开展，又增强了他们的主人翁意识和责任感，发挥了个人的聪明才干。

3. 推广值日班长制

班级管理工作千头万绪，如果仅靠班主任和班干部，很难兼顾班级工作的方方面面。只有激发全体学生的主体参与意识，充分发挥学生的自我管理能力，班级管理才能事半功倍。在这个理念指导下，我在班里全面推行了值日班长制。具体做法如下。

①值日班长由班级每位成员担任（按学号顺序轮流），一人一天。

②大家共同讨论值日班长的职责。职责范围包括纪律、卫生、两操、仪表、课外活动出勤、寝室卫生等方面，并认真填写好《班务日志》。

③一月之内班长、副班长、团支书、纪检委员轮流监督值日班长做好管理工作。

④隔周开设班级情况汇报课，由班干部负责人、值日班长、学生谈自己的心得体会。

⑤各项管理到位、同学们满意、没有被扣分的值日班长，在百分制竞赛表中加 1 分，否则，扣 1 分，再罚做值日班长，直到同学满意为止。

实施值日班长制后，每一位学生都积极参与到班级管理中，这使得班级管理工作更为细致有效，而学生们通过亲身参与班级管理，逐步形成了共识，即"我是班级的一员""班级是我们大家的"，认识到个人的言行、自制力对于集体的重要性。值得一提的是，值日总结对学生的能力锻炼和自我教育非常有效。

总而言之，构建班级自我管理体系，使学生学会了自我管理、自我教育，自主意识明显提高。同时也为每个学生提供参与管理的机会和条件，使他们在班级中找到满意的位置，担当成功的角色，促进了整体素质的提高。当然，强调学生自我管理，绝不能忽略教师的指导和点拨。班主任要经常跟班长、副班长等主要负责人沟通，经常找学生们聊天，及时掌握班级的动态，从而发挥班干部的"火车头"作用，调控班级管理机制的运转。

（三）让学生成为班级活动的主体，共享班级管理的乐趣

班级活动是实现班级管理目标的桥梁，是促进班级集体建设的中介，更是学生展示才华的舞台。班主任必须根据班级管理目标，指导学生设计并开展丰富多彩的班级活动，尽享参与活动的愉悦感和成就感。

我们学校每周给班主任安排了两节学生思想品德教育课：晨会和班会。放手让学生自行组织召开班会课，既让学生进行了自我教育，又让他们尽情地施展才华，分享思想碰撞的成果。高一时，班委成员两人一组承办班会课，高二时由寝室承办。以这种形式开展的班会课形式多样，创意层出，举办者热情高涨，参与者好评不断，好多班会课让学生们记忆深刻。其中，徐莹莹和徐骁主持的"感恩的心"班会课感人至深，他们用富有感染力的语言介绍了丛飞的事迹，并让同学们怀着一颗感恩的心去发现自己身边值得感恩的人和事。学生们的心灵受到了极大的震撼，敞开了心扉讲出了深埋在心底的一个个感人至深的故事。可以说，这是一次对学生们的心灵进行洗礼的德育课。3208寝室主持的"说说温州话"富有创意，整堂课在轻松幽默的氛围中度过，温州各地方言秀、温州话版《武松打虎》演绎、用温州话为《猫和老鼠》配音、童谣联唱竞赛……富有创意的精彩节目，让学生感受到了温州话的魅力，回忆起了久违的童年时光，在紧张的学习中获得了片刻的放松。为留下这些精彩的高中学习生活片断，我让班级里喜欢摄影的学生对班会课进行全程摄影，毕业时制成光盘，发给每一个同学作为毕业礼物。

除指导学生开好班会课外，我还鼓励学生积极开展课外活动，如每周跑步两次等。这些常规系列活动，融教育性、知识性、趣味性、灵活性、创新性为一体，成为学生自主教育、自我管理、展示个性、品尝成功的乐园。通过开展班级活动，培养了学生的自主意识，锻炼了学生的自治能力，融洽了学生之间的关系，对推进班集体建设起到了积极的作用。

（四）创造健康竞争的氛围，培养学生的综合素质

让学生参与竞争是提高学生心理素质、增长其才能的重要途径。在改革开放的现代社会，我们更应增强学生的竞争意识，培养学生的自尊心、自信心、上进心和耐挫力，使学生将来能更好地适应社会的发展。

在班级管理中，班主任要有意识地建立班级竞争机制，创造竞争气氛，让每个学生适应竞争的环境，激发他们参与竞争的意识。具体做法是：每个学生找一名水平相当的对手（班主任可依据学生的可比性稍作调

整），相互比学习、比思想、比体育、比收获，班委定期把竞赛结果公布于教室后面的百分制竞赛表中，每学期期末或下学期开学初对表现优秀者进行物质和精神奖励。在竞争中，优等生更优，基础薄弱的学生也不甘落后，奋起直追。通过竞争，班级中形成了一种互相监督、互相帮助、你追我赶的氛围，学生的主体作用得到了充分发挥，学生的综合素质得到了和谐发展。

实践证明，在班级管理和班级活动中，开展学生自我教育，培养学生主体意识，其效果是真切实在的。作为一名班主任，在班级管理中要以学生为本，发挥学生的自我管理才能，努力提高学生参与班级管理的积极性，挖掘学生的创造潜能，提高学生的整体素质，达成有效的班级管理目标。

第三节　班级制度的宣传与落实

班级制度不仅要和学校规章制度衔接，而且需要强执行力。美国斯坦福大学心理学家詹巴顿曾进行了一项试验：如果有人打坏了一栋建筑上的一块窗户玻璃，而这扇窗户又没有被及时修复，别人就可能受到某些暗示性的纵容，去打烂更多的玻璃。久而久之，这些窗户就给人造成一种无序的感觉。结果，在这种公众麻木不仁的氛围中，犯罪就会滋生、蔓延。这就是"破窗理论"。任何纵容都会导致班级制度的流于形式。班级制度的功用如何，要看班级制度能否被班级成员所接受。班级制度的优劣只有在实践中才能得以验证，因此，班级制度的宣传与落实工作是班级发展的重要环节。班级制度的顺利贯彻实施，一般要经过"创建—服从—同化—内化"的过程。班级制度的服从阶段，就是班级制度确立后的宣传教育阶段。

一、加强班级制度的宣传工作

加强对班级制度的宣传工作，使学生正确理解各项规章制度的内容，将强制性的抽象文件变成学生生活中的具象内容，以使制度得到学生的认可，变成学生的自觉行为。具体来讲，可以从以下几方面入手。

（一）通过多种渠道宣传制度内容

第一，抓住课堂教学的主阵地，如班会课、思想品德课、思想政治课等课堂进行各种制度基础知识的传授，规范学生的社会行为，培养学生的权利义务意识和集体责任感。

第二，橱窗、黑板报宣传。利用环境熏陶，把无声的宣传教育内化为规则意识。在学校宣传橱窗、班级黑板报中张贴、设计一些规章制度的条文、案例，可以帮助学生从图画和简洁的文字中学习、了解、掌握一些制度条文。学生通过自己设计黑板报、摘录条文、组织材料等方式也可以加深对制度的理解和掌握。

第三，印发制度手册。将制度条例辑印成册，学生人手一册，学生通过学习制度手册，就知道哪些事情是必须要做的，哪些事情是坚决不能做的，从而知晓是非，以此作为自己的行动指南。

第四，利用新媒体等手段进行宣传。除可以利用学校广播台、电视台等媒体手段进行制度宣传外，还可以借助班级 QQ 群、微信群、班级博客、班级官方微博等其他一些新兴流行的途径进行宣传。

(二)通过各种活动增强制度意识

结合中小学生的心理特点，可以通过开展丰富多彩的各项教育活动，将枯燥的制度条文融于各项活动之中以提高学生的制度意识。

举办丰富多彩的班、团、队活动，并结合班会和团队活动开展制度教育，如就某一话题开展辩论会，让学生自己参演小品、小话剧等，成立诸如"校容校纪自律委员会"等相关的社团或活动小组，让学生通过活动去体验、领会制度。

开展制度学习报告会。学校可以邀请当地公安、司法部门邀请办案人员到学校做普法报告，结合当地发生的法律案件进行警示教育，使学生通过真实可见的案例感受到"有法必依，执法必严，违法必究"的客观事实，从而增强遵纪守法的自觉性。

组织学生参观法制展览或者观看相关题材的影片。影视、展览活动的宣传作用是巨大的，是制度教育的优良载体。组织学生参观法制展览或者观看相关题材的影片，并布置一些观后感之类的作业，能达到较好的效果。

(三)形成合力，强化制度观念

制度教育不是单纯地依靠某一方的力量就可以成功的，需要多方面形成合力，强化学生的制度观念。

第一，各科老师形成合力。课堂教学是学生接受知识的主要渠道，制度教育也应该通过这一主渠道进行。然而，制度教育不应该仅仅依靠班主任和政治老师，各科老师要形成合力，做到言传身教，依据各自学科的特点，把握好教学契机，有机地将制度教育渗透到各自的学科课堂中去。

第二，学校、家庭和社会形成合力。学生的生活环境不仅包括学校，还包括家庭和社会，因此，单靠学校环境的影响还不够，需要学校、家庭和社会形成合力，充分发挥社会和家庭在制度教育中的积极作用，全社会共同努力，才能将制度教育落到实处。

拓展阅读 4-3

抓好班级制度建设的一点经验①

如果说班主任的工作是一项复杂而系统的工程，那么我只想谈谈我在抓班级制度建设的一点经验和体会。

我们生活在集体中，每个人都不可避免地要受到集体的影响和制约。当然每个人也会对集体有着或多或少的反作用。班级是一个集体，当你把班级作为一个点，一个事来看待，班主任工作就从复杂而琐碎中解脱出来。因此你要知道你的班主任不是某一个人的班主任而是班级所有学生的班主任。当你具有了这样理性的思考和理解之后，你只需组织建立一个大家都共同遵守的行为准则，因此班级的制度建设就显得尤为必要。

抓好班级的制度建设，首先要立人。即班级干部的选拔和培养。对班级干部的选拔我通常是遵循着这样几个原则：一是要敢说话，敢质疑，敢发表自己的意见。敢说话的学生不难找，现在的孩子大多都会从自己的利益和喜怒中表达自己的爱憎，更不怕同学和老师。因此二是要有责任感就显得难能可贵。如果他能从大的班级利益的角度去思考，去表达自己，这样的孩子就应该用。三是有自己的主见。不人云亦云。甚至有点小霸道，小张狂。这样的孩子在我看来就是宝贝，就一定要用。当然这只是选拔但是要真要用还必须要经过你的加工和锤炼。所谓加工和锤炼不是要磨掉他的棱角，而是要他在保持原有的特点的基础上，学会尊重和服从，学会宽容和大度，学会倾听和表达，更要学会担当和承受。所以我的学生都知道，平时批评最多的永远是班级干部。

抓好班级的制度建设，其次要立信。亲其师，信其道。榜样的力量无须多说，为师者不是因为你的位置是老师而是老师，也不是因为你的年龄是老师而是老师。尊老爱幼固然是应该，但是为老不尊就让人讨厌了。因

---

① 申伟军：《抓好班级制度建设的一点经验》，载《吉林教育》，2014 年第 8 期。

此为师就应该有为师的高招。应该有让学生佩服的东西，有让学生学习的本事。如果你没有，那就真该努力地抓抓内功了。这往往是你的一个品牌，是征服学生的一道利剑。我常常想，这世上有两种生存方式，一种人是靠本事吃饭，一种人是靠混社会吃饭，而我们教育的目的就是让更多的人成为靠本事吃饭的人。从这个意义上来看教育对我来说永远是遗憾的。立信还包括对你确立的班级干部的评价和要求。班级干部要经得起同学的监督，每周的班会就是要建立一个班级同学和班级干部沟通的平台。班级干部每周都要有例会，其中做的最重要的内容就是批评和自我批评，整改以及学习和交流。建立好一支班级干部队伍还要明确分工，更要有团结和协作。放手把工作交给学生，相信他们能行，信任，支持，鼓励，指导这是我在面对班级干部同学经常做的工作。

抓好班级的制度建设，最后要立威。立威首先是建立在班规的制定和执行上，班规不是摆设，确实要发挥它的作用。这不能仅仅局限于对学生的约束，也是对班主任和家长的一种约束。每学期的第一次家长会，我都会把这些班规跟家长逐条讨论，探讨它执行的可行性。更主要的目的就是要争取到家长的支持和参与。如果不能至少家长对你班级的规矩有所了解也是好的。其次要强调执行和监督，容易出现的问题是执行的人不执行，知法犯法。这就必须要有广泛的监督，没有监督再好的制度都会成为特权的保护伞。并终成为危害的根源。这也是我批评最多的往往都是班级干部的原因。立威还包含对班级干部执行力的绝对支持。切忌形成班主任一套，班长一套，权力的分散是制度管理的大忌。立威的目的不是立某一个人，更不是立班主任，它是立一种信仰，立一种规矩，立一种习惯。而最终达到一种自我约束自我管理的目的。

近十五年的班主任工作倏忽而逝，回首做班主任工作的些许体会和经验，唯有于此。正因为如此，我才能从容地担任两个毕业班的班主任工作；正因为如此，我才能逃脱烦冗与疲惫，体会着班主任的那份惬意与幸福。

二、完善班级制度的落实工作

制定科学、合理的规则，并对规则严格执行，对学生来说，就是最好的规则意识教育。班级管理不能对此等闲视之，要培养合格的公民，必须从完善学校的规定，严格执行学校规定做起。班级，是学校管理的基本单位，是学校教育的主要阵地。因此，培养学生的规则意识，就应该从严格执行班级制度做起。

第一，教师的表率作用。教师是学生的先导，特别是班主任的一言一行，在学生的眼里心里留下深刻印象，起着潜移默化的作用。因此，在班级制度的执行中，教师要起表率作用，以身作则，言传身教。凡是要求学生做到的，教师要首先做到，班主任要严格要求自己，给自己加压，树立师表形象，才能形成崇高威信，增强教育的感召力和影响力，从而使学生"亲其师，遵其规"，达到依法治班的目的。如在培养学生守时习惯时，老师准时到教室上课，工作期间不迟到、不早退。清洁大扫除时，班主任带头干，一改过去老师说，学生做的老习惯。文明礼貌教育中，老师着装朴素大方，不配饰物，语言文明。师生相遇老师主动打招呼问候。通过教师的美好言行，潜在培养着学生的规则意识。

第二，培养优秀的班干部队伍。一个班集体的面貌如何，很大程度上是由班干部决定的。班干部对班集体有着以点带面和以面带面的作用，一支强有力的班干部队伍，能够使班级形成良好的舆论氛围，形成一个健康向上的班风；搞好班干部的培养，班主任就能从纷繁复杂的班级事务中解放出来，克服掉"保姆"式的班级管理。在培养的过程中，班主任应向班干部强调他们工作的责任、目标和职权范围，使他们认识到自己的责任和义务。另外，班主任也要成为班干部的坚强后盾，支持其管理。一方面，要大力表扬他们的自身优点，宣传他们的先进事迹，帮助他们树立威信；另一方面，班主任也要培养班干部团结协作的精神，通过班干部这个小集体建立正确的舆论导向，带动整个班级朝着健康的方向发展，从而形成集体的组织性、纪律性和进取心，努力创建团结友爱、拼搏向上的良好班风。

第三，实行监督机制。立制度易，行制度难。这与制度执行中的监督机制有关系。班级制度执行中，可以建立老师、班干部、学生相互监督机制，班主任监察全班学生，班干部监管周边的同学，学生监视老师和班干部，每位学生监督身边的每一位同学。全班形成一个监督网，校内校外都有"电子眼"，一有不良行为及时制止，督促其改正，做了好事及时表扬，让其他同学向做好事的同学学习。监督机制的建立，使班级制度可以得到有效实施。

第四，开展活动，强化训练。学生的各种良好行为习惯的养成，很重要的方面就在于健全规章制度和严格的规范训练。只有形成严格要求，严格训练，严格管理约束，才会在学生的心灵中烙下良好习惯的印痕。如课堂常规训练，课前认真做好上课准备，摆好课本，笔记本和学习用具，发言提问按规定姿势举手，发言要姿势端正，声音响亮等。对此经常进行检查评比活动，形成一定习惯，落实课堂规则。班级制度的落实其实就是一个行为文化的建设过程，班主任教师要善于组织学生依托制度教育开展丰富多彩的集体活动，并通过这些活动使学生在体验中强化规则意识，促使学生自觉规范自己的日常行为，养成良好的行为习惯。使通过活动的开展，让学生去感受，去体验规则，对于提高学生的规则意识会取得良好的效果，如我们在落实安全制度中，开展"交通事故调查"社会实践活动，上下楼道靠右行的实际登临训练活动，预防地震逃生训练活动，火灾安全逃生训练活动等，便于学生体验到安全规则，从而树立安全意识。

第五，合理的评价机制。评价机制是班级制度建设的促进因素，很多时候，班主任老师往往认为立好了制度就认为万事大吉了，把起点当作终点，使得班级制度执行的效果不尽如人意。事实上，"立法"更应"司法"。班主任只凭几项外显的指标，粗鲁地给学生下结论显然是不妥的，应该对照所有班级制度细细评价。评价过程要多元化，既要有教师的评价，又要有学生互评和学生自我评价。评价时要就事论事，多找学生的"闪光点"，允许学生申辩和质疑，避免伤害被评者的自信心和自尊心，这样，通过多角度，全方位的评价，既可以使学生看到自己在执行制度中优秀的一面，体验成功的喜悦，又可以使学生看到自己的不足，修正自己在执行制度中的行为，进而达到规则所要求的行为标准。

第六，惩罚要讲究艺术性。在班级制度的执行中，学生行为中难免会犯错，这时候就需要教师用制度来纠正学生的不良行为。惩罚是一种艺术，班主任在实施惩罚制度时要本着适度、公正、委婉的原则。在教育过程中，要以"制度"为先，用统一的标准去评价每一位学生的行为，不能因为学生成绩的好坏而有所不同。另外，班主任教育学生也要注重他们的个体差异，要有针对性，不能因为学生的一个小错误而上纲上线，更不能在批评教育中损害学生的自尊心。对于那些问题学生，教师要采取正面的说服教育，个别接触，个别谈话，及时了解学生的观点，弄清事情的真相，探究其心理原因，会诊个案研究，做出比较全面而深刻的分析，对症下药，矫正错误行为，关怀学生的人生成长。概括起来，学生行为中犯错通常有三种情况，执行制度时，可以依据具体情况区别对待。

第一是犯错不知错。学生很多时候有了犯错行为，自己却没有意识到自己的行为已经对他人或者集体造成了危害。对于这种犯错的学生，在制度执行过程中重点要落在让学生认识到自己的错误，要加强学生对制度条文的认知。执行制度中的惩罚条文主要是为了让学生明白每个人都应该为自己的行为负责。

第二是犯错不自觉。中小学生仍处于未成熟期，自制力比较差，很多时候明知道是犯错行为还是不自觉地做了。当犯错以后，马上醒悟并显得非常自责。这就是"犯错不自觉"。对于这样的学生，在执行制度时，主要培养他们的自制力，要对学生有耐心，给学生时间去成长。

第三是知错仍犯错。学生明知道是不对的行为，但是偏要这么做。这种情况多发生在待进生的身上。教育这类学生的难度是最大的，对待这类学生的原则就是用真心关爱每一个学生，改善师生关系，关注学生的身心健康发展。当然，还需要班主任有丰富的经验和管理技巧。

如果班级制度建设得当，班级管理就会步入一个新的境界。一套科学、健全、有效的班级管理制度能最大限度地避免班主任工作不掉入"管理主义"的泥淖，又远离"自由主义"的险境。它对塑造积极向上的班级精神，形成良好的班风和学风，促进学生良好个性的发展都会起到极大的推动作用。

案例 4-3

宣传和落实规章制度的技巧

作为班主任在很多时候因为执行学校各项规章制度的原因，很可能会与学生产生情绪上的冲突，那么如何去解决这些冲突呢？我在班里遇到这样的情况：有一次学生在自习课上就穿好了球衣准备下课后去打球，我看到之后说："我还以为我到了阿根廷了呢，这里应该是学校吧，在课堂上还是穿上校服吧。"当我还在为自己这样的一句幽默话感到高兴的时候，学生却很有意见地说："老师不要那么死板啦，你就灵活一点把握学校的制度，再说现在又没有人来检查。"我没有直接回应学生而是讲了一个故事。

有一个在农村长大的总经理，一天，他坐车路过一个小菜市场，看见路边小蔬菜店门口摆着一堆新鲜的洋葱。洋葱的皮晒得红红的，上边还沾着泥巴。在城市里这么久了，他第一次看到那么新鲜的洋葱，所以感到很亲切。回到办公室以后，他让助理派人去买几个洋葱回来。可是，当助理把洋葱放到他办公桌上的时候，那几个洋葱只剩中间的那一点小芯了。为什么？原来助理吩咐主管去买，主管又吩咐办事员去买。办事员将洋葱买回来之后，马上放在水龙头下把洋葱上面的泥巴洗掉了；交给主管后，主管又把洋葱外面的几层粗皮给剥掉了；主管把洋葱交给助理后，助理又把洋葱上的红皮剥掉了。洋葱虽然还是那几个洋葱，但早已不是老板当初想要的那种洋葱了。所以，老板当时就把助理狠狠地训斥了一顿。

讲完后我说："我们是遵守学校的规章制度的，我们执行制度就是不能更改的。如果每一个人都灵活变更一点点，那么最后学校的很多事情都会变样。"学生听完后就自觉地把校服换上了，后来学生只要是涉及学校制度的事情我都要求他们——遵守，他们也不敢要求我做灵活变更了。相反，如果我当时直截了当地说："学校的制度就是这样不能变"，结果我可能要背上"老师死板"这样的标签了。

【本章小结】

所谓班级制度，指的是党和政府的有关方针、政策、法规、条例、指令等和社会主义道德观念、行为规范、是非标准等在班级日常管理中的具体体现，是班级群体成员共同认可并自觉遵守的行为准则。根据形成的方式，班级制度的内容可以分为成文的制度和非成文的制度。班级制度具有引导功能、警示功能和纠偏功能三大基本功能。一个良好的班级制度应具备公正性、民主性和简洁性等特点。本章在介绍了班级制度的主要内容、功能及作用的基础上，进而阐述了班级制度的制定和完善过程，并结合案例提出了宣传和落实班级制度的技巧。对班主任进行班级制度管理具有一定的参考价值。

【思考与练习】

1. 班级制度管理的主要内容是什么？
2. 班级制度管理的功能有哪些？
3. 班级制度的修订和完善需要遵循哪些规则？
4. 如何加强班级制度的宣传工作？
5. 请阅读下面的案例，之后回答问题。

张老师是一位青年教师，工作热情非常高，他对学生的要求十分严格。他经常要求学生不要讲脏话；不要乱扔废纸……而这位教师讲课情急时常常"笨猪""死脑子"不绝于耳；吸烟后，随手将烟蒂抛在课桌下面……教育后的班级会怎样呢？虽然张老师没少磨嘴皮子，没少用各种惩罚手段，但是班上说脏话、粗话大有人在，纸屑杂物随处可见。张老师百思不得其解。

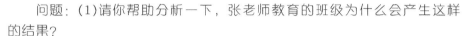

问题：(1)请你帮助分析一下，张老师教育的班级为什么会产生这样的结果？

(2)作为一名班主任应怎样教育学生才能有良好的效果？

【本章参考文献】

1. 全国十二所重点师范大学．教育学基础(第 2 版)．北京：教育科学出版社，2008

2. 田恒平．中小学班级常规管理．上海：华东师范大学出版社，2009

3. 张作岭，宋立华．班级管理(第 2 版)．北京：清华大学出版社，2014

第五章　班级教学管理

【本章学习目标】

1. 了解班级教学管理中存在的主要问题。
2. 掌握班级教学管理的基本策略。
3. 把握当代班级教学管理的变革趋向。

教学活动是学校教育的中心工作，班级教学管理能力的高低直接影响着教学活动的开展。如何提高班级教学管理能力，保证课堂教学的顺利进行，为学生提供健康成长和发展的空间需要广大教师不断努力和探索。

第一节　班级教学管理的主要问题

长期以来，在教学改革中人们更多的是关注教师对学科知识的深刻理解和教学方法的恰当运用，却很少关注同样影响教学质量的班级教学管理问题。低效的班级教学管理既不利于教育教学活动的顺利进行，也不利于学生的健康成长。因此，剖析当前班级教学管理中存在的问题和缺陷，并进行有针对性的矫治和变革，对提高课堂效率、完善班级管理，具有重要的意义。当前课堂教学管理中存在的问题主要有以下几个方面。

一、批评惩罚多，鼓励关怀少

班主任的领导风格和方式对于班级组织中学生个性和人格的形成，对于班级气氛的形成，都有着重要的影响力。然而，面对学生的偏差行为，很多教师首先想到的是批评和惩罚，导致课堂管理中呈现出批评惩罚多，鼓励关怀少的现象。

第一，班级教学管理中缺乏民主支持型的气氛。有些教师喜欢视自己为权威，要求学生完全听命于自己，管理支配学生的一切行为，用学生难以接受的命令、指挥、威胁、训诫等方式教育学生，努力创设的常常不是支持的气氛，而是对抗型、防卫型甚至是逆反型的气氛。在这种班级教学管理模式下，学生总是怀着恐惧的心情循规蹈矩、战战兢兢地学习和生活。整个班级看似统一，实则师生间、生生间常常处于相互对立和抗衡的互动之间。

拓展阅读 5-1

一般地说，在班级管理中存在三种风格类型的班主任：专制型、放任型、民主型。不同类型的班主任具有不同的领导风格和行为方式。

专制型的班主任喜欢学生听命于自己，他们的话就是指示、命令，对不服从者动辄发怒、批评、威吓和谩骂；放任型的班主任主张无为而治，而真正的动机是不愿意负责任；民主型的班主任赞同自己与学生作为一个人是完全平等的。他们善于倾听学生的批评，并且积极地采纳学生的合理化建议。

以上三种类型的班主任对学生发展的影响有着很大的差异：专制型的属于支配性指导，无视学生的个别差异，以僵硬的对策为基础，只给予统一强制的指导，或一味地斥责、威胁；放任型的属于不干预性指导，容忍班级生活的种种冲突，更无意组织班级活动，回避学生的主动精神。学生在无指导的班级中生活，有目的的活动水平低下，违背团体原则的自发行为增多；民主型的属于综合性的指导，能够灵活地适应学生的个别差异，以此为基础引出学生的自发行为，促进班级同学的思想在合作中进行交流。学生在民主的指导下，行为较稳定，自主积极的行为较多。

【资料来源】全国十二所重点师范大学：《教育学基础》（第 2 版）. 北京：教育科学出版社，2008 年，292～293 页。

第二，教师的纠偏方式粗暴、缺乏鼓励性。稚气未脱的小学生和人生刚刚起步的中学生，他们自我管理能力不是很强，特别是一些问题家庭中的孩子更是让老师头疼。学生犯错误其实是一件再正常不过的事情了。学生也总是在不断地犯错与纠错中成长的。学生犯错误并不可怕，关键是教师怎样正确看待，妥善处理。怕的就是学生犯了错误，而教师又错误地去看待，甚至错误地去处理。这样不仅不利于学生认识错误、改正错误，而且也可能导致学生犯更多、更大的错误。然而事实上很多教师对于犯错的学生采取消极、粗暴的方式。调查发现，在班级教学管理中，教师对学生的消极否定评价是鼓励性评价的 4.4 倍。教师课堂教学的引导语言也常是"不要讲话了"之类的消极性语言，而从正面引导、鼓励、塑造学生行为的积极性语言则很少受到重视。

第三，体罚和变相体罚。体罚是一种简单、粗暴的教育方式，是通过给学生造成肉体上的痛苦，以此对犯错误纪律的学生进行惩罚。我国现行法律明文规定废除体罚和变相体罚，如我国《义务教育法》第十六条规定"禁止体罚学生"；我国《教师法》第三十七条规定"体罚学生，经教育不改的"，要给予教师"行政处分或者解聘"，"情节严重，构成犯罪的，依法追究刑事责任"；我国《未成年人保护法》第十五条也明文禁止体罚或变相体罚学生。《中华人民共和国义务教育法》第二十九条规定"教师在教育教学中应当平等对待学生，关注学生的个体差异，因材施教，促进学生的充分发展。教师应当尊重学生的人格，不得歧视学生，不得对学生实施体罚、变相体罚或者其他侮辱人格尊严的行为，不得侵犯学生合法权益"，尽管法律明令禁止体罚，但在当今社会，教师体罚、殴打甚至虐待学生的情况依然存在，体罚学生的行为不仅违法，而且对学生的身心造成伤害。虽然体罚可能达到在特定情境中制止某种行为的目的，却不能使学生心悦诚服地调动自我教育的积极因素，反而容易适得其反。另外，"杀鸡儆猴"式的体罚使学生在行为上谨小慎微，时时、事事消极防卫，害怕教师，这就不利于学生形成积极向上、勤奋学习的思想品质，也不利于班级体形成文明、和谐、轻松的氛围，容易给学生带来不必要的焦虑，使学生产生一种戒备、敌意、对立的情绪，恶化课堂纪律，对班级教学管理产生恶劣影响。

第四，不考虑学生的心理感受，不分时间、场合地随意批评、惩罚学生。惩罚是一种针对个体某种特定行为施以痛苦刺激或剥夺需要，以减少某种行为再次发生或制止某种行为与群体目标不一致的管理手段。"如果错误的行为没有受到惩罚，或者教师放弃了对违规行为的惩罚，那么，惩罚在学生中的威信和作用将会降低，而且如果其他学生也注意到这种不连贯性的话，那么更多的错误行为就有可能发生。"因而，惩罚被认为是激发学生良好行为和态度转变的一种有效方式。但是，教师在惩罚学生的时候要注意方式方法。每个人都是有自尊心的，尤其是中小学生身心发育还未成熟，老师的某个不当言行都可能会对学生的一生造成伤害。因此，即便学生犯了错误，教师也不可以不拘形式地随意批评，要善于运用教学管理的策略，结合学生身心发展的特点，巧妙适度地批评学生。古人云："感人心者，莫先乎情。"学生出了错，切忌用居高临下的态度去训斥和指责他们，而应该以诚恳的态度，饱含深情的言语，热情的关怀去帮助他们，提醒他们，蕴藏期望。做到动之以情，晓之以理，真心实意地指出错误所在，让学生体会到老师的确是为学生自己好，那么，他就能愿意接受批评，真心实意地改正错误，从而达到教育的目的，有利于学生的成长。

案例 5-1

关于陶行知的四块糖的故事

著名教育家陶行知先生，曾担任过一所小学的校长，有一天看到一位学生王友用泥块砸班上的同学，他去制止了王友，并要王友放学后到校长室去一趟，放学后，陶行知来到校长室时，王友已经在门口等候着，准备挨训。

但出于意料之外，陶行知非但没有训他，反而送了一块糖给他，说："这是奖给你的，因为你很听话，能按时来到这里，而我却迟到了。"王友很惊奇地接过这块糖。

之后，陶行知又从口袋里掏出一块糖，说："这块糖也是奖给你的，因为当我制止你时，你立即停止了，这说明你很尊重我，所以我应该奖你。"王友在惊奇之余又接过了第二块糖。

陶行知又掏出了第三块糖，对王友说："我调查过了，你用泥块砸那些同班男生，是因为他们不守游戏规则、欺负女同学，你砸他们，说明你很正直善良，有勇气与坏人做斗争，所以应该奖励你。"

这时王友感动极了，他流着眼泪认识了自己的错误，说："陶校长，你惩罚我吧，我做错了，我砸的不是坏人，而是自己的同学呀。"

陶行知听了很高兴，笑着掏出第四块糖，说："你能正确地认识错误，我再奖给你一块糖。我的糖完了，我们的谈话也结束吧。"

二、偏爱优等生，歧视待进生

在班级教学管理中，有些教师对待学生不能一视同仁，而是亲近一部分，疏远一部分；喜欢一部分，厌恶一部分；放纵一部分，歧视一部分。把学生依据自己的爱憎标准划分为不同的等级和类型。不能公正客观地评价和对待学生。教师对待进生的期望值远低于优等生，教师对待进生的进步持否定和怀疑态度。同样的行为如果由教师眼中所谓的"差生"做出，受惩罚的可能性就比较大，由"优生"做出则能轻易地得到教师的谅解。而且有些教师不期望也不相信差生在学业上会有较大的进步，甚至对他们的进步持否定和怀疑态度。教师的这种偏爱和偏见不但影响了师生关系，生生关系的健康发展，也很容易让待进生产生一种"破罐子破摔"的心理，为班级课堂偏差行为的产生设下了内源的诱因，影响班级的教学管理。

三、低效率的"思想教育"

对 543 名高二学生的调查发现，有 38％的学生认为，"唠唠叨叨、效率低下"是当前课堂教学管理中存在的最严重问题，约有 25％的课堂教学需要教师中途至少停止教学两次，以强调或处理概率问题，方能确保教学顺利进行。①

目前，有一部分教师在课堂中因为自己的教学受学生干扰，为了控制课堂秩序和所谓的尊严，常常不顾学生偏差行为的性质和种类，动辄中断正常教学过程，对学生进行冗长、频繁的训斥，甚至不惜停止教学过程，花整节课的时间对学生进行所谓的"思想教育"。这种教学管理模式不仅影响了教学效果，因个别学生的偏差行为耽误了其他学生的学习时间，而且容易因过度唠叨使学生厌烦产生逆反心理。不仅旧问题没有解决，反而产生了新的班级教学管理问题，增长了学生对此类偏差行为的漠视和厌烦情绪。这种教学管理行为是极其失败的。

四、缺少人文主义关怀

很多教师的班级教学管理风格是任务型的，他们往往把注意的中心放在提高学生的文化成绩上，应试教育的选拔体制下，学校和社会重智育轻德育，重智商轻情商的现象已成为一个不可否认的程式化事实。学校在选拔人才时只注重试卷上的成绩，在之后的教育内容中，为了更高一层级的选拔，在竞争日趋激烈的社会中，学校教育只能继续灌输一些和考试相关的所谓的"有用的知识"而忽视儿童其他方面的培养，甚至导致了学前教育小学化，家庭教育学前化，以此而往，便进入了一个恶性循环。而事实上，教学的目标应该是多层次的，既要有学习知识的需要，也要有个性发

---

① 宋秋前：《教学缺失与矫治策略》，贵阳：贵州人民出版社，2002 年。

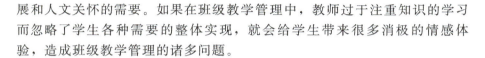

展和人文关怀的需要。如果在班级教学管理中，教师过于注重知识的学习而忽略了学生各种需要的整体实现，就会给学生带来很多消极的情感体验，造成班级教学管理的诸多问题。

拓展阅读 5-2

联合国教科文组织于 1972 年公布的《学会生存》报告，明确提出了科学的人文主义的教育目的。1996 年，联合国教科文组织公布了《教育——财富蕴藏其中》的报告，进一步强调了 21 世纪还要消除精神和物质之间的紧张关系这一永恒存在的问题，并指出要通过教育"促进每个人将其思想和精神境界提高到普通行为模式和在某种程度上超越自我的高度"，因为"这关系到人类的生存问题"。

所谓"人文精神"，是一个历史范畴。换言之，不同历史时期人文精神的内涵是有区别的。在知识经济时代，基础教育对于学生人文精神的培养，旨在更好地协调人与自然的关系，能够热爱大自然，探索大自然，保护大自然，增强环境意识；协调人与社会的关系，增强社会责任感，很好地应答信息社会的各种挑战；协调人与人的关系，增强团队精神和合作意识。

五、教学偏差

良好的教学是班级教学管理的有效途径。很多时候班级教学管理出问题常常是由于教师的教学不当引起的。从教师教学的视角分析班级教学管理的缺失，其表现主要有教学的深度、坡度、密度、速度失控，曾有一位教育家这样描绘"在教室，坐着的是学生，站着的是先生。而在精神上，这种画面恰恰被颠了个个儿，站着的先生始终占至尊地位，而坐着的学生的躯体里掩藏着的却是一个个战战兢兢地站着的，乃至跪着的灵魂"。这一描绘是何等的形象，发人深省。看看我们的现实，为了考评的"分数"，总是深度越来越深，速度越来越快，"填鸭式"的教学成为惯用的方法。一些学生被训练成"合格"的书记员，部分学生则无所事事，神情木然地"旁观"教师的"精彩"表演或我行我素，从而造成大量的课堂管理问题；教学设计不能充分考虑学生的能力和兴趣，从一种教学活动过渡到另一种教学活动时不够自然顺畅；课堂教学缺乏明确的规则和程序，因而不能保持课堂秩序和活力；教师不能创立良好的课堂教学环境和教学气氛，师生间缺乏情感共鸣，从而增加了课堂教学管理的不利因素。[1]

六、班级教学管理中的管理主义倾向

班级管理是班主任的主要工作，所管理的既不是静止不动的物品，也不是程序化的机器，而是朝气蓬勃、活泼好动、纯真自然的学生。要使所管理的班集体能成为一个进取、奋发向上、全面发展且具有合作精神的团队，只有严格的管理制度是远远不够的，还必须要有以人为本的管理思想和科学合理的教育艺术。班级教学管理重点应该在于教育学生，而非单调、生硬、死板的"管理"，但在现实教学中，有些教师和学校把班级教学管理活动绝对化，把课堂教学管理手段本身变成了管理的目的。如有的学校为避免学生课间活动时发生意外伤害，规定学生下课后不准走出教室去操场活动。这种为了管理而管理的管理主义倾向严重违背了教育的初衷，现已成为很多学校教学管理中的一个突出问题。

案例 5-2

教师在教学中经常会发生的不当行为[2]

1. 对学生吼叫、讥讽、取笑、辱骂学生。
2. 命令、操纵和控制学生。
3. 将学生贴上"愚笨的""懒惰的"等标签。
4. 处罚学生集体。
5. 对学生施加暴力。
6. 以写作业或者背诵作为惩罚。
7. 不听学生诉说。
8. 拿学生相互比较。
9. 不喜欢某些学生。
10. 明显地偏袒某些学生。
11. 不记得学生的名字。
12. 不称呼学生的名字。
13. 太严苛。

---

[1] 徐长江，宋秋前：《班级管理实务》，北京：高等教育出版社，2013 年。

[2] Humpherys T：《教师与班级经营》，曾端真，曾玲珉译，台北：扬智文化商业股份有限公司，2000 年。

14. 对学习迟缓的学生缺乏耐心。

15. 对学生期望太高。

16. 不关心学生是否能跟得上学习进度。

17. 对学生没有爱心。

18. 处罚写错和考试不及格的学生。

19. 作业太难时不加以指导。

20. 从不向学生道歉。

21. 不对学生说"请""谢谢"等。

22. 对问题行为处置前后不一致，无规则可循。

23. 缺乏明确的目标。

24. 上课乏味。

25. 课前未充分备课。

26. 课中离开。

27. 不理会学生的学习进度。

28. 以课程为主，不以学生为中心。

29. 浪费时间。

30. 教学中插入其他无关活动而中断教学。

31. 一再重复学生已学会的材料。

32. 无视学生的个别差异。

第二节　班级教学管理的基本策略

班级教学管理的有效实施要求教师认真分析当前班级教学管理中存在的问题和不足，在总结和吸取国内外有关理论和实践经验的基础上，有针对性地提出班级教学管理的基本策略。

一、积极创建良好的教学环境，尊重学生的心理需求

美国心理学家马斯洛将人类需求像阶梯一样从低到高按层次分为五种，分别是：生理需求、安全需求、社交需求、尊重需求、自我实现需求。

拓展阅读 5-3

马斯洛需求层次理论是行为科学的理论之一，由美国心理学家亚伯拉罕·马斯洛在 1943 年在《人类激励理论》论文中所提出。书中将人类需求像阶梯一样从低到高按层次分为五种，分别是：生理需求、安全需求、社交需求、尊重需求和自我实现需求。

马斯洛理论把需求分成生理需求（Physiological needs）、安全需求（Safety needs）、爱和归属感（Love and belonging）、尊重（Esteem）和自我实现（Self-actualization）五类，依次由较低层次到较高层次排列。在自我实现需求之后，还有自我超越需求（Self-Transcendence needs），但通常不作为马斯洛需求层次理论中必要的层次，大多数会将自我超越合并至自我实现需求当中。

通俗理解：假如一个人同时缺乏食物、安全、爱和尊重，通常对食物的需求量是最强烈的，其他需要则显得不那么重要。此时人的意识几乎全被饥饿所占据，所有能量都被用来获取食物。在这种极端情况下，人生的全部意义就是吃，其他什么都不重要。只有当人从生理需要的控制下解放出来时，才可能出现更高级的、社会化程度更高的需要如安全的需要。

【资料来源】http://baike.baidu.com/link? url ＝ zc8ZyLixOpIYaZzXLtnat7 YlV9b5qbRVqFV1jsmZj1NoTEXyRvt6A94u53CPKUE6FDZX-VlYC-RbnuenwLPe3a.html

积极的班级教学环境可以有效地减少学生的偏差行为。很多班级教学管理的问题与教师能否创建良好的教学环境、尊重学生的心理需求息息相关。从心理学角度看学生的行为，包括偏差行为，都受其内在需要的驱动，是学生尝试满足某种需要的结果。因此，我们需要通过观察、调查等方法深入分析当前教学环境对学生心理需求的满足情况，尊重学生的心理和学习需求，有针对性地创建积极向上的教学环境。教师应注意营造人性化的积极的教学环境和氛围，满足学生的心理需求。

(一)营造和谐的氛围，满足学生安全感的需要

安全的学校环境可对学生安全感的形成至关重要。这里所说的"安全"一方面指的是物理环境的安全，学校要保证孩子在学校中不受到伤害；另一方面指的是学生心理感受到的安全，即学生的安全感。这种形式的安全同样重要，但往往容易被大家忽略。如果教师在课堂上使用粗鲁的语言、威胁、挖苦以及令人不愉快的惩罚措施，并且给学生在成绩及其他竞争力

方面施加过大的压力，许多学生就会失去生理和心理上的安全感。这种情绪将会阻碍学生的积极行动。长期以来，不利于学生健康人格的形成，还会影响人的思维、记忆、行为等生理机能。

任何人都不可能不犯错，尤其是还在成长中的孩子。从某种意义上来讲，学生就是在不断地犯错、纠错中成熟起来的。因此，教师对于学生的错误要有理解和宽容的态度，如果班主任老师能以"促进学生发展"的积极心态来对待犯错的学生，想办法帮助他们认识错误、改正错误，形成一种积极向上的班级氛围将会促进班级学生的健康成长，提高班级教学管理效能。

有这样一个例子，一位同学举手回答问题，但当他站起来后支支吾吾了半天却始终没有回答准确。面对这种情况老师没有批评他，而是鼓励地说："刚才这位同学敢于站起来，说明他自信心很强，同时他皱了眉头，说明他思考了问题，只是语言还没有组织好。"这样的评价既保护了学生的自尊心，维护了学生内心的安全感，也营造了宽松和谐的教学氛围。

(二)尊重学生，满足学生归属感的需要

作为一个社会人，每个个体都渴望自己归属于一个或者多个群体，如学校、家庭、活动小组或某个非正式群体。这样大家可以从中得到帮助，消除孤独感，集体的归属感很大程度上满足了学生成长中个体情感和爱的需要。因此，在班级教学管理中，教师可以通过组织一些集体活动，有效地提高学生的自尊、适应力和其他健康品质。教师应该要无条件地接纳每个学生，即便是待进生或者犯错误的学生，也应该受到教师和群体的接纳。否则，剥夺学生参加群体内活动的权利，本质上则是使学生被他所在的群体拒绝，即剥夺了学生的归属需要。这种行为的后果可能是非常严重的，不仅不利于班级教学管理的团结，还容易将学生推向有危害社会性质的非正式群体。

(三)培养学生与人交往的能力，满足学生的社交需求

一个人的成长和发展都是在人际交往中完成的。人际交往的能力体现一个人的文化修养、家庭教养和思想水平。培养学生的人际交往能力既是素质教育的需要，又是教育工作者义不容辞的责任。教师要引导学生建立良好的人际关系，使学生之间、师生之间达到相互了解，相互帮助，促进学习，共同进步的目的。人是在一定的社会群体中生活的，是在不断的交往中从事工作、学习和其他社会活动的。人际关系状况如何，对于人们完成活动的任务，对于集体的形成和巩固，对于人在德、智、体诸方面的全

面发展，都有深刻的影响。很多学生都渴望独立、自我管理，同时也想拥有和老师共同管理班级的权利。因此，教师可以通过教学活动或者为学生提供选择、与学生一起制定班级公约、让学生自我管理等方法满足学生有关权利和自由的需要。与此同时，这种方式也提高了学生与人交往的能力，可以满足学生的社交需求。

(四)树立学生的自信心，满足学生的自我实现需求

美国心理学教授加德纳提出了著名的"多元智能理论"，加德纳认为，每一个孩子都是一个潜在的天才儿童。教师应注意尊重学生的学习风格，认识学生的长处，发挥学生的智能所长。的确，每位学生的能力是有限的，他们的能力表现也存在差异。身为教师不应该用一种模式和既定的要求去要求每一个学生，而要用多维度的、全面的、发展的眼光来评价学生。同时，教师也应该充分地认识到学生有被认为有能力的需要，应该想办法让学生充分发挥自己的长处。对于学生在某些方面的能力不足，教师应抱着宽容和理解的心态，并且教会学生正确地对待，强调学生进行自我比较，使学生看到自己的优点和取得的进步，帮助学生建立自信心，满足学生的自我实现需求，使他们在学习和生活中处于最佳状态。

拓展阅读 5-4

多元智能理论(也叫多元智力理论)是美国心理学教授霍华德·加德纳提出的一种关于智力的新理论。关于智力的性质，加德纳认为，每个人都同时拥有相对独立的九种智力，而这九种智力在每个人身上以不同方式、不同程度的组合使得每个人的智力各具特点，这就是智力的差异性，这种差异性是由于环境和教育所造成的，尽管在各种环境和教育条件下个体身上都存在着这九种智力，但不同环境和教育条件下个体的智力发展方向和程度有着明显的差异性。就智力的发展方向而言，以航海为生的文化重视"视觉—空间智力"，生活在这种环境下的人以空间认知和辨认方向能力的相对发达为智力发展的共同特征；而以机械化和大规模复制产品为主要特征的现代工业文化环境重视的是"言语—语言智力"和"逻辑—数理智力"，生活在这种环境下的人以书面语言能力和逻辑运算能力的相对发达为智力发展的共同特征。就智力发展程度而言，智力发展的水平完全受教育和环境影响甚至制约。加德纳认为，在正常条件下，只要有适当的外界刺激和个体本身的努力，每个个体都能发展和加强自己的任何一种智力。

加德纳还认为，因为每个人的智力都有独特的表现方式，每一种智力

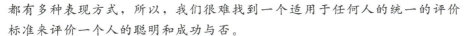

都有多种表现方式，所以，我们很难找到一个适用于任何人的统一的评价标准来评价一个人的聪明和成功与否。

【资料来源】http：//baike．baidu．com/link？url＝o0Ifgae1YUXGIhc5J4wht2Z6Of-Ut4nqicFQZt7RjfHVdm6tRzTZ20PiP5m7-Is44RpxrYLg JBQp6W4oly55yK．html

二、改进课堂教学，提高教学的有效性

当代班级教学管理研究者高度强调有效教学策略与学生良好行为之间的关系。有效的教学是防止课堂偏差行为的第一道防线。良好的班级教学管理既需要合理的班级教学管理观念作指导，也需要课堂教学的完善和改进。因此，教师要不断探索，改进课堂教学，以科学的教学行为实现班级教学管理和控制的目的，实现教学秩序的理想状态。

纵观国内外有关课堂教学管理的研究和实践，其具体做法如下[1]。

第一，加强教学节奏、课堂段落和学生注意的管理调控。

第二，合理创设课堂教学结构和情境结构，恰当调节师生焦虑水平。

第三，改进课堂交往结构，提高学生参与比率。

第四，满足学生学习需要，让学生设置学习目标、体验成功，教会学生如何学习，提高学生的自我效能感。

第五，顺利过渡。教师要为课堂教学的有效进行做好准备，制定日程安排，以确保课堂过渡的顺利进行。

第六，精心设计每堂课的内容和活动程序。

第七，充分利用问题控制课堂行为，但问题必须丰富多彩，意味深长。

第八，综合运用模式控制、目标控制和评价控制等控制方法，培养学生自我控制能力。

第九，随机应变，正确运用课堂教学应变技巧。教师在教学中必须具有一定的教学机智，随机应变，合理运用注意转移法、随机发挥法、幽默法、宽容法、设疑法等方法，灵活处理课堂教学中发生偶发事件。

第十，分析课堂纪实。必要时教师应把整个课堂教学过程用现代技术记录下来，进行认真分析；由同行互相听课，指出对方容易引发学生课堂偏差行为的地方。

---

①　徐长江、宋秋前：《班级管理实务》，北京：高等教育出版社，2013年。

案例 5-3

培养学生的效率感①

教学中，我们经常目睹这样的现象：学生写两遍就能记住的生字，也非要写 10 遍不可；有的教材上的习题还没有弄清楚，却忙着解全国数学竞赛试题；有的一篇作文写两周还没有结尾；有的一节自习什么都想学，主意还没拿定，下课铃响了；更有的学生广播不听，报纸不看，歌曲不唱，体育课不上，埋头在书堆里，成绩却不好。这些现象向我们提出了两个问题：首先，学生所付出的劳动是不是都有效；其次，单位时间的利用率究竟有多高。这两个问题，中学生特别是中学低年级学生很少想到。这两个问题若不解决，学生便无法摆脱学习时间长而效果不好的局面。

在单位时间内增大劳动量，需注意四点。

1. 减少犹豫的时间，明确任务。学生每天有许多时间属于自己支配，自己支配时间效率不高的主要原因是犹豫。自习课，如果老师留的作业已做完，不少学生下一步做什么没有准主意。是看还是写，是复习数学还是预习物理，还是背英语单词？有时拿起数学书看几眼，很快又改了主意背英语。刚刚背了几句，又想做物理习题，主意还没拿定，下课铃声响了。许多学生同我谈心时，都痛感被犹豫占去的时间实在是太多了！我和学生商量了一些治疗犹豫的措施，其中之一便是：在自己支配的时间里，拿出百分之二三的时间，规定这段时间的任务共几项，哪个为主，哪个为次，然后排上队。比如一节自习，先复习数学 20 分钟，再预习物理 15 分钟，其余时间背单词。这样任务明确了，马上动手，效率往往是过去的几倍。

2. 持之以恒，形成习惯。一个人，经常在固定的时间内做同类的事，做得多了，便形成习惯。习惯了的事情，常常会不由自主地去做，想停止都难。我认为牛顿第一运动定律应用于人的思维方面也不无道理。显然，巧妙地利用惯性是提高效率的好方法。习惯的事，既不会犹豫，也最少拖拉。有些学生，过去舍不得花时间参加体音美活动，可是长期坚持，养成了习惯，用的时间不多，却取得了显著的效果。到了三年级不上美术课了，许多学生想不通，就自己画起来。学生形成写日记的习惯，有一天高温 33℃，我劝学生，天太热，今天的日记就先不写了，明天再补吧！第二

---

① 魏书生：《班主任工作漫谈》，桂林：漓江出版社，1993 年。

天，我一看，有一半学生照旧写了500多字。原来，他们怕因为这一天拖拉而破坏了已坚持了几百天的每天记日记的习惯。

3. 利用生物钟的规律。有关资料表明，一个人确实存在着在某一固定的时间内，做某一类事情可获得最佳效果的生理、心理规律。生物钟不是一成不变的，特别是关于学习方面的生物钟，通过养成习惯，可达到调整生物钟的目的，尽可能使学生一天的生活有规律。天天如此，月月照旧，日久天长，生物钟会助人提高学习效率。

4. 订计划，做总结。班级制订了每人每年完成12项任务的计划，然后落实到每学期、每月、每周、每天。分别完成多少，数量都很明确。每个月全班总结一次，鼓励超额的，督促欠债的。学生每人有一张本年度计划和计划完成情况的统计表，这张表上共有156个数据。每个月德智体美任务完成情况一目了然。这样学生比有对象，赶有目标，效率也提高一些。

下面谈谈怎样减少无效劳动。

这个问题的关键是使学生明确什么是无效劳动。我曾让学生找出哪些是无效劳动。全班同学共找出100多项，大家把它分为两类。

一类是显而易见的。如被各种不利的心理因素所左右的灰心、忧虑、嫉妒、骄傲或背各种思想包袱等。另一类是不明显的，如抄别人的作业，已经会了的题还反复做。这实际是把脑力劳动变成了体力劳动。手虽然很忙，对脑来讲，并无成效。违背学习规律，教材还没弄通，就去抠偏难怪的题，也属于无效劳动。学生们分析了这些无效劳动的害处，订出了减少无效劳动的措施。

增大劳动量，减少无效劳动，这些说的都是在一定时间内增大分数值的问题。分子固定时，如何缩小分母呢？我们做了三件事。

1. 尽可能使学生对自己的劳动产生兴趣。有兴趣的事，做起来就快。例如写作文，一篇文章既可以拖上半年，也可以一小时内一挥而就。十年浩劫，学生写了十年批判稿，到头来，不仅不会写作，连讲真道理的批判稿也不会写。有兴趣的文章，如《春雨过后》《蜻蜓》《友谊》《关怀》《启蒙者》《有心人》《月蚀》等作文题目学生就愿写，我便尽量让学生写这些源于生活，源自内心的文章。这样，大家写起来积极性高，有的一小时便写了2000多字。

2. 用意志约束注意力。实践表明，有兴趣的事，做起来注意力集中，效率高。但没兴趣的事，做起来，效率就低吗？也不一定。我启发学生回忆：大家都怕期中、期末考试，对考试基本没兴趣吧？但你算算考试前的学习效率是高还是低？学生异口同声地回答："当然高了！"为什么？就是因为你把考试当成了一种责任，有的把它当成一种压力，这种责任和压力，增强了你的意志。这意志强迫你放下诸如打球、看电影之类的事，而去准备你不感兴趣的事——考试。可见，平时只要注意培养责任感，培养坚强的意志，对那些没兴趣的事，注意力也能集中，效率也能提高。

3. 利用学生的好胜心理，造成一种竞赛的气氛。这样做能使学生对没有直接兴趣的事产生间接兴趣。

竞赛中强调学生自己和自己比，以便战胜自我，超越自我。比如，班级大部分同学的写字速度是 30 字/分钟，默写 35 字/分钟，作文 17 字/分钟，做一道几何证明题 10 分钟，等等。那么，在给自己明确完成任务所需时间时，能不能把时间规定得少于这个平均数？我告诉学生，据科学家测定：效率最高之时，就是规定的完成任务的时间将要到来之时。这样学生都愿把完成作业的时间规定得少一点，以督促自己尽快完成。

另外，我们也经常组织全班竞赛，竞赛常常使人丢掉犹豫，忘记自卑，与溜号绝缘。经常搞小型竞赛，使学生感到自己是学习的主人，是注意力的主人，享受到胜利的欢乐。150 字的《卖炭翁》，大家比一比，6 分钟能不能默写完，结果最快的仅用了 4 分钟。代数第二册(1980 年版)共 42 道应用题，看谁先列完方程，结果最先列完的仅用了 1 小时零 5 分钟。班级经常搞这种竞赛，即使全班最慢的同学，他的效率也是自己平时的数倍，后进学生也能享受到胜利的欢乐。不仅学习比，体音美活动也比，到社会上做好事也常这样比。有一个星期天，全班同学到县图书馆劳动，干部指出上次劳动说话的人多，效率不高，影响人家看书。劳动后我便提出，明天劳动，从开始到结束，每人只给说 5 句话的定量，比比看谁还有剩余。结果除了分配任务的班长外，大家都有剩余。

1982 年，广西《中学文科教学参考》第 8 期开辟了介绍我的教育改革的专栏，刊登了我写的文章、研究人员写的文章和我的两名学生写的文章，其中刘诗奎同学写的《魏书生老师培养我们的效率感》的文章，写出了学生对哪些问题感兴趣。文章写道：

魏老师很重视我们学习效率的提高，时刻教育我们养成高速度、高效率的学习习惯，教育同学做任何工作都要具有高度的效率感。

首先，魏老师给我们讲解提高学习效率的意义。他把鲁迅先生的一句话抄在黑板上让大家思考："节省时间，也就是使一个人的有限的生命更加有效，也等于延长了人的生命。"

其次，他还经常向我们讲解提高学习效率的方法。

第一，要有科学支配时间的计划。在学习之前，把先学什么，后学什么，要用多长时间，都计划好。英国哲学家、政治家培根说过："合理安排时间，就等于节约时间。"只要我们计划周密，然后按计划执行，就会节约大量时间。

第二，高效运用。达尔文说过："完成工作的方法是爱惜每一分钟……"魏老师常教育我们做事要有雷厉风行的作风，要一鼓作气，速战速决，不能磨磨蹭蹭，拖拖拉拉。在既定时间内工作做不完，就不能停下休息。还要合理地支配时间，先做大事，后做小事；用大段时间处理较复杂的事情，用小段时间处理容易完成的工作。

第三，精确计算。计算所用的时间时，要认真计算有效劳动、无效劳动、学习效率，并计算其中是否有浪费的时间，是否能再节约一些时间。

第四，迅速改进。改进工作也要有个高效率，要在时间支配计划里计算出还能节约的时间，把浪费的原因找到，尽量减少无效劳动。

方法十分宝贵，可是我们有的同学还是不注意学习效率。魏老师发现后，就给我们讲了这样一道题：

某人要烙三张饼，一锅可烙两张，两分钟烙熟一面，问需多长时间烙完。不少同学脱口而出："8分钟。"可是魏老师却回身在黑板上写下了这样的算式：甲正面、乙正面＋甲反面、丙正面＋乙反面、丙反面：2分钟＋2分钟＋2分钟＝6分钟。

接着，他又说：比如二人各挖一个坑，甲挖一锹歇几分钟，再挖一锹再歇一会儿；而乙则一口气干完，你说谁累？当然是拖拖拉拉的甲。现在外国公司连职员走路的步距、速度都做了规定，不达到标准就要受罚。这不正说明计划支配时间、高效运用时间的重要性吗？捷克人文主义思想家、教育家夸美纽斯说过，时间应分配得精细，使每年、每月、每日和每小时都有它特殊的任务。印度科学家雷曼也说过，每天不浪费或不虚度或不空抛剩余的那一点点时间，即便只有五六分钟，如果能重用，也一样可以有很大成就。游手好闲惯了，就是有聪明才智，也不会有所作为。不要小看这点滴时间，只要坚持不懈，就会集腋成裘，事半功倍。苏联科学家柳比歇夫坚持一生精确计算时间的支配和工作效率，一年一大结，一月一中结，一天一小结。正是由于他如此注意节约时间，提高效率，才为自然科学做出了巨大贡献。无数事实都已证明，养成高效率的学习习惯、工作习惯，将对人的一生有着无比重大的意义，因为它等于延长了人的生命。

魏老师的这番话，真使我们心悦诚服，我们全班同学都注意效率感了。就拿我来说吧，每一学期开始，都计划出这学期重点抓的科目，学完每科的大约时间，复习所用时间；每月一日，都计划出这个月的学习任务量，上半月学什么，学多少，下半月学哪科，学习速度；每天早晨起来，都规划出当天的任务，哪些是必须完成的，哪些是要尽力完成的。一拿起课本，就习惯地估计这段时间可以读多少页。每天晚上，我都在日记里总结时间有效利用率。计算的项目有：学习量、效率、有效劳动时间、无效劳动时间、最佳效率时间、最低效率时间及其原因和改进方法。正因为有了效率感，我的学习效率才大大提高。每分钟能看1000字左右，每小时能写一千二三百字的文章。两年半的时间共写了800多篇30多万字的日记，120多篇10万字左右的文章，共阅读了近200本书籍。

还记得魏老师主持过一次以"什么是无效劳动"为主题的班会，同学们都兴致勃勃，举出很多无效劳动的实例。如心胸狭窄，计较小事，胡思乱想，见异思迁，当日事不当日毕，贪多求快，不注重身体，实行疲劳战术，等等。从这以后，同学们支配时间更精打细算，学习效率更高了。

直到现在，我们这些早已初中毕业离开魏老师的学生，还保留着魏老师指导我们养成的高效的学习习惯。时间越长，学习任务越重，我们就越发感到这种习惯的宝贵。

7年以前，刘诗奎同学分配到省统计局工作。实践中，他愈发感觉到增强效率感的重要。

现代社会，信息量大，有效无效因人而异。由于现代社会学习工作节奏快，在校内便培养学生的效率感，学生进入社会后，才能适应需要，最大限度地做实事，做有效的、有益于自己也有益于社会的事。

三、提高沟通技能，改善交流方式

教育不仅是一门科学，更是一门艺术。健康的交流方式和有效的沟通技能不但有助于增进师生间的关系，有效地实现教学目标，还是班级教学管理的基本策略。在班级教学管理中运用有效的沟通技能，应注意以下几个原则。

(一)尊重学生，善于倾听

倾听是有效沟通的必要部分，是表达尊重的标志。教师的倾听体现着对于学生的重视和接纳。在所有能让学生感到被接纳和重视的事件中，

"倾听"最为重要。教师在倾听时还需合理运用肢体语言、面部表情和良好的目光接触等，使学生感受到自己被接纳，感受到自己的价值。眼神接触是课堂上师生最常用和最有效的交流形式，通过训练，教师不仅要能自然地注视每一个学生，而且要能读懂每一个学生的要求和反应，传达自己对学生的评价及对整个教室情境的把握，预防学生不良行为的发生。对课堂上违纪的学生，教师的言语批评既会中断教学活动，又可能引起学生的反感。在大多数情况下，教师只需走近他（她），或轻轻地拍一下，什么也不必说，就能使其端正行为。身体姿势和面部表情是肢体语言的重要部分，在交流中传达着许多重要的信息。因此，教师在调控学生课堂行为的过程中，应尽可能利用身体姿势和面部表情辅佐说话。良好的沟通不仅能够改善师生关系，还可以帮助学生树立信心，培养学生的自尊心。因此，教师要善于掌握并运用倾听的艺术和技巧，并把这些技巧应用于与学生的交流中。

(二)恰当反馈，适度惩罚

给学生提供具体、清晰的反馈是良好沟通的重要技能。教师应把握好何时反馈、反馈多少、如何反馈等问题。这里的反馈既包括对良好行为的积极的肯定，也包括对于偏差行为的纠正和惩罚。没有赞扬和批评的教育是不完整的教育。赞扬和惩罚都需要一定的技巧和策略。费斯廷格的认知不协调理论认为，惩罚的强度达到刚能唤起所需要的行为和阻止不需要的行为而又会消除不协调时是最理想的。因此，教师在做出惩戒规定时要有分寸，只要使学生心灵受到震动、思想上受到重视即可，不应有压抑和逼迫学生的行为。

(三)关爱学生，正面引导

教师对待学生的行为方式可分为有意负面诱导、无意负面诱导、无意正面引导、有意正面引导等四种类型。所谓正面引导，是对一类信息的总称——无论是语言的还是非语言的，正式的还是非正式的——即传递给学生说他们是负责任的、有能力的、有价值的正面信息。教育不应该是冷冰冰的知识的传授，行为的纠错和惩罚，而应该是充满爱的积极的互动。因此，教师应通过各种途径对学生进行正面的引导。如树立榜样并倡导其他同学向榜样学习，如主动与学生交流和学生成为朋友，如夸奖学生的进步和学生身上的闪光点等。正面引导除了能形成学生的积极态度和良好的师生关系，还有助于矫正学生的不良行为。

案例 5-4

听说有一个从企业来的年轻人要上公开课，全校教师都来听课。魏书生决定在基础差的班上课，这样才能让人服气。

课前他跟学生商量："魏老师要讲公开课了。"

学生们说："别在我们班讲，到那个好班讲。"

他问："为啥?"

学生说："我们什么都不会。"

"不会才要学。"

学生说："学也学不会，我们紧张。"

"上课又不是打仗，紧张什么。"

"上课是我们的弱项。"

"是弱，不弱咱能到这儿来嘛! 千万别想向老师们展示咱们有多强，需要展示一个真实的状态: 我们很弱、起点很低、成绩很差，但我们绝不自甘放弃，我们会从很低的起点上一点点朝前挪、一步步朝前走，展示循序渐进不断向前的状态怎么样?"

学生们说："那他们不嫌我们慢吗?"

"不嫌，咱们不是慢班嘛!"

学生问："老师您讲什么课?"

"讲小说《最后一课》。"

"那咱们提前预习一下吧!"

"预习什么呢?"魏书生问学生。

学生说："生字。"

"这课几个生字?"

"4 个。"

"4 个生字还记不住吗?"

"老师，这点事没问题，肯定给你记住。"

"还有什么?"

"生词。"

魏书生又问："几个?"

"7 个，有点多。"学生答道。

"那去掉一个。"

"还是有点多。"

"再去掉一个。"

"还是有点多。"

"去掉 4 个，剩 3 个了怎么样？"

"3 个可以啦！"

魏老师再问："还有什么？"

"还有文学常识，小说三要素……"大家都一一做了预习，信心百倍地准备好了。

上课的时候，老师们全来了，教室坐得密密麻麻的。"我往前面一站，学生们乐了，心领神会嘛！谁也不紧张。"魏书生开口问："咱们该学哪课书啦？"

"《最后一课》。"学生响亮地回答。

"《最后一课》的体裁是什么？"

"小说。"

"预习了吗？"

"预习啦！"

"预习什么？"

"生字。"

"几个？"

"4 个。"

"谁会？"

"全会！"

"好，还有什么？"

"生词。"

"几个？"

"3 个。"

"谁会？"

"全会！"

"还有什么？"

"文学常识。"

"怎么样？"

"全会！"

"真的假的啊？谁来说说？"学生们个个踊跃举手，课上得热火朝天、兴高采烈，老师们看得目瞪口呆。

"这是咱们全校最差的一班学生吗？学生学习积极性怎么这么高呢？真是难以想象啊！"

【资料来源】刘彩琴：《魏书生的教育人生》，《人民教育》，2013 年第 5 期，第49 页。

第三节　当代班级教学管理的变革走向

近几十年来，随着世界范围教学改革的深入发展，班级教学管理研究格外受到重视。当代班级教学管理的变革主要体现为以下五大趋势。

一、由重视教师向重视学生转变

随着社会的发展，传统的"教师中心说"受到越来越深刻的批判。人们看到教室并不是支配教学活动的绝对权威。与传统的以教师为中心的教学管理理念不同，当代教学管理中逐渐确立了以学生为中心的管理理念。具体而言，主要体现在以下几方面。

第一，以学生发展为本的教学管理目的观。当代教学管理理论认为，教学管理的根本目的不是为了控制学生的行为，而是为了促进学生的发展。学生虽然是教育的对象，但却是学习活动的主体和主人，是教育教学活动的根本目的所在。因此，教学管理中的一切活动都应该围绕以促进学生的发展为根本目的展开，以学生为中心，时时考虑学生的需要，在全面分析学生实际情况的基础上，通过师生的课堂管理活动充分调动学生课堂学习的主动积极性，让课堂焕发出生命活力。

第二，民主的教学管理方式观。与传统的压迫性管理方式不同的是，当代教学管理方式提倡民主的管理。主张以人性化的管理方式为学生营造一种相互信任和尊重的和谐、健康、高效、融洽的课堂氛围，教师尊重、信任、帮助学生，以人性化的管理方式营造和谐的课堂氛围，密切关注和满足学生的学习需要。

第三，重视学生需求的发展观。传统的教学模式往往是以教师为主导，讲授什么样的内容完全由教师决定。然而，随着教育教学改革的不断发展，当代教学管理越来越重视学生主体的需求，在教学目标的设定和教学内容的选择上越来越结合学生的身心特点和个体需求。在课堂教学管理策略上，已经由注重行为控制的观念向注重满足学生需求的发展观转变。

创建积极课堂环境，满足学生需求，在实践中应特别注意以下几点：①切实理解学生个体心理和学习需要。②建立良好师生关系，构建相互扶助、支持的教学集体和课堂环境。③建立积极课堂环境，满足学生情绪安全感。④帮助学生树立学习自信心，满足学生的自信需要。教师所说的每一句话、做的每一件事、表现出来的每一种态度都应注意要对学生产生积极的影响，帮助学生形成良好的自我印象，不能打击学生的自信心。⑤接纳学生，努力满足学生的归属需要。归属感是一个强大的动力因素，而接纳是最有效的激发方式之一，它能有效提高学生的自尊、适应及其他健康品质。⑥培养学生选择和履行职责的能力，满足学生有关权力和自由的需要。许多学生都渴望承担责任、自治和独立，同时也想拥有参与、选择积极课堂活动以及与老师共享管理课堂的权力。因此，教师要通过为学生提供选择、与学生一起制定课堂规范、让学生进行自我评价等方法满足学生有关权力和自由的需要。

第四，重视学生的自我管理。学生的自我管理，是指由学生自己主动采取的用来控制和协调集体、小组、非正式团体、个人以及各种环境、物质因素的行为。教育和引导学生学会自我管理，既是班级管理的关键，也是素质教育的必然要求。随着班级教学管理研究和实践的发展，人们越来越意识到有效的教学管理应该是学生自我的内在管理，只有使教师的课堂要求真正内化为学生的自觉行为，才能达到最优的班级教学管理效果。心理学研究表明，自我意识的发展是一个从没有自我感觉到认识到自己的存在、从认识到自己的外部行为到认识到自己的内在动机的过程。随着学生自我意识的深刻性、独立性的增强，他们自我教育、自我管理的水平也会不断地提高。这就要求教师随着学生年龄的增长，要特别注意学生自我管理能力的培养，充分发挥学生自我管理在学习活动中的作用，提高学生的自我管理能力。

拓展阅读 5-5

以学生为中心的教育理论渊源，来自于美国教育家和哲学家杜威的"儿童中心论"。他特别强调尊重人类自由的天性、尊重儿童的心灵和遵循教育的规律对儿童发展的重要性。杜威的以儿童为中心的思想在教育界影响很大。将"以儿童为中心"的思想进一步运用于中学和大学教育就成为今天所提倡的以学生为中心的思想了。杜威在反对传统的教师中心说的同时，也并不完全否定教师在教学过程中要发挥一定的作用，他甚至认为教师在他所主张的教学进程中比在传统教学进程中要付出更为艰巨的劳动。"以学生为中心"的对立面便是"以教师为中心"。以教师为中心的教学最明显的特征就是忽视了学生的学习主体的作用，通常采用集体的、满堂灌的讲授式教学。相应地，以学生为中心的教学的特征是重视和体现学生的主体作用，同时又不忽视教师的主导作用，通常采用协作式、个别化、小组讨论等教学形式或采用多种教学形式组合起来进行教学。

二、由重视结果向重视过程转变[①]

在现代社会人们意识到教学结果是重要的，但更重要的是教学过程中学生的切身体验，学生的认知体验、情感体验以及道德体验等，正是这种体验决定着教学的最终结果。因此，第一，强调激发学生的兴趣，力求形成学生强烈的学习动机和乐学、善学的学习态度；第二，强调在教师启发引导的基础上，让学生通过独立思考获得对基础知识的领悟和技能、技巧的习得形成；第三，强调"知——情"对称，注重学生在学习过程中对寓于知识经验中的情感的充分觉察和体验；第四，注重教学方法的灵活多样以及多种方式和方法的综合应用，为儿童设计出合乎年龄特点的活动，促使学生在学习过程中得到充分发展。

三、由重视知识向重视能力转变[①]

古人云，"授人以鱼不如授人以渔"。随着科学技术的飞速发展，我国早已进入了信息化时代，知识的更新换代周期越来越短，掌握全部或大部分的知识既不可能也失去了必要性，重视知识传授的教学管理观念受到了严峻挑战。因此，当代教学管理观念已经不再只是知识的传授，更重要的是学生能力的培养，重点培养学生学习、思考、掌握和更新知识的能力。培养学生的学习能力，这是与终身教育的理念相一致的，同时这也是当今现实对教学改革的一个要求。传统教育观念认为，人的前半生用于受教育，后半生用于劳动。这种"一次教育"概念，已经随着社会的不断发展及人们对于自然界和社会认识的日益深化而过时，取而代之的是终身教育、终身学习。由于知识经济自身的性质及其主要特征，人们对于"终身学习"在知识经济时代的作用和意义的认识也在不断加深。终身学习和学会学习

---

① 全国十二所重点师范大学：《教育学基础》（第 2 版），北京：教育科学出版社，2008 年。

不仅关系到受教育者个人未来的发展、成长乃至生存，而且也关系到国家和民族的前途与命运。在这种现实教育背景下，教师面临着新的、严峻的挑战：在教育教学的全部过程中，学校教育与教师工作的一个极其重要的任务就是使学生"学会学习"。

拓展阅读 5-6

　　保尔·朗格朗（PaulLengrand，1910—2003）是法国当代著名的成人教育家，终身教育理论的奠基者。1910 年 12 月 21 日出生于法国加来的康普兰。大学毕业后，在中小学任教多年，积聚了丰富的教育实践经验。20 世纪 30 年代转向成人教育实验，建立职工教育中心和"民众与文化"协会，富有成效的活动奠定了其成人教育思想基础。从 1948 年开始供职于联合国教科文组织秘书处，于 1951 年任联合国教科文组织成人教育科科长，后还担任继续教育科科长、终身教育科科长、教育研究所代理所长等职，于 1971 年从联合国教科文组织卸任。著作《终身教育引论》是终身教育思想的代表作。

　　1965 年，联合国教科文组织召开第三届促进成人教育国际委员会会议，联合国教科文组织成人教育科科长保尔·朗格朗提交了"终身教育议案"，重新认识和界定教育，不再将教育等同于学校教育，而视教育为贯穿整个人生的、促进个体"学会学习"的全新概念，从而打破家庭教育、学校教育、社会教育之间彼此隔离的状态，构筑起民主化的终身教育体系。为此，终身教育思想被誉为"可以与哥白尼日心说带来的革命相媲美"，是"教育史上最惊人的事件之一"。

　　【资料来源】http：//baike.baidu.com/link? url＝UZ7wTxn8T6 HSMEg4wwlzsLtywWMO8XOvZc3cV2sUawWYVNkO4K6rYuOU3AAec＿n1UM-aZ5ahmF2MO＿uYw2lkfK.html.

拓展阅读 5-7

终身教育的特征

　　1975 年，联合国教科文组织汉堡教育研究所主任戴夫（R. H. Dave）将终身教育的基本特征概括为 20 个方面：

　　(1)终身教育这个概念是以"生活""终身"和"教育"三个基本术语为基础的。这些术语的含义和对它们的解释决定了终身教育的范围和含义。

　　(2)教育不是在正规学校教育结束时便告终止，它是一个终身的过程。

(3)终身教育不限于成人教育，它包括并统一所有阶段的教育，而且全面地看待教育。

(4)终身教育既包括正规教育，也包括非正规教育。

(5)家庭在终身教育的初期起着决定性的作用，家庭学习贯穿一个人的一生。

(6)当地社会在终身教育体系中也起着重要作用，这种作用是从儿童与它接触时开始的。

(7)中小学、大学和训练中心之类的教育机构固然是重要的，但这不过是终身教育机构的一种。它们不再享有教育的垄断权，也不再能够脱离其他社会教育机构而存在。

(8)终身教育从纵的方面寻求教育的连续性和一贯性。

(9)终身教育从横的方面寻求教育的统合。

(10)终身教育与拔尖主义的教育相反，具有普遍性，它主张教育的民主化。

(11)终身教育的特征是，在学习的内容、手段、技术和时间方面，既有机动性，又有多样性。

(12)终身教育是对教育进行生动有力的探讨，它促使人们能够适应新的开发，自行变更学习内容和学习技术。

(13)终身教育为受教育者提供各种可资选择的教育方式和方法。

(14)终身教育有两个领域，即普通教育与专业教育。这两者不是孤立的，而是互相联系、互相作用的。

(15)通过终身教育来实现个人或社会的适应技能和革新技能。

(16)终身教育实行补正的技能，克服现行教育的缺点。

(17)终身教育的最终目的是维持和改善生活的质量。

(18)实施终身教育有三个主要的前提条件：提供适当机会、增进学习动机、提高学习能力。

(19)终身教育是把所有的教育组织化的原理。

(20)在付诸实施方面，终身教育提供一切教育的全部的体系。

【资料来源】孙世路等：《成人教育》，哈尔滨：黑龙江教育出版社，1989年，59页。

四、由注重纪律管理向注重教学策略转变

多年来，班级教学管理常常过于强调如何约束学生的课堂偏差行为，却很少关注课程和教学方法对学习态度和学习效果的影响。近年来，随着

对班级教学管理研究的深入，这班级教学管理在内容上已由原来注重纪律向注重改进教学策略发展。如何改进教学方法，提高教学策略，以科学的教学管理行为实现控制教学课堂的目的，进而实现班级管理的理想状态，是当代班级教学管理的基本共识。其具体做法主要有以下几方面。

第一，加强教学节奏、课堂段落和学生注意的管理调控。课堂管理中的许多纪律和行为问题常常与教学节奏失控、课堂段落安排不当直接有关。加强教学节奏、课堂段落及学生注意的调控管理，是课堂教学管理的重要方面。

第二，合理创设课堂教学结构和情境结构，恰当调节师生焦虑水平。教师精心设计课堂教学结构、恰当调节师生焦虑水平，满怀信心地按照教学设计有条不紊地进行教学，以自己良好的心理状态感染学生，增强学生的安全感和自信心，从而减少学生课堂行为的背离性、避免课堂秩序混乱，这本身就是课堂纪律管理和问题行为控制的最有效策略。

第三，改进课堂教学，增强学生学习动机。①增强教学趣味性，使课程内容生动而贴近学生的实际生活；②改进课堂交往结构、提高学生参与比率；③满足学生学习需要，让学生设置学习目标、体验成功、教会学生如何学习、提高学生的自我效能感。

第四，随机应变，正确运用课堂教学应变技巧。教师在教学中必须具有一定的教学机智，随机应变，沉着冷静，果断谨慎，合理运用注意转移法、随机发挥法、幽默法、宽容法、设疑法等方法灵活处理课堂教学中发生的偶发事件。

五、由重视继承向重视创新转变

教学不仅是文化的传递，更是文化的创造。培养学生的创新能力是素质教育的核心内容，无论是重视学生、重视过程、重视能力、还是重视教学策略的转变，都是重视学生创新能力的体现。创新能力和创新精神的培养必须从中小学就开始重视。这就要求我们正确认识创新与全面发展教育目的之间的关系。创新并不意味着彻底的破旧立新，而是旧中求新。离开既有的基础，否认已经被实践证实了的科学结论，而奢谈所谓创新，其结果毫无意义。所以，尽管要花大力气进行教学目标、教学内容、教学方法等环节的改革，但绝不能因此而放弃学校教育，尤其是基础教育在传递知识方面应该肩负的使命。创新不是异想天开，缺乏全面而扎实的知识基础，所谓创新能力的培养，无异于缘木求鱼。因此，我们要把握创新的正确导向，教师在进行教育教学管理时应注意激发学生的创造性，让学生通过掌握知识经验，形成创造文化和创新生活的能力。

案例 5-5

儿童行为的年龄特征[①]

1. 学生对教师的要求和期望的性质随年龄的增长而变化

幼儿园孩子倾向与喜爱富有同情心和能支持自己的教师，小学生的这种倾向还是较为明显的，但是他们开始逐渐强调教师所供材料的兴趣和智力刺激，并开始出现学生对教师解决问题的公正判断的要求。到初中阶段，学生对教师学科知识和能力的要求与期望日益提高。如果教师能满足学生随年龄增长而发展的这种需要和期望，那么，课堂中的偏差行为就大为减少，反之亦然。

2. 学生间相互关系的性质随年龄增长而变化

在小学早期阶段，学生在绝大多数时间内总是作为整体而开展活动的，他们一起玩耍，共交朋友，较少有结构稳定、时间持久的小团体存在；小学后半阶段开始，尤其到初中时期，在儿童个体的生活中，小集团显得日益重要。为了获得小团体的认同，个体按小团体规范行事的压力也明显提高，以保持小团体内部的一致和忠诚。所以，初中教师肯定要比小学教师较多地遇到因班级小团体间的矛盾所产生的问题。

3. 学生对在同学面前的地位和威信的需要，随着年龄增长而提高

学生总希望得到师生的赞美。如果教师企图在班级同学面前羞辱他们，则会使他们感到极为痛恨，随着年龄的增长，这种需要更加强烈。年幼的学生只要教师稍稍表扬一番就会忘记刚刚蒙受的羞辱，年长的学生则不然，他们的懊丧情绪可能会延续数天或更长。因为，年长的学生越来越把自己与成人世界等同起来，并从中寻找自己的地位，对他们来说，在同辈面前受到羞辱就无疑降低了威信。因此，他们可能竭力做出敌视教师的行为，并试图谋求其他受到同样羞辱的学生的支持，以重建或显示自己的地位和威信。

4. 随着年龄的增长，学生对成人行为的要求逐渐提高

大龄学生具有强烈的即将加入成人世界的感觉，因此对成人行为也更

---

① 宋秋前：《有效教学的理念与实施策略》，杭州：浙江大学出版社，2007年。

感兴趣。他们常常只看到成人世界的各种可能而很少考虑其客观的限制条件。所以一个初中学生常常认为他能轻易地把教师正在处理的事做得更好，而教师教学中的明显失误和困难也同样成了他们评头论足的对象。同时，教师还应注意，由于学生成人感的产生，使他们对教师的态度非常敏感，对教师喋喋不休的指教和过多的关心非常反感。因此，教师还要注意教育方法，以免好心反而引起课堂偏差行为。

5. 学生注意力集中的时间随年龄增长而提高

一般情况下，如果教师教学得法的话，对 16 岁的学生的最佳讲授时间为半个小时。而对 10 岁左右的学生则约为 10～15 分钟。因此，学生的许多"坐立不安"和"注意力不集中"之类的情况常常只是因为教师讲得太长或者说明概念的方法不当造成的。因此，优秀教师总是努力确保教学方法适合于该年龄发展阶段儿童的认知水平，以避免由于学生开始变得厌烦和注意力不能集中而引发课堂偏差行为。

【本章小结】

本章指出了班级教学管理中的主要问题，如批评惩罚多、鼓励关怀少；偏爱优等生，歧视待进生；低效率的"思想教育"；缺少人文主义关怀；教学偏差；班级教学管理中的管理主义倾向等，并针对这些问题在总结和吸取国内外有关理论和实践经验的基础上，提出班级教学管理的基本策略：积极创建良好的教学环境，尊重学生的心理需求；改进课堂教学，提高教学的有效性；提高沟通技能，改善交流方式。在此基础上，指出了当代班级教学管理的五大变革走向：由重视教师向重视学生转变；由重视结果向重视过程转变；由重视知识向重视能力转变；由注重纪律管理向注重教学策略转变；由重视继承向重视创新转变。本章节对于班主任老师进行班级教学管理，把握当代教学管理的变革走向具有重要的指导意义。

【思考与练习】

1. 目前我国班级教学管理中存在哪些问题？
2. 班级教学管理的基本策略有哪些？
3. 当代班级教学管理的变革走向如何？
4. 以学生为中心的教学理念体现在哪些方面？
5. 请阅读下面的案例，并回答问题。

一位青年教师讲秦牧的《土地》一文时，对其中精彩段落动情地高声朗诵。教师："骑着思想的野马，奔驰到很远的地方，收起缰绳，回到眼前灿烂的现实。"话音刚落，一位学生站起来说："老师，野马怎么会有缰绳呢?"教师毫无准备，不耐烦地说："你总钻牛角尖，学习成绩会好吗?"学生脸涨得通红，自尊心受到打击，欲言又止。

(1)该教师的言行是否正确?

(2)若你是这位青年教师，你会采用什么样的策略?

【本章参考文献】

1. 宋秋前. 教学缺失与矫治策略. 贵阳：贵州人民出版社，2002

2. 徐长江，宋秋前. 班级管理实务. 北京：高等教育出版社，2013

3. 魏书生. 班主任工作漫谈. 桂林：漓江出版社，1993

4. 宋秋前. 有效教学的理念与实施策略. 杭州：浙江大学出版社，2007

第六章　班级活动管理

【本章学习目标】

    1. 掌握班级活动的概念，了解班级活动的种类。

    2. 理解班级活动的意义，知道班级组织的特点。

    3. 记住班级活动应该遵循的原则。

    4. 掌握班级活动的一般过程。

    5. 理解组织班级活动时的注意事项。

    6. 知道班级活动开展的形式。

    7. 知道班级活动的指导策略。

第一节　班级活动概述

一、班级活动的概念

    学生的成长是在积极的活动和交往过程中逐步形成发展起来的，班级活动是教育过程的基础，是班级管理中必不可少的重要教育形式。

    班级活动是指一个班的全体成员参加的集体教育活动，从所含内容的主要指向来看，班级活动又有广义和狭义之分。广义的班级活动是指在教育者的组织和领导下，为实现培养目标、完成教育计划而组织的由班级成员参加的一切活动，包括学习活动、生活活动、班会活动、团队活动、综合实践活动等。狭义的班级活动是指在班主任的组织和领导下，为实现班级教育目标有目的地举行的各种主题教育活动，如主题班会等。

二、班级活动的种类

第一，根据活动性质划分。可以分为思想品德教育活动、科技活动、文艺活动、体育活动、学习活动、劳动活动、社会实践活动等。

第二，根据活动空间划分。可以分为校内班级活动、校外班级活动。

第三，根据活动组织形式划分。可以分为全班活动、小组活动。

第四，根据活动时间安排划分。可以分为常规性活动和非常规性活动。

第五，根据活动内容划分。可以分为系列活动和单一活动。

三、班级活动的特点

(一)活动目的的一致性

班级活动类别、形式多种多样，涵盖科技、体育、文学艺术等，但无论何种内容、何种形式的班级活动，其目的都是一样的，都是为了促进全体学生德、智、体、美等方面的全面发展与健康成长。

(二)活动形式的灵活性

班级活动的规模可大可小，形式灵活多样。从组织的规模看，有全班、全年级乃至全校性的群众性活动；有各种小组的活动，也可是个人的活动；从具体的活动方式看，可根据学生的年龄特征、知识水平、设备条件以及指导力量等，采用多种多样的形式：可以做模型，采标本，搞社会调查，办各种展览；也可以搞演讲、书评、讲座、报告会等。

(三)活动内容的丰富性

班级活动的内容十分丰富，范围非常广泛。既有培养学生的审美和创造美能力的各种文艺、文学、美术活动；也有培养学生讲科学、学科学、爱科学的兴趣的各种科学兴趣小组，可以搞科技小发明，举办科技讲座，参观科技展览；还有丰富体育知识、培养学生坚韧的性格和顽强的毅力、掌握各种运动技巧的各种体育活动等。学生可以自由选择，在丰富多彩的活动中，找到自己合适的活动。

(四)活动性质的自愿性

课堂教学必须受课程计划和课程标准的制约，教师和学生必须按要求学习规定的教学内容，一般情况下不能任意选择，而班级活动则完全由学生根据自己的兴趣、爱好进行自由选择，自愿参加，教师只能加以诱导而不能强迫。假如学生对某项活动不感兴趣，一味强迫是难以调动学生主动

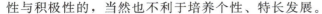

性与积极性的，当然也不利于培养个性、特长发展。

（五）活动主体的差异性

学生是班级活动的主体，他们爱好不同，兴趣各异，有的性格外向、开朗、活泼、善交际，有的性格内向、孤僻、沉静、好独处；有的学业成绩好，但缺乏文艺、体育方面的特长；有的学业成绩暂时落后，却有体育禀赋与文艺才能。班主任要善于发现每个学生身上的"闪光点"，并根据学生的个性差异，因材施教，以充分发挥每个学生的潜能与特长。

四、班级活动的意义

（一）班级集体方面

1. 班级活动能够促进班级集体的形成

班级是学校教育工作的基本单位，一般来说，组织、形成班集体总是以协调一致的集体工作和有益的班级活动开始的。班级活动是班主任组织、培养学生集体，并通过学生集体教育影响学生个体的一种有效的教育手段，也是学生集体进行自我教育的一种重要方法。一个好的班级的学生应团结友爱、积极进取，具有强烈的集体荣誉感，班级必须具备强大的凝聚力。一个集体的凝聚力往往是在重大集体活动中体现出来的，但它同样也是在多次集体活动的组织过程中逐渐形成的。运动会上，运动员奋力拼搏，场下同学加油鼓劲；拔河比赛，全体参与，献计献策、呐喊助威……通过参与这些活动，同学之间的距离明显缩短了，班级活动为学生之间架起了桥梁，密切了师生、同学之间的关系，通过活动使他们互相理解、互相关怀，增进了友谊，增强了合作意识。在班级活动中，学生才能正确认识个人与集体、个人与他人的关系，培养集体主义精神和对集体的义务感。在活动中使得学生的人格得到了尊重，他们的参与意识、主人翁意识得到了加强，提高了班级集体的成熟度，对集体的认同感、归属感、荣誉感和责任感增强了。开展班级活动也有助于形成正确的集体舆论和良好的班风，在健康、有益的班级活动中，正确的、合理的内容得到肯定、弘扬，错误的、不良的认识和做法则为大家所不齿。这样，正确的舆论和班风就会逐步形成、发展起来。同时，班主任、班干部的威信水平也会相应提升。

2. 班级活动能够提高班级生活质量

20世纪50年代西方学者提出了"生活质量"的概念。生活质量的提出，是人类社会生产发展到一定程度的基础上，人类对于自身全面需求的一种自觉。人的需求以生物性的需求为基础，但是人的生物性的需求主要是通过文化的方式来获得满足。当今社会，人们越来越认识到生活质量是衡量个体发展程度的核心指标。因此，我们的教育质量也只有从个体生活质量的提高入手才能得到正确的理解和评价，即生活质量是提高教育质量的基本出发点。智利诗人米斯特尔说："有很多我们需要的东西是可以等待的。孩子却不能等待。他的骨骼在不断形成，他在不断地造血，他的大脑在不断发育。对于他，我们不能说明天，他的名字叫今天。"教师的关注点应该放在学生当下的生活，关注教育活动过程。班级生活质量，实际上是指班级成员在班级活动中自身发展所获得的满足的情况，班级活动的开展能够使学生在繁重的学习期间，在充分开发潜能的基础上不断扩大生活范围，改变生活方式，提高生活水平。当我们从生活质量的角度来看待班级活动的时候，我们既要致力于积极地营造生活的良好环境，在有限的时空中最大限度地满足教育主体发展中的各种需求，也要积极引导教育主体学会在和周围的环境相融合的过程中使自己得到充分发展。

(二)学生个体方面

1. 班级活动能够促进班级学生德、智、体、美、劳诸方面全面发展

班级活动为学生的成长提供了实践的条件和生活经验的基础。班级活动充实了学生的生活，密切了学生与社会、学生与教师、学生与学生之间的联系，使学生更多地体验个人同他人、集体、社会的复杂关系，并在实践活动中履行所应该掌握的思想道德规范，丰富学生的精神世界，把学生旺盛的精力、浓厚的兴趣、广泛的爱好引导到健康发展的轨道上。班级活动使学生学习的领域扩大了，学习机会增多了，有效地激发了求知的兴趣，这对促进智能的发展有很大帮助。班级活动使学生动脑动手，全身运动，处于紧张热烈而又轻松愉快的状态，从而有助于学生身心健康水平的提高，并使学生受到审美教育，培养劳动习惯。

2. 班级活动能够满足学生的心理发展需求

中小学生活泼好动、兴趣爱好广泛，在活动中，学生根据自己的爱好和特长，自愿地去选择自己感兴趣的活动，这样学生就可以按兴趣等组织在一起，互相交流，共同促进，既能使特长和能力得到充分的发挥，又能满足学生间的交往，使他们在交往中培养起健康的、丰富的感情，学会处理各种人际关系，促进身心健康发展。

3. 班级活动能够促进学生个性发展

班级活动多种多样，具有促进学生个性发展的功能。在参观、调查、

访问等各种社会实践活动中可以使学生领悟到更多的人类文明，有利于开阔视野、活跃思维、增强创新能力和组织交往能力。参加文体活动可以养成健康文明的休闲方式，拓展学生课余生活的时间和空间，促进形成正确的生活态度和情绪状态。开学（入学、毕业）典礼、入团入队等仪式性班级活动，能够唤醒内心的情感体验，开发心理潜能，提升精神境界，促使自律水平、自我意识、自我评价、自我调控等能力提升。游戏、表演、演讲等喜闻乐见的活动方式，能够缓解压力、释放不良情绪，深入到学生内心，对社会适应、人际交往、兴趣、爱好、特长发展起到很好的作用。

案例 6-1

一人为全班，全班为一人

赵广民同学是班级体育委员，心地极善良，谁有困难他都愿帮助，但他家很困难，同学们自发凑钱，买了鞋和用具等送他，但他却拒绝了，并与同学吵了起来。班级于是自发组织了"班级该不该关心一心为班级的人"的班会。大家发表自己的看法，赵小波同学说"我们看着一个为大家满腔热情办事的人，这么苦，这么累，生活这么困难，我们心里能安吗？我们心里就不难受？"……同学们流泪了，听课的老师有的也流泪了。

"我觉得开这样的班会，便是使学生们在心灵深处受到真善美的感染。通过这样的班会，同学们加深了相互之间的理解和尊重，感受到了关心别人和被人关心的幸福和自豪。"

【资料来源】魏书生：《如何当好班主任》，北京：北京大学音像出版社，2015年。

第二节　班级活动管理

一、班级活动十大原则[①]

第一，教育性原则。班级活动应具有鲜明的教育倾向。在教育内容上，应根据《小学德育纲要》《中学德育大纲》的要求，突出爱国主义教育、社会主义教育、共产主义启蒙教育和理想教育。

---

① 丁如许：《班级活动十大原则》，载《四川教育》，1992年第4期。

第二，针对性原则。①针对学生的年龄、年级特点和身心发展需要。②针对班级实际存在的问题。在工作中抓住偶发事件进行教育，是班主任教育艺术的闪光。

第三，整体性原则。班级活动应着眼整体，特别是在活动的内容、教育的力量上作整体的考虑。班主任应学会"弹钢琴"，既要面向全体学生，又要注重全面发展。班级活动应充分发挥学校、家庭、社会的力量，加强教育的合力。

第四，开放性原则。在形式上：①向校内开放。②向家庭开放。③向社会开放。在内容上：①让学生了解党的基本路线、了解党的改革、开放的政策，培养主人公精神。②了解各条战线上的英雄模范人物，确立心中的榜样。③指导学生讨论社会上的热门话题。

第五，多样性原则。班级活动要提高它的教育意义，必须注意形式的多样性，以丰富多彩、生动活泼的形式赢得学生的欢迎，调动学生参与活动，接受教育的积极性。

第六，主体性原则。班级活动的主体应是班级全体成员，班主任只是这个整体中的重要一员。班主任的领导艺术在于使班级整体运转起来。班主任应与班委会（队委会、团支部）相配合，最大限度地调动起全班同学的积极性。

第七，连续性原则。开展班级活动，还要注意前后活动的衔接，使前一次活动的结束成为后一次活动的起点，推动学生认识的深化。

第八，知识性原则。由于班级活动是处在学校这一特定的教育环境，对象是学生这一特定的身份，因此要用丰富的科学文化知识充实活动内容。

第九，易操作性原则。①要注意活动规模不宜过大。②要掌握活动的节奏。③要制订活动方案。

第十，创造性原则。创造性首先表现在内容上，我们要随着形势的发展，不断充实新的教育内容。创造性还表现在形式上，形式上的创造思维常常是"加一加""变一变""改一改""移一移"。

二、班级活动的一般过程

班级活动的一般过程是：活动的选题→活动准备→活动实施→活动小结→活动延伸。

（一）班级活动的选题

开展班级活动，选题是非常关键的环节。选题主题一般依据集体教育目标(如《中小学德育大纲》《公民道德建设实施纲要》等)，依据学校工作计划、学校常规性活动、班级工作计划、学生兴趣需要、班级存在问题和实事等设计，可以是班级生活中某一方面的偶发事件、突发情况开展的即兴性活动，也可以是围绕一个教育主题而设计的多层次、多侧面的相互关联的分主题活动。

确定主题时应精心观察并深入了解、掌握学生思想动态，调动学生积极性，充分酝酿，广泛拟题。可教师拟题、学生讨论；教师指导、学生拟题；班内个别征询、全班讨论或每人拟题、择优产生等。活动主题小中见大，做到低起点、高立意、教育性强，活动的主题要真实、准确、鲜明、深刻。活动的标题要新颖、简洁、醒目。

案例 6-2

班级活动的设计与开展举要

一、设计学生欢迎的活动

我们设计的活动应该是受学生欢迎的，学生欢迎的活动应该是学生期盼的。它以深刻的立意影响学生，以新颖的形式吸引学生，以出色的成果激励学生。比如，走访青春偶像、郊游、家务劳动比赛、教室微型运动会，等等。而爱国、立志、诚信、勤学、文明习惯、感恩等是我们的必选题材。

在设计学生欢迎的活动时，采用竞赛的方式常常是积极有效的。有时为了调动学生的积极性，可以多给予优秀的评价，因为竞赛只是手段，而不是目的。

学生欢迎的活动蕴藏着班主任的智慧和经验。在工作中，班主任应研究学生的心理、生理、年级特点，研究班情，积极实践，并不断创新活动。

二、让每位学生在活动中发挥自己的作用

我们要多设计让每个学生都能参加的活动，比如，"我最喜欢的格言"交流，"我的理想"一分钟演讲比赛，"向校友致敬"和与校友通信等。这些活动，每个学生都能参加，激发了学生的活力。

但并不是每个活动都能做到人人参加。比如辩论活动，学生很喜欢参与，但由于时间、辩论规则等原因，直接参加活动的可能只是部分学生。对此，我们要采取措施让学生参与活动，关注活动。我的做法是，班级以小组为代表队；每位同学都要为本代表队收集"弹药"，"捆绑"成绩，共担责任，分享成功；同时在辩论时允许台下同学"助辩"，尽可能调动学生参与活动的积极性。

不仅要设计全班每个同学都能参加的活动，而且要让每个同学能有主持班级活动的机会。有班主任担心这样可能会把活动搞砸，我的经验是要"知人善任"。让能力强的同学主持难度大的活动，如与兄弟班联谊、邀请先进人物做报告等活动；让能力较弱的同学主持难度相对较小的活动，如学习经验交流、学习方法指导等活动。我曾经在一学期中开展过 10 次班级活动，这样，在整个初中阶段就开展了 60 次活动，全班每个同学都有至少一次主持活动的经历，这让他们印象深刻。当然，在学生遇到困难时，教师要悉心指导。

三、增加活动的知识含量

班级活动应讲究知识性，让学生在知识的学习与吸纳中提升认识。班级活动的知识含量是班主任应当关注的重要工作内容。

1. 设计与文化学习有直接联系的班级活动

班级活动应关注学生的学习，我们应设计、开展一些与文化学习有直接联系的活动。比如，"刻苦学习为家乡"学科竞赛、"我和 ABC 交朋友"英语学习、"在神奇的科学王国"科技魔术活动等。这类活动与学习直接相关，但绝不是文化课的简单再现。

同时，我们更应该提高班级活动本身的知识含量。如我和工作室老师在指导学生开展"诚实守信伴我行"活动时，首先是进行文言文《立本建信》的学习，解释重要字词，疏通文句。用四字短语概括选文所述之事，再用四字短语概括所述之事的深刻意义。接着是"说文解字话'诚信'"，从"诚信"两字的组词特点分析，揭示诚实守信对人成长的作用。接着是诚信故事介绍，组织学生品味中外名人名言等，高潮则是学生介绍"诚信公益广告"。四个小组分别介绍本组设计的广告，精到的广告词、丰富的广告画面，都是同学们认真学习、积极实践的成果。

2. 开展与文化学习有密切联系的活动

这类活动主要从学习目的、学习方法入手。过去有班主任认为应该让学生自己摸索"适合自己的学习方法""任课老师应对学生进行学习方法的指导"。这些话只说对了一半，班主任也有责任对学生进行系统的学习方法指导。

班主任还可以在班级开展如"我最喜爱的一句格言"交流、"学海初航品甘苦"学习经验交流、"怎样使你更聪明"学习方法指导、"他与时间"学

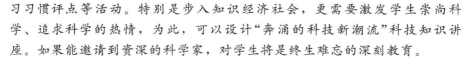

习习惯评点等活动。特别是步入知识经济社会，更需要激发学生崇尚科学、追求科学的热情，为此，可以设计"奔涌的科技新潮流"科技知识讲座。如果能邀请到资深的科学家，对学生将是终生难忘的深刻教育。

3. 开展拓展学生视野的学习活动

我们不仅要指导学生学习与课本知识密切联系的文化知识，还要开展一些拓展学生视野的学习活动，如人际交往、艺术欣赏、法律常识等。为此，可设计"我与老共产党员交心"忘年交通信、"笔下走龙蛇，丹青绘宏图"书画作品比赛、"警钟在这里长鸣"模拟法庭辩论等活动。

四、班主任要成为活动的指导者

对班级活动，班主任一定要积极参加。在充分发挥学生作用的同时，班主任要以自己的智慧指导学生开展活动，要以自己的热情推动活动走向高潮。班主任不能当"甩手掌柜"，要帮助学生完善方案，使活动有兴奋点、有亮点、有特色。班主任的指导要贯穿于活动的全过程。在活动结束前，班主任要进行必要的指导。指导的话不必多，但要句句说到点子上。如对本次活动亮点的分析，准备活动时幕后的故事，今后开展活动应注意的事项等。

【资料来源】丁如许：《班级活动的设计与开展举要》，载《思想理论教育》，2010 年第 6 期。

(二)班级活动的准备

为保证班级活动顺利进行，在活动开展之前，教师和学生需要一些活动准备，主要包括制订活动计划，物质准备，知识和经验准备。

1. 制订活动计划

活动题目确定好以后，班主任应和班委会共同制订活动计划。计划的制定一方面能保证活动的顺利进行，另一方面为班级工作积累宝贵的资料。活动计划包括以下内容：活动目的、活动时间、活动地点、活动实施过程、活动注意事项。制定活动计划时应重点考虑以下两个内容：①活动的主持人。②学生的参与度。活动计划制订以后，接下来的工作就是明确分工，具体落实任务。在这个环节上班主任要做必要的指导，为了保证任务的落实，需要做好检查工作，一般以小组为单位进行检查。活动各项准备工作基本就绪，就要及时发活动通知，可采用口头通知或书面邀请的方法，把活动的时间、地点、内容介绍清楚。如邀请有关同志发言，还应介绍一下具体要求。

2. 物质准备

所谓物质准备包括活动场地的选择与布置、环境创设、物品的选用和制作、有关设备器材的种类和数量及人员配备等。

场地是活动的主要场所，场地的选择和布置是活动准备的重要一环，它关系到活动的气氛，是情境教育的重要形式。选择场地要结合活动人数和内容来综合考虑，要求大小适宜，地点适中，附属设施齐全，准备好照明、通风、卫生、电话、多媒体、服务等。教师和学生根据设计准备好仪器设备，如录音机、幻灯片、电脑、学生从家中带的一些材料、学生自己动手制作的材料等。

3. 知识和经验准备

知识经验的准备也影响着活动的进行和活动效果，因此，教师应布置学生事先参观、事先学习等，打好一定的知识基础，防止活动中出现无话可说、离题万里、言之无物等现象。

(三)班级活动的实施

活动的教育目标、理念最终是通过教育活动对学生产生影响。因此活动过程必须要紧扣活动的目标，为活动目标的实现而服务。班级活动通常包括三个环节：活动开始、活动展开、结束部分。

1. 活动开始

学生是否对活动感兴趣，是否积极参与到活动中，都与活动开始有密切的关系。一般来说，活动的开始有以下形式。

设疑开始(猜一猜)。疑问可以由教师直接提出，也可以以谜语、故事的形式间接提出。

图示开始(看一看)。教师可以利用彩图、标本实物、录像来导出活动。

故事开始(听一听)。让学生听一段短小的故事，是班级活动常用的一种方法。

情境表演(看一看)。创设一定的情景或利用情景来进行模拟表演，把学生带到教育活动中。

游戏开始(玩一玩)。以游戏的形式开始。

开始的形式各有不同，教师应根据教育目标、教育内容和学生实际，选择恰当的开始；开始部分的时间一般控制在3~5分钟，否则会影响展开部分的教学效果。

2. 活动展开

这是班级教育活动的核心部分，它承载着主要内容，要求学生形成的品德、掌握的知识、需体验的情境、应该练习的行为都应该在这个部分呈现。要达成知识维度的目标可以运用讲授、谈话、演示等方法进行。要达成能力维度的目标可以运用示范——模仿、练习——反馈的方法进行。要达成情感维度的目标可以运用体验、扮演、鼓励、强化等手段进行。

在本环节，教师必须要注意活动方式的设计：以多种形式让学生参与活动，调动学生的各种感官，让他们成为活动的真正主角，可采用角色扮演、移情、实践等方式。在活动过程中要尊重学生的想法，既要顾及大部分的学生，又要正视学生的个体差异，使每个学生都有成功的体验。

在本环节，教师要注意提问的设计：提问要清晰；有针对性；开放性。

3. 结束部分

常见的结束方法很多，如作品展示、语言总结、教师布置任务、游戏、提问等。

结束部分应注意能够引起学生的思考，唤起共鸣。形式力求新颖、多样化、有创意。

整个活动过程需要注意环节不能太散，一定要先有大环节，大环节下有小环节，注意逻辑性、概括性。

(四)班级活动的总结

第一，对活动计划的总结。主要包括活动的主题选择的合理性，主题提炼的深度，活动时间的安排，人员的挑选和落实，活动过程中是否对计划进行了调整，如果进行了调整，原因是什么，活动中还有情况是计划中没能预料到的，活动的过程设计是否恰当，活动计划的撰写是否通俗，有没有表述歧义的地方等。

第二，对活动过程的总结。主要是包括过程的进展是否是按计划顺利进行的，如果没有，原因是什么；计划中的每项活动与实际开展是否有差异，如果有，原因又是什么；活动中存在哪些困难，以后该如何针对这些困难进行调整等。

第三，对活动效果的总结。主要包括活动是否达到一定的预期目的，如果没有，原因是什么；学生参与度如何；参与者的反应如何等。

(五)班级活动的延伸

活动延伸指在教育活动后，教师继续设计一些与此相关的辅助活动，使教育内容渗透到一日生活中，使学前儿童受教育的时间能够持续，使教育的目的能够更好地实现。活动延伸的形式可以是家园共育、领域渗透、环境创设、区角活动、游戏等。

三、组织班级活动时的注意事项

第一，组织的活动应有学生的参与。研究表明，活动的开展若只停留在"教师讲，学生听；教师演示，学生看"的基础上，对学生的发展起不到太大的作用，只有他们动手参与了，才能真正理解教育内容，才能使自身得到最优的发展。

第二，理解学生的观点与做法。学前儿童的身心发展水平较低，在参与时必会出现一些差错，学前儿童参与时可能不如成人做得好，我们要予以理解，允许儿童犯错误，给予幼儿锻炼的机会，使其发展得更好。

第三，主题要明确。班级活动首先要求主题明确，思想性强，有时代气息。只有深刻具体，有内涵，才会收到良好的教育效果。

第四，问题应有针对性、导向性。教师的提问不够清晰、偏难或偏易，都会影响学生参与活动的积极性。教师要了解学生的发展水平，提问应尽量引导学生的发散思维，问题的答案多样性可使更多的学生有回答的机会，提高他们参与活动的积极性。

第三节　班级活动的实施

一、班级活动开展的形式

班级活动中，通常举行较多的是：班级的晨（夕）会、主题班会、例会、文体活动、学习活动、科技活动、社会实践活动等。

（一）晨（夕）会

晨（夕）会是指利用课前或放学前 5～10 分钟时间，教师总结或提出要求、安排学习等活动一种管理方式。晨（夕）会是进行学生学习、活动总结快捷、省时的好方式，能够唤起注意，及时教育，有利于班集体团队精神建设，产生良好精神面貌，提高学习效率，养成遵守纪律的良好习惯。

晨会活动一般有以下形式。

第一种，组织学生参加的全校性的晨会活动，如参加学校的升旗仪式、收听学校的广播等。在这一类晨会活动中，班主任的管理任务主要是保证本班参加活动的人数，维持学生在活动过程中的纪律。

第二种，按照学校规定的晨会活动要求班级自行组织的晨会活动。如学校规定开展"学唱健康歌曲"栏目，班主任就要根据学校要求选择健康的歌曲，在班级开展学唱健康歌曲活动。在这类晨会活动中，班主任的管理任务主要是根据栏目要求，组织学生开展活动。

第三种，有计划自主安排的班级晨会活动。在这类晨会活动中，班主任的管理作用更为直接和明显。班主任主要是依据班级教育目标和工作计划，结合班级特点，联系学生实际，安排活动内容，开展活动。

第四种，根据需要临时增加内容的班级晨会活动。临时性的内容无法预先设计，一般总是与形势、班级内的突发事件、学校某些临时的要求相关。

晨会活动时间较短，为了让学生在晨会中获得丰富的营养，就需要班主任选择新鲜活泼的内容，采用简洁灵活的形式，开展以学生为主的妙趣横生的活动，让晨会充满鲜明的色彩和动人心扉的魅力。

拓展阅读 6-1

美国学校晨会如何开

你是否让学生和职工每天都看见你呢？从早上开始便把你的学校形成一个大家庭似的，这也是全国很多学校一早就这样做的——搞一个早晨集会，校长说一个组织得很好的晨会，对于教职员工和学生以及社区都是正面的影响，这并没有把珍贵的教学时间分割得支离破碎。

"我们经常谈论在学校中建立起一个和谐的团体，但年纪小的学生有大孩子总是说不上话"，斯格特抱怨道："他们的午餐时间又有很大的不同，体育课和休息的时间也不同，当我们每天早晨都在体育馆会面时，整个学校的学生都在，每个学生都能看到彼此，所有的教师也可以互相看到，我们便可以搞一个完整的活动。"

斯格特，坦沙斯州的一个小学校长说，他于1999年开始搞晨会。

一开始，这个集会在学校的外面搞，虽然这需要每天都要搬音响，有时风沙还挺大，斯格特和他的伙伴们发现其实好处不少。后来，学校建了一个带空调的学生活动大厅。

晨会取得了很大的成功，斯格特以后每到一个地方都要介绍他的经验。

"每天都要背诵"，斯格特说道：这是一个文化包容，在这个讲坛上，校长会强调对行为习惯的期待，这儿也是我们庆祝所取得成绩的地方，孩子们喜欢晨会，老师和家长也是如此。

对于斯格特来讲，快乐的周五是一个期待，在每个周五，集合后有小组舞蹈，800人在体育馆中，所说的舞蹈其实也就是手动一动，而校长却说其实连家长都参加进来了。

"晨会是我们在公众大厅中不多的几个重要的校园文化活动之一。"斯格特校长说道，"因为它确实很有效，我每天都安排，至少是一星期要安排一次，这在我领导的每个学校都如此"。

肯塔基州的联合小学每次集合约5~6分钟，互尔特校长说道，这样的活动能够引起社区关注，可以唱唱歌，可以庆祝学生的生日、学校的通知、散学典礼。周一，给出一个快速阅读的方法，周二，组织评比"星级学生"，周五则是脑筋急转弯，还有一些特殊的节日，如圣诞。"如果那天有某个班级有什么特殊的事情，我们也会关注。"瓦尔特说道："幼儿园可以搞帽子节（因为 HAT），当他们学到日时，整个学校都参加进来，我们将围绕着体育馆搞一个帽子嘉年华。"

在晨会上，每个孩子在一年中至少被介绍给大家两次，绝大多数的学生有机会表演节目，这给了每个孩子表现自己的机会，也会作为一个个体而受到庆祝，社区也被邀请进来，每天至少有一个家长被邀请，而每年有多达50个特殊的日子。握特萨学校的晨会从不会超过5分钟，校长也提请别的学校的校长要注意晨会的长度，避免占用上课的时间，每天可以有一个教师和两个学生轮流组织通知、趣味题目等安排。开始时我们要求5分钟不要说话，这会给整个一天有很好的正面的影响，师生们可以适当地谈论一下社会上发生的事件。营造一种开放的课堂气氛。

【资料来源】http://www.docin.com/p-200525977.html.

(二)主题班会

主题班会是班级教育活动的主要形式之一，是指以班主任为主导，根据教育、教学要求和班级学生的实际情况围绕某一主题有计划、有目的地开展的一种班会活动。通过主题班会可以帮助学生澄清是非、提高认识，对促进学生的成长和树立人生观都起着重要的作用。

案例 6-3

要爱你的妈妈①

四川省成都市石室中学　李镇西

时间：1998 年 4 月 14 日

班级：初中 2000 级 3 班

师：今天我们开一次班会，这次班会同时也是一次作文评讲课。谁的作文呢？就是你爸爸妈妈写的"作文"。这学期开学的第一次家长会上，李老师给每一位家长都布置了一道作文题：《我为我的孩子而……》，"而"什么呢？或者"自豪"，或者"欣慰"，或者"遗憾"，或者"伤心"，或者"一把鼻涕一把泪"……（众笑）最近，家长们都把自己写的文章交给了我。因此，今天这个班会课，同时也就是评讲你们爸爸妈妈"作文"的语文课。（学生惊诧，小声议论）

师：我把今天这个班会的题目取名为"要爱你的妈妈"。班会的题目是来自一所学校的校训。这所学校是苏联一所闻名全球的农村中学，叫巴甫雷什中学。校长就是我经常给同学们提到过的杰出的教育家苏霍姆林斯基。正是他给学校制定了这个校训："要爱你的妈妈"。校训贴出来以后，有人就提出疑问："为什么不说爱祖国爱人民呢？"苏霍姆林斯基的回答是："只有爱妈妈，才能爱祖国！"听到这里，可能会有同学还有疑问："爱妈妈？那还有爸爸呢？"同学们，这里的"爱妈妈"，实际上包括了爱爸爸。那么包不包括爱爷爷奶奶呀？

学生：包括！

师：对了。这在修辞上叫什么？

学生：借代。

师：对，借代。就像我们说"吃饭"，实际上还包括了"吃菜"。所以，今天我们的班会虽然题目叫"要爱你的妈妈"，实际上包括了要爱你家里所有长辈的意思。——咱们先来搞一个现场调查：请知道自己爸爸妈妈生日的同学举手。（不少学生举起了手。）

师：好，很多同学都把手举起来了。我现在来抽一位同学，请他把自己父母的生日准确地说出来。抽谁呢？咦！刚才张涛同学没有举手，大概

---

① 丁如许：《魅力班会课》，上海：华东师范大学出版社，2012 年，17～33 页。

是看到同学们都举了手，他只好也把手举起来了。那我就抽张涛同学吧！（众笑）张涛你说，你爸爸妈妈的生日是哪一天？

（张涛站起来，不好意思地摇摇头。同学们大笑。）

师：哦，不知道。那刚才你举手是怕老师批评你，是吧。其实，不知道就不知道嘛。你今天回去问问爸爸妈妈的生日，好吗？请坐。我再抽一位同学。解斌，请你准确说出你爸爸妈妈的生日。

解斌：我爸爸的生日是 1952 年 6 月 4 日，我妈妈的生日是 1957 年 4 月 15 日。

师：非常好！（众鼓掌）那么，现在我要问第二个问题了。上个月，我们全班同学和李老师一起徒步到太平寺机场郊游。那次的辛苦，用有的同学的话来说，就是："李老师，你就只差没把我们杀死了！"总之，是非常累非常疲倦。同学们回家后洗澡没有？

学生：当然洗了的。

师：洗衣服没有啊？

学生：洗了。

师：谁洗的？是自己洗的吗？（学生沉默。）请问：那天哪些同学是自己洗衣服的？请这些同学举手。（有几个学生举起了手。）

师：哦，有同学举手了。我数一数：1，2，3，4，一共四个，其中还有一位是男同学。这四位同学非常值得其他同学学习！让我们鼓掌向他们表示敬意！（众鼓掌）可能有同学会说："哎呀，平时换下来的衣服都是我洗的，那天是因为我实在太累了！"是不是这样的？哪些同学平时都是自己洗衣服的？请举手。哦，这次举手的同学比刚才多一些了。好，请把手放下。问题是，平时你们爸爸妈妈下班回来以后，也很累呀，你们想过给爸爸妈妈洗衣服没有呢？所以，爱自己的父母，就应该从这些小事做起。父母哺育我们不容易呀！从你们出生起，就不知操了多少心啊！（学生长时间的沉默。）

师：说到这里，我要问第三个问题了。同学们的名字，可能都寄予了你们爸爸妈妈对你们的期望。那么，有没有哪个同学的名字，是和自己出生有关的？好，邹冰举手了。你说吧？你的名字和出生有什么关系？

邹冰：我出生那天，正下大雪，天很冷，所以爸爸就给我取名……

师：别忙，我问一下，那天结冰了吗？

邹冰：（点头）结冰了。

师：哦，所以你就叫邹冰！（众大笑）你爸爸给你取这个名字，大概是希望你记住妈妈生你时的艰难，对吧？所以，你现在可不能对你的爸爸妈妈"冷冰冰"的啊！好，请坐。——还有没有同学的名字和出生有关？好，黄芪举手了。哎，对了！黄芪的名字很特别。我先给各位听课的老师介绍一下，这位同学名叫"黄芪"（板书，众大笑）。为什么会叫"黄芪"呢？好，请你给大家解释一下。

黄芪：因为我出生的日期是 7 号，出生时体重是 7 斤，而且，在我出生的时候，我妈妈由于失血过多，昏迷了，医生就要她多食用一些黄芪之类的补药，补补身体，所以妈妈就给我取名叫"黄芪"。（众大笑，鼓掌）

师：哦，原来是这样！嗯，他这个名字的确有意思：出生是 7 日，体重是 7 斤，更关键的是母亲在生他的时候，身体因失血过多而极度虚弱，靠着黄芪等补药才得以恢复。不过，我现在突然产生了联想：可能你妈妈给你取名的时候，可能还希望你今后成为对国家有用的人才，成为我们振兴祖国的……"补药"！（众大笑）

师：我认为，爱自己的爸爸妈妈，不仅仅是咱们中华民族的传统美德，而且还是人类共有的一种崇高美德。在世界上许多国家，都有不少这方面的感人故事。下面，我们先请向启同学给大家讲一个这方面的故事。大家欢迎。（众鼓掌）

向启：老师们，同学们，这是一个感人的故事。

在美国德克萨斯州有一个农场。1980 年的一天，农场主突然把他 10 岁的儿子洛迪叫到身边，对他说："孩子，我又要出远门了。这样，现在你便是家里唯一的男子汉了。你一定要照顾好你的妈妈！"洛迪庄严地回答说："您放心吧，爸爸！"父亲走了不久，母子俩便遇到了一场罕见的暴风雨。洪水卷走了他们，把他们冲得很远很远。在与洪水的搏斗中，母亲受了伤，她的左臂骨折了。小男孩也已经精疲力竭。可是，每当洛迪想起父亲临走前嘱咐自己的那句话时，他就对自己说："我是一个男子汉！我一定要照顾好我的妈妈！"于是，他拉着母亲的手，勇敢地同恶浪搏斗。终于，三个小时过去了，他们到达了浅水，洛迪再次想起了父亲嘱咐他的话。他把母亲放进一间小屋，母亲躺在地上，很快睡着了，可他无法入睡，也不能入睡，他告诫自己："一定要照顾好妈妈。我要保护好我的妈妈！"过了很久，母亲醒了，洛迪搀扶着母亲上了公路。警察发现了他们，用救护车把洛迪的母亲送进了医院。洛迪看到母亲被送进了手术室后，才放心地松了一口气，然后回到家中，倒在床上沉沉地睡了。后来，人们在他的枕头前发现了一张纸条，这是洛迪临睡前写的，上面是一行大字：

"我是一个男子汉!"(众长时间地鼓掌)

师:讲得很好。这个故事,是在准备这次班会的时候,我给向启同学提供的。刚才向启在充满感情地讲这个故事的时候,我情不自禁地在下面想:向启在他妈妈心目中,也是一个男子汉!这次,在我收到的家长作文里面,向启妈妈写的题目就是:《我为我的向启而自豪!》他的妈妈在文中这样写道:"我为我的儿子向启而感到自豪。……他富有同情心,善良,正直,有礼貌,孝敬父母及老人。当我们有病时或者有困难需要他的帮助时,他会尽力做得很好,让我们从心里感到欣慰!"所以我想,虽然向启和他的妈妈没有遭遇过暴风雨,但是如果遇到这种情况,向启一定也会是一个坚强勇敢而富有爱心的男子汉!让我们向他表示敬意!(众鼓掌)

师:刚才向启讲的这个故事,其实是一个突发事件。可能会有同学在听的时候,会这样想:要是让我和我的妈妈也遭遇一次暴风雨该多好啊!平时妈妈总说我不爱她;如果到那时,哼,看我的!(众大笑)其实,爱爸爸爱妈妈,在平时就可以表现出来。上学期,我给同学推荐了意大利作家亚米契斯的《爱的教育》。不知同学们还记不记得其中的一个情节:有一次,主人公恩里科对他的母亲说了非常不礼貌的话,他父亲非常生气,便对他进行了一次语重心长的谈话。书中有一则恩里科的日记,记载的就是这次父亲的话。下面,请李翱同学为大家朗读这则日记。大家欢迎!(众鼓掌)

李翱(朗读):"恩里科,你竟然会对你的妈妈如此不尊重!你那些无礼的话,像针尖一样刺痛了我的心。我想起了几年前你生病的时候,妈妈担心你的病不会好,通宵坐在你的床前,数你的脉搏,算你的呼吸,整日整夜担心得一直在哭!她宁愿用自己一年的欢乐去免除你一时的痛苦,会为了你去屈膝乞讨,会用自己的生命去换回你的生命!听我说,恩里科,在你这一生中注定要经历一些痛苦,而在这其中,最痛苦的一件事就是失去妈妈。恩里科,在你成人以后,尝遍了世间的冷暖辛酸,必有时候你会在心里千万次地呼唤她,渴望能够再次聆听她的声音,哪怕只有一分钟,你会渴望再次投入她的怀抱哭泣。那时,你想起你曾带给她的痛苦,心里不知有多么懊悔。可怜的人儿啊!如果你现在令妈妈痛苦,将来你即使悔恨,请求她宽恕你,永远敬爱她——可这一切全都是徒劳,良心会让你不安,那张温和、甜蜜的笑脸在你心中会永远带上悲伤和责备的神情,让你的灵魂日夜受到煎熬。啊,恩里科,母子之爱是人类情感里最神圣的亲情,不要去践踏它。即使是一个杀人凶手,只要他尊重敬爱自己的母亲,那么，这个人还算是有救的；而一个人再出名，如果他是一个使母亲痛苦哭泣的人，那就是一无可取的人渣！所以，对于亲生的妈妈，今后不该再说无礼的话了，万一不小心说错了话，你也应该从自己的心里深深悔悟，主动到你妈妈面前，请求原谅。我爱你，儿子，你是我生命里最可宝贵的希望。但是，我宁愿没有你，也不愿你对自己的妈妈不敬不孝！"（众鼓掌）

师：李翱同学朗读得很有感情，可能是因为她对自己的父母很有感情吧！我这里收到的李翱妈妈的文章中，有这样一段："记得李翱读小学三年级的那年春天，我生病了，病情较重，呕吐、头昏，不能起床。中午，她放学回家，我躺在床上正担心她吃什么呢！她却立刻放下书包，拿起扫帚把床前我吐的脏物打扫干净。接着又打水给我洗脸、拿药……跑前跑后，手忙脚乱地做着。当她把一碗泡好的方便面放在我的床头柜时，我看到她脸上的倦意，她坐在我身边问道：'妈妈，以往我生病，你照顾我时累不累？'我没有直接回答，反问她说：'你今天觉得如何呢？'她说累但是心里也很愉快。从这件小事中，我感到欣慰，因女儿懂得关心父母，她从照顾我们的劳动中，理解了平时爸爸妈妈对她的爱！"这就是母亲眼中的李翱！（众鼓掌）

师：就在今天早晨，成都电视台的《早间新闻》播出了这样一则新闻：一个儿子因为长期不但不孝敬父母反而虐待父母，所以被忍无可忍的母亲杀死了！刚才李翱朗读的那段话中，有这样一句："即使是一个杀人凶手，只要他尊重敬爱自己的母亲，那么，这个人还算是有救的；而一个人再出名，如果他是一个使母亲痛苦哭泣的人，那就是一无可取的人渣！"那么反过来我想：一个母亲居然不得不杀死自己的亲生儿子，可见这做儿子已经丧尽天良到了何等程度！（长时间的沉默）

师：刚才向启和李翱给我们讲述的关于父母之爱的故事，都是外国的。其实，在我们中国这样的动人故事也多得很，"孔融让梨"这样的故事不用说了，咱们身边就有许多关于孝敬父母的感人事迹，只是还没有进入世界名著而已。（众笑）下面，让我们一起来听听一位母亲的述说，这是一位母亲在朗读她写的文章。（放录音）

我为我的孩子感到欣慰

儿子进入初中已经快一年了。他已经经历了人生的十三个春秋。在这十三年中，我们有过烦恼，有过焦虑，但更多的是欣慰。

儿子办事非常认真，善于思考。在学习上有一股"牛劲"。从小养成了勤俭节约的好习惯，不讲究吃，不讲究穿，生活上不与他人攀比。从不乱花钱，就是在炎热的夏天也很难买上一支便宜的冰糕。学习之有的空余时间他尽力帮家中做一些家务，特别是在假期，除洗自己的衣物外，有时还要帮爷爷、婆婆、父母洗一些小东西。帮爷爷婆婆摘菜、洗菜和买些东西。家中有什么好吃的，他都要带给爷爷、婆婆吃。在一起吃饭时，他总要把好吃的菜先夹给爷爷婆婆，宁可自己不吃；吃水果时，总是把大的给长辈，自己拣小的吃；家中有人生病不舒服时，他总是跑上跑下，问寒问暖，为你端水拿药，叫你测体温，叫你休息。

像这类的小事实在太多。最让人难忘的，则是 1996 年 7 月 28 日的那一天。那天我们一家三人去看望孩子的爷爷、婆婆。晚上 7 点多钟，婆婆突然发病，神志不清，话也说不出来了。看着这突发的情况，我和孩子的父亲急忙把老人送进了医院。医生诊断为：脑血管多发性梗死。经过医生的抢救，老人的病有所稳定。孩子的父亲留在医院。当我回到家中已是深夜 11 点。一进门，孩子就迫不及待问我："妈妈，婆婆现在怎么样？得的是什么病？现在还说不出话吗？有没有危险？……"看着儿子湿润的眼睛和那焦急的样子，我告诉他，婆婆现在的病情有所好转了，让他放心。可他却一声不吭地找出医书认真地翻了起来。看到那情景，我当时真感到孩子懂事了。婆婆刚住院没几天，我又病倒了，起不了床，周身无力，又发高烧。孩子的心情变得更加焦急不安，但在不安中也显得更加懂事。他给我端水拿药，每天晚上都要起来五六次，把水递给我喝，并说："医生说的，要你多喝水。"还问我需不需要什么，还摸着我的额头问："妈妈，您感觉好些了吗？"望着孩子，我的眼睛湿润了。

家中的经济条件并不宽裕，可孩子只要从报纸杂志上知道什么对婆婆的脑梗死有益，就不停顿叫我们给婆婆买。平时买点好吃的让他吃，他则对我说："妈妈，您先吃，我才吃。"我说："你正在长身体，吃好了才能更好地学习。"可是他却像个大人一样地说："妈妈，您的身体本来就不好，不吃怎么行？"望着懂事孝顺的孩子，我常常不知说什么好。

这些虽然都是一些微不足道的平凡小事，可它们却体现出我们国家的传统美德。我为有这样一个儿子而感到欣慰！（录音完）

师：听了刚才这位母亲的录音，同学们都很感动。同学们一定想知道这位同学是谁，那我们先来猜一猜吧，有没有哪个同学知道这位懂事孝顺的同学是谁呢？（一女生举手）好，周晓竺同学举手了。你说吧，这位同学是谁？

周晓竺：是叶诚同学。

师：你怎么知道是叶诚同学呢？

周晓竺：因为我在小学和他也是同班同学，对他很了解。叶诚在小学就是很懂事、很孝顺的同学。

师：对，的确是叶诚同学！（众鼓掌）现在我想临时采访一下叶诚同学。（师走到叶诚身边）叶诚同学，刚才你妈妈把你说得那么好，我想问一问：有没有这样的时候，就是你妈妈冤枉了你，错批评了你，而你就忍不住和妈妈顶起嘴来呢？

叶诚：（略加思考）还是有这种情况。我记得有一天中午，婆婆在给爷爷配吃面的佐料，我想到爷爷的病还没有好，还在咳嗽，就对婆婆说，要她少给爷爷的碗里放些辣椒，婆婆说她知道了；但我不放心，就站在婆婆身旁看她配佐料。这时妈妈就批评我，说你怎么不相信婆婆呢？我当时很委屈，觉得我是关心爷爷，而妈妈却误解了我。于是，我就情绪激动地给妈妈解释，妈妈越听越生气，就更加严厉地批评我，而我又极力想解释清楚，这样我就和她顶撞起来了。

师：这件事最后是怎么解决的？

叶诚：当时，我看着妈妈非常生气的样子，知道继续解释只会让她更生气，便不在说什么了。到了晚上，我看妈妈的情绪平静了许多，便主动找妈妈谈心，我耐心地说明了中午的情况，同时，向妈妈承认了自己当时不该那么激动。这时，妈妈也对我说，她当时也不应该那么激动，希望我原谅她。我听了妈妈的话，心里很感动，也更加理解妈妈了。（众鼓掌）

师：叶诚滔滔不绝地说了这么多，我和同学们很自然会想到他刚进初中时，有一次在课堂上，我请他朗读课文，当时，他站起来非常紧张，一个字都读不出来。每次只要我课堂抽他起来发言，他的表现都是"千言万语不知从何说起"。（众笑）可是半年过去了，现在叶诚的口头表达能力真是大大提高了。这是在学习上不畏困难战胜自己的结果。正如他在一篇题为《成长的烦恼》中所说："人生的烦恼不是真正的烦恼，人生没有烦恼才是真正的最大烦恼；人生如果没有烦恼，剩下的就只有卑微的幸福。"叶诚对困难坚韧不拔，而对母亲却是一腔柔情。只是那一次，你的柔情她一点不懂。（众笑）我们今天有幸将叶诚的母亲也请到了我们的班会上，让我们向叶妈妈表示欢迎和敬意！（众鼓掌）

师：现在，我也准备现场采访一下叶妈妈。（师走到叶诚母亲身边）叶妈妈，你好！今天在场听课的人里面有很多都是做爸爸做妈妈的，我从他们现在的面部表情上看出，他们都很羡慕你有这么一个懂事的儿子，也很敬佩你培养了这么一个好儿子，那么，我想代现场所有的父母向你请教一个问题，你能不能用简洁的语言概括一下你对儿子进行孝心教育的秘诀？

叶妈妈：我用四个字来回答您的问题，"言传身教"。（众鼓掌）

师：很好！谢谢。"言传身教"，的确，高尚的人格是无声的教育。据我所知，叶妈妈本来有自己的房子，但为了照顾老人，她和孩子至今仍然和老人们住在一起。这，就是无声而最有效的孝心教育！（众长时间地鼓掌）

师：实际上，在咱们班，孝敬父母的同学决不仅仅是叶诚一个人。在我收到的文章中，许多家长都是饱含真情地述说着自己孩子的懂事和孝顺。下面，我随便念几则。周晓竺的妈妈这样写道："今天回家，女儿送给我一件小礼物——一张她亲手做的生日贺卡。这时我才想起，今天是我的生日。我当时非常感动。女儿能够想着你，懂得尊重长辈，这就让我感动，让我感到欣慰，同时也感到了一种愧疚，我们因为工作忙，有时竟忘了自己父母的生日，看来在有些方面我们也需要向孩子学习啊！"王倩芸同学的妈妈写道："在王倩芸9岁的那一年暑假，她父亲因腰部受伤躺在床上不能动，是她在家里照顾父亲，中午替父亲在食堂买饭，给父亲拿药拿开水。有一天，她父亲单位组织孩子们去'世界乐园'游玩。这对孩子来说是很有吸引力的，王倩芸非常想去。但是她一想到如果自己走了，中午就没有人给父亲买饭了，没人照顾父亲，于是她就打消了去的念头。这时有小朋友在楼下叫她上车。她回答说：'我不去，我爸爸病了，我要照顾我爸爸。'她的回答让我和她父亲非常感动。她年龄那么小，就已经知道关心别人了。我们感到十分欣慰。她站在阳台上看着小朋友们一个一个地上车，眼中充满了羡慕。她父亲看到这种情形，就劝她：'你去吧，我没关系。'我也劝她：'你去吧！妈妈中午赶回来照顾爸爸。'（因为我上班地点离家很远，平时中午是不回家的。）在我们的反复劝说下，她最后终于才登上了去'世界乐园'的车。临出门前，她还问了一句：'真的不需要我吗？'"师：同学们看，王倩芸同学对爸爸妈妈就是如此富有爱心！我相信，当时她虽然去了"世界乐园"，但她的一颗心一定仍然牵挂着病床上的爸爸。（众鼓掌）

师：其实，有时候对父母的爱，并不一定要在父母生日或生病的时候才能表达，一些小事也能表达出儿女对父母的爱。比如，彭莹同学的妈妈这样写道："一次，我因工作太忙，中午没有按时回家煮饭。午后一点半到家时，孩子已经上学，桌上留着一张纸条，上面写道：'妈妈，饭在锅里。我上学去了。彭莹。'看完纸条后我立即到厨房打开锅盖一看，里面是

一碗热腾腾的蛋炒饭。顿时，我的眼泪夺眶而出，感到我是世界上最幸福的母亲！"（众鼓掌）

师：甚至有时一句看似微不足道的话，也能让父母感到来自儿女的温馨。郭晓君同学的妈妈这样写道："一次，我到学校去看望女儿，当时，学校正在修建教学大楼。我和孩子走在工地旁的操场上，突然，她对我说：'妈妈，注意前面有坑。小心点！'并过来扶我过了这个坑。当时，我心里一热，很激动，我觉得我的孩子懂事了，知道关心别人了。"可能郭晓君同学已经不记得这件事了，可是当时你一句关心的话，却给妈妈留下了永远的温馨。（众沉默）胡昕同学的父亲这样写道："记得今年元旦前夕，家里买了很多东西，需要从一楼搬到五楼，由于当时大人有其他事情临时出去了，他一人往返跑了七八次，累得满头大汗，但他毫无怨言，硬是把所有东西全部搬进了屋里。"我想，当时胡昕在一趟一趟地扛着东西登楼时，他心里一定想的是："因为我是男子汉！"让我们向这位小小男子汉表示敬意！（众长时间热烈鼓掌）

师：我们还有许多同学在家里为父母分担家务。向楠同学的家长这样写道："向楠在家孝敬父母，开饭前，先给爸爸妈妈放好餐具，并等长辈到齐，最后自己才入座。星期六、星期天，她总是帮助我们做家务，上街买菜等。现在学会了用高压锅做饭，还能做简单的菜汤、炒土豆丝、蒜薹肉丝等。她自己的衣服总是她自己洗。"会做家务的还不只是向楠，据李文力的家长说，李文力喜欢帮厨。他的拿手好饭是——蛋炒饭！（众笑）其秘诀是什么呢？多放味精、多放油！（众大笑）

师：王墨兰同学的家长写道："有时我看见衣服没洗干净，我就知道是王墨兰洗的。我不但不生气，反而还穿在身上到处炫耀：我女儿帮我洗衣服了！"（众笑）还有我们的卢星月同学，他家境贫寒，可他的母亲却为有他这样的儿子而感到骄傲："记得是他在上小学三年级的时候，学校改建，中午他只好在外面餐馆就餐。有一天，他不小心将脚踩进了街边的积水中，鞋、袜连同裤脚全被水湿透，当时正值冬天，他并未哭鼻子，而是脱下鞋袜，挽起裤脚，找破布条把脚包起来，坚持上课，课间同学出去玩耍，他只能坐在座位上等着上下一节课。当我外出办事顺路到学校接他时，看见他脚上包着薄薄的布条，一只手提着鞋子，一只手高举着因上课认真听讲所获得的老师奖励的红五角星向我跑来，我赶紧打开布条，看见他冻僵的小脚时，心里真是一阵酸楚！现在，他读初中了，我每天给他两元钱的午餐钱，可他总爱挑比较便宜的吃，余下的钱哪怕是一角钱两角钱都如实地退还给我，至今仍保持着这种习惯，在家里也从不提过高的吃穿要求……"同学们知道，卢星月同学一贯学习刻苦，正是因为他有这种坚韧不拔的吃苦精神，所以，上学期他取得了期末考试第一名的好成绩！（鼓掌）汪圆同学的生活也很俭朴，她的爷爷这样写道："圆圆在生活上不奢侈，不浪费，不攀比，给她买衣物，她总是说还有，不用买。一定要买，她往往又说太贵，或者借口不好看不买。所以她现在穿的和用的绝大多数都是在她不知道的情况下给她买的。但她用压岁钱献爱心、交学费却从来都是毫不犹豫。"李之同学也是这样。她母亲写道："在衣着上，女儿从来都是捡两个表姐的旧衣服穿。一件7岁时去北京买的汗衫至今还不离身。现在又穿她妈妈的衣服。对此她从无怨言。"（鼓掌）

师：当然，作为家长，对儿女最大的希望还是把学习搞好。林媛的父母写了这样一件事："上次她为班上办板报，回到家里已经很晚了，她吃完饭便抓紧时间做作业，作业做完已经是10点多钟了。但她还得办手抄小报《石室晨报》，怎么办？这时我们家长叫她别办了，给李老师说明情况，缓一缓时间。但林媛坚决不肯，说就是不睡觉也得完成。果然，我们都睡了，她还一直在自己的房间里不停地忙着。她的父亲已睡了一觉后，起来看到她还没睡，当时已经是凌晨一点多了，便强令她睡，说李老师一定会原谅你的。林媛坚决不肯，还很伤心地哭了。但在我们严厉的强迫下，她才很不情愿地去睡了。可第二天早晨不到六点她又起床了接着办报。为了学习，那天晚上她只睡了四个多小时！我们家长被林媛这种精神所深深感动，我们有这样的好女儿，在学习上基本不让大人操心，很自觉，这怎能不让我们感到欣慰和自豪呢？"（长时间鼓掌）

师：如果我们每一个同学的家长都有这种"欣慰和自豪"，那该多好啊！遗憾的是，有一部分家长正为自己的孩子而忧虑呢！这里，我不点名地念几位家长的文章。有一位家长写道："我们的孩子在家里生活极为懒散，也不尊重别人。衣着不整洁，每天上学连衣服都没穿整齐过，随随便便的。他早晨刷牙洗脸更为马虎，一两秒钟就完成。下午回家换上拖鞋后，脱下的球鞋满屋飞，脱了的衣服也是满屋飞……"还有一位家长这样写道："他自己日常生活能力比较差，虽然按老师的要求有时洗碗、铺床、拖地、擦灰等，但始终不会自觉去做，需要经常提醒。自己的学习用品，或玩的东西，或书，用完后，就摆得到处都是。虽然，我每天都在说他，可就是积习难改，始终不见长进。这也是最令我头疼的事！他总是说我爱唠叨，但是只要他一天不改正，我就准备一直唠叨下去，直到见效为止！"

（众笑）某同学的家长这样写道："我的孩子从不知道什么叫节俭。突出表现在不爱惜文具上，撕本子、乱画本子成了他的爱好。自进初中到现在，一年不到，我先后给孩子买的软、硬抄笔记本和他得奖的笔记本近三十本，有的是记了几页，撕了几页，打草稿几页，弄得面目全非；有的被撕得片甲不留，只剩下硬壳。看到好好的笔记本变得七零八落，我心痛极了，但他却在我的吼骂声中无动于衷……"（长时间的沉默）

师：下面，我们听听一位父亲的录音（放录音磁带）

我为我的儿子感到担忧

我的孩子小时候是一个很听话的孩子，从小和爷爷奶奶在一起生活，周围的大人都喜欢他的机敏和懂规矩。在幼儿园和小学期间，老师都比较喜欢他。当他拿回"小红花""小喜报"以及各种奖状的时候，我们是由衷的高兴！但记得大约是从小学三、四年级开始，他变得不太礼貌，不论是对长辈或是同学，有时甚至还有一些让大人伤心的言辞和表现。近一年来，则更是表现出一种与家人的淡漠，一种莫名的疏远，一种……爷爷奶奶都是八十多岁的人了，一个星期就想见他一见，一天里没有任何奢求，只想在电话里听听他的声音，可是他一接起电话，像背台词似的"奶奶，回来了，好了，再见！"为此，奶奶多次流下伤心的泪水。晚上，我临睡前总要看看他的被子是否盖好，帮他塞一塞，有时见他没睡着，顺便问他句什么，他便十分不耐烦："你还要不要我睡觉嘛？烦人得很！"他妈妈对他特别呵护，可是你听："老妈，帮我剥广柑！""老妈，帮我倒开水！""老妈，帮我……"有时甚至叫妈妈是"农大妈！""农民！"

这时候，我总是想起在小时候听过的那个故事：一个死刑犯临砍头时，要求再吃他妈妈一口奶，他妈妈答应了他。他一口咬下妈妈的乳头，问他妈妈："你为什么从小纵容我？"可我们从来没有纵容过他呀！

李老师希望我们讲真话，扪心讲，我今天讲的都是我的心里话。虽然今天我们对孩子的不足说得多一些，但我们对他仍然充满了希望！因为我们相信他血管里流动的是鲜红的血液，生活在一个虽不十分富裕但却比较值得珍惜、珍视的家庭环境，更重要的是在他人生观开始形成、行为习惯开始养成的关键时刻，遇到了很好的老师！

我们希望他把主要精力用到学习和品行修炼上，用到意志的锻炼和良好行为习惯的养成上。要以成为一个对社会尽责任、对自己负责任、对爱护自己关心自己帮助自己的人负责任，以做一个对社会有用的人为目标；踏踏实实，从每一点小事开始做起，从每一次战胜自己，战胜诱惑中不断进步；坚决地与一切害你一辈子、后悔一辈子的坏习惯、坏朋友决裂！

　　孩子啊，孩子！向前向上走，每一步都是累，但这是在进步！向后退、向下滑，每一步都很轻松很舒服，但这是堕落，其代价是高尚心灵的丧失和美好人生的毁灭！是任何后悔和再下决心都无济于事的。我和你妈妈坚信，你一定不会让我们失望的！

　　我们期待着你的进步，充满信心地期待着……

　　同学们听了这位父亲的话，想必心灵都会受到震动；而且我相信，这个暂时让父母感到担忧的儿子此刻也会在心里暗暗发誓，从今以后一定要做一个让爸爸妈妈欣慰的好儿子！（长时间的沉默）

　　师：这里，我再念一篇母亲的文章——

我为我的儿子感到伤心

　　十几年前的一个七月，我怀孕了。当时我的战友们问我："喜欢儿子还是女儿？"我十分自信地说："喜欢儿子。"她们问我："为什么？"我说："儿子有出息，成龙的概率大。"可有人说："如果您的儿子成不了龙，而成了虫怎么办？"我生气了："你怎么就想他成虫呢？"

　　由于种种原因，孩子不足月就降临了，是个男孩，我非常高兴。哪知第二天孩子因为体温调节中枢发育不良导致全身皮肤发硬，同时吸吮功能也消失了，生命垂危，在医院里抢救了半个月。

　　那期间，医生对我说："这孩子质量太差，不行就算了，将来重新再生一个高质量的。"听了这话，我哭了："不，我一定要把这个孩子养大，让他有出息！"终于，半个月后孩子他活了，我给他取名"锐"，意在不仅今天能战胜死亡，将来还要排除万难成为生活的强者。

　　然而，十几年过去了。一切都不是我当初所希望的。现在我为我的儿子感到伤心！尽管学校里有那么多的好同学做他的榜样，还有老师、家长的教育，可这一切都好像与他无关。在学校他衣着、举止不像个学生，口中常吐脏话，学习成绩让我羞于启齿；在家中是"常有理"，听不进大人的话，你说一句，他顶三句，顶得我们不得不揍他。他也为此不知受了多少皮肉之苦……这么多年来，我不知为他流过多少泪！为此，我也经常想起当初战友们的话。我羞愧，我伤心，我不止一次地想放弃他，但作为母亲，责任又不允许我这样做，我必须一如既往地帮助他，爱他。唉，但愿我的儿子有一天能理解做妈妈的一片苦心！……

（全场沉默）

师：我不知道在座的某一个同学此刻有没有勇气承认，自己就是这位可怜又可敬的母亲的儿子。（长时间的沉默，郭锐同学慢慢举起了手，并泪流满面地站了起来。）

师：好，我们为郭锐同学的勇敢鼓掌！（全场长时间地鼓掌）

师：我从来没见过郭锐流泪，相反我多次亲眼看见他不接受母亲的帮助教育，可是现在我们都看见了郭锐饱含真情的泪水。这泪水已经说明了此刻他心中所想的一切！让我们再一次为郭锐的泪水、为他的进步而鼓掌！（长时间地鼓掌）

师：咱们班还有一位同学原来也常常使母亲生气，但最近她在家里有了极为明显的进步。她的家长是这样写的："记得刚上初中的一个星期六，孩子睡懒觉一直到九点才起床，然后拖拖拉拉把作业做完，其余的时间包括星期天就一直贪玩，当时，我和她爸爸非常生气地批评她，可她居然和我们顶嘴：'你们管我那么多干啥？你们烦不烦呀？'当时，我心里真是如同五味瓶打翻了似的，十分难受。心想：她怎么会说出这样的话？想想自她上学以来，为了能给她创造最好的学习环境，我们什么苦和累都忍受了！想着想着，眼泪忍不住就流出来了。她爸看见我气成这样，就把她叫了出去教育了很久。到了晚上十点钟，她主动来到我跟前跪下，流着忏悔的眼泪承认错误，表示一定要以实际行动来改正错误。我原谅了女儿。从此以后，她真的改正了过去的不良习惯，学习上非常认真自觉刻苦，而且在家务劳动方面她也很自觉，比如自己做早餐，晚饭后主动洗碗，自己的衣服自己洗，等等。特别让我们感动的是在前几天，她放学回来后，马上给我们讲了当天李老师含着眼泪给全班同学读安金鹏事迹的事，她在向我们转述安金鹏的故事时，也流下了热泪。她对我说：'妈妈，从现在起，我向您和爸爸保证，决不乱花一分钱，把所有的零用钱节约并存起来，支援像安金鹏那样的贫困生！'听了孩子的肺腑之言，我和她爸爸非常感动。孩子也真说到做到，她开始一点一点地把零用钱自己存起来了，再也不轻易花一分。有这样的孩子，我们当家长的能不欣慰吗？"（鼓掌）

师：同学们，这位懂事的同学是谁呢？她就是骆娜同学！（长时间鼓掌）

师：说到安金鹏，同学们可能还记得，安金鹏同学生活在一个十分贫寒的家庭，但他为自己有一个虽然贫穷但非常坚强而又高尚的母亲而自豪，他认为，对母亲最好的报答，就是用自己勤奋的学习为国争光！后来他获得了国际奥林匹克数学竞赛金牌后，首先想到的就是把金牌挂在妈妈的脖子上。（众沉默）昨天刚刚去世的著名表演艺术家新凤霞，曾以自己卓越的艺术成就为祖国赢得了荣誉。她曾写过一篇文章，题目是《父母留给我的遗产》，第一条便是："见到长辈要问好，出门要告诉家人，回来也要打招呼：爸、妈，我回来了！"还有我们的邓小平同志，他不但是一位伟大的改革家，而且也是一个十分富有孝心的儿子。在"文化大革命"中，邓小平同志曾被流放江西。在那些蒙难的日子里，小平同志却始终守候陪伴着一位比他更年长的老人，那就是小平同志的母亲，而且是他的继母。正因为小平同志对自己的母亲有着深深的爱，他把这种赤诚的情感扩大升华为对我们民族的爱，真诚地爱自己的祖国，他说："我是中国人民的儿子，我深情地爱着我的祖国和人民！"——由此看来，爱母亲与爱祖国是统一的：爱母亲是爱祖国的基础，而爱祖国是爱母亲的升华！（长时间的沉默）

师：现在，请同学们思考一个问题：今天回家以后，我应该为爸爸妈妈做些什么？在今天的班会就要结束的时候，我给大家布置一道作文题：《写给爸爸妈妈的一封信》，谈谈你们听了或者读了爸爸妈妈的文章后的感想。注意，一定要是真情实感。但愿我们的同学能够从现在做起，从小处做起，从小事做起，爱自己的妈妈！好，今天的班会到此结束。（长时间鼓掌）

主题班会有别于常规班会，它具有教育的功能，背后所要支撑的、它最终所要形成的是一种良好的班级文化。这种良好的班级文化，才是真正影响课堂上每一位学生的最重要的影响源。它要求内容集中，形式新颖并富于变化，召开班会时尽量使全班学生都能够进入角色，力求使会议形成鲜明突出的效果并能在会后延伸下去，达到提高学生自我认识能力和自我教育能力、加强班集体建设的作用。

1. 教师确定主题班会的方法

第一，根据学校计划、管理要求确定班会主题。

第二，根据学生的学习生活、思想动态确定班会主题。

第三，根据节令、纪念日确定班会主题。

第四，根据学生中的突发事件确定主题班会。

第五，根据时事热点确定主题班会。

拓展阅读 6-2

二十种类型的班会

1. 好消息会：谁有好消息让大家分享？

2. 圆桌征求：绕圈依次施行，每个人既可以完成下面的"句子引子"，也可以选择跳过。每个人轮一次之后，教师可以用这些学生个人的回答作为相互讨论的起跳板。一些样板"句子引子"是：

关于这个班我喜欢的事情……

我想可以让我们班更好的办法……

我想我们应该做出的一个决定……

我在想为什么……

让我苦恼的事情……

我希望……

3. 感激时间：你想对谁表示感激？

4. 赞扬时间：选出一或两名孩子，每次一句，教师让同学们说出他们对这个孩子喜欢或钦佩的地方。

5. 定目标会：讨论一个上午、一天、一个星期、一个学期、一学年的目标。

6. 定规章会：我们班需要什么纪律？去体育馆需要什么样的纪律？外出实地考察、旅行需要什么样的纪律？

7. 规章评价会：让学生们写出然后讨论下列问题：学校规章是什么？我们为什么要它们？它们是好规章吗？如果你可以改动一条，将是哪一条？……我们教室的规章有需要改动以便更好发挥作用的吗？

8. 阶段安排会：例如，在小组活动之前，讨论"在你的小组里为了让事情顺利发展你能做些什么？"

9. 反馈与评价：你们合作得怎么样？下次你如何做得更出色？今天有什么意义？我们如何让明天更好？

10. 学习体会：从这个活动（单元、项目、书）中你学到了什么？有新的主意或理解吗？

11. 学生作品：一或两名学生提供他们的一件作品，如课题规划或故事，其他同学就此发问并做欣赏性评价。

12. 解决问题会。

个人问题：谁有我们可以帮助解决的问题？

集体问题：我们应该讨论的班务问题是什么？

抱怨与建议：基本规则——你可以就某一问题进行抱怨，但你必须提供建议以纠正它。

公平会议：我们如何用一个对每个人都公平的方式解决这个争执（如排队加塞、关于设备或学习材料的纠纷、关于大扫除的争吵）？

13. 学习问题：我们为什么必须学这个？怎样才能把你的家庭作业做得更好？下一次的考试呢？上一次的考试怎样做可能会考得更好一些？

14. 教室改进会：怎么改变会让我们的教室更好一些？可能方案：改动教室的物理布局、新的合作方式、新的学习游戏、教室板报内容等。

15. 跟踪会：我们采取的解决方案与变化措施的效果如何？我们能做得再好一些吗？

16. 计划会：你想参加什么样的小组课题？要讨论的是什么话题？参加哪一种田径运动？在拼写、算术、科学课上，下星期怎么变才会更有意思？研究下一个话题，最让人振奋的方式是什么？

17. 概念会：朋友是什么？如何交朋友？良知是什么？它对你有什么帮助？什么是谎话？哪次措施曾是正确的？信用是什么？它为什么重要？勇气是什么？人们如何表现它？

18. 棘手情形：如果碰到下列情况你会怎么办：在路边发现了一个装有20美元的钱包；捡到一张20美元的钞票；看见一个小孩从别人的柜子里偷东西；有一个新来的孩子，你想对他好，可你的朋友说她或他非常古怪；正和你在一起的一个朋友在商店顺手牵羊偷了一张画；在公共汽车上两个小伙子正欺负一个小孩子并把他弄哭了。

19. 建议箱或班务箱：学生们提交的任何适于讨论的问题。

20. 关于班会的讨论：就我们的班会，你喜欢什么，不喜欢什么？我们完成了些什么？我们如何改善我们的班会？

【资料来源】[美]托马斯·里克纳：《美式课堂——品质教育学校方略》，刘冰等译，海口：海南出版社，2001年，131页。

2. 主题班会的类型

从活动类型看，主题班会通常可以分为这样几种类型。

（1）体验型。体验是教育的一种重要形式。体验型主题班会是最常见的一种类型。也就是在主题班会里对一个主题比较深入的体验，来使学生达到对这个主题的深层次理解。可以通过角色的扮演、情境设置等方式进行，为学生提供了一定的参与空间，使学生有着深刻的体验，可以培养学生良好的行为习惯。

(2)讨论型。通过对一个问题进行深入地讨论，达到教育的目的。讨论的内容应该是大家熟知的，需要班主任提前布置，学生有所准备。讨论的主题要恰当，展示的问题和现象，能够引导学生发表自己的见解，让学生能有话可说，有理可辩，讨论主题应该是精心策划、深思熟虑过的。讨论的时间要充分，一般要经过情境的创设——自由讨论——表述见解——师生总结四个阶段。要完成这个过程，教师必须给予学生充裕的讨论时间。讨论的空间形式要合理、多样。讨论至少需要两个人，空间形式或同桌二人，或前后左右四人，或分小组讨论。

拓展阅读6-3

菲利浦斯66法

菲利浦斯66法是美国密歇根州希斯迪尔大学校长 J. D. 菲利浦斯发明的集体思考的创造技法。这一方法是将一个大型集体，分成若干个六人小组，围绕可能解决的问题，运用智力激励方法，同时进行6分钟讨论，最后得出一个解决问题的答案。所以人们称之为菲利浦斯66法。其以脑力激荡法为基础，可以消除"人数太多，不利于自由发言，从而导致参加者提设想的积极性减退"，与"人多可以有较多的发言，容易收集到相当有趣的构想"。

菲利浦斯66法的步骤。

(1)确定课题。

(2)把规模较大的团体分为5至10人的几个小组。

(3)在各小组中安排一位主持人(兼记录员)，在各个小组中进行脑力激荡活动。

(4)各个小组会议每次6分钟。

(5)各小组得出结论，报告结果。

(6)对全体出席者提出报告，再由全体成员进行讨论或对设想进行评价。

(3)实践型。是以学生在参加实践活动过程中受到的教育为主题举行的班会，包括参观访问调查活动、公益活动、科技制作活动以及劳动活动等，是学生参加实践活动比较集中的一种形式，通过它可以使学生贴近社会、贴近生活、了解社会、了解生活、提高实践活动能力，有利于学生将理论知识与实践操作有机结合。

（4）叙事型。通过一个事件、故事的讲述调动大家对这个故事的体验，唤起大家的共鸣。教师选用的故事要有真实感，真实感越强，情境越真切，学生所获得的感受体验就越深切。

（5）问题型。是针对中学生中普遍存在的共性问题而设计的教育性较强的主题活动。中学生在学习、生活和成长过程中，不可避免地会出现各种问题，如青春期的早恋问题、学习方法与学习效率问题、人际关系如师生关系和同学关系问题、人生观问题、人与环境的问题、个人与社会与集体的关系问题等。班主任应针对这些问题确定主题，开展教育。

（6）知识型。知识型主题班会可以寓教育于文化科学知识的学习过程之中，用知识来充实活动，使学生既能受到深刻的教育，又可获得一定的知识。如设计以"中国之最""我最喜欢的一本书"等为主题的演讲或竞赛活动，既丰富学生的知识，又能从中受到感染教育。

（7）综合型。以上介绍的体验型、讨论型、表演型、叙事型，实质上都是一种理论上的划分，在真正的主题班会进行中往往是一种综合型。比如做一个感恩主题的班会，会用到叙事、讨论、体验等方式。

拓展阅读 6-4

主题班会规划举例[①]

1．小学一年级班会主题

一年级是小学生的重要阶段。小学一年级班会的主题为：养好良好的行为习惯，学会珍惜时间，学会尊重老师和家长，培养个人爱好。

---

① 刘正荣：《中小学班级管理：从技巧到技术》，北京：知识产权出版社，2011年，187～204页。

表 6-1　小学一年级班会主题

月份	本月主题	周次	班会主题
9	适应新环境，养成好习惯：让新生适应小学学习生活、熟悉学校环境。结合教师节，开展行为规范教育、文明礼貌教育、学习规范教育及爱校园等教育	第一周	开学常规教育——我是小学生了
		第二周	讲礼貌：学会礼貌用语
		第三周	人人爱清洁，个个讲卫生
		第四周	上学放学路上，遵守交通规则
10	爱祖国，爱人民，爱家庭：结合国庆节，启发学生的爱国主义意识和爱家意识	第一周	认识国旗、国徽，学唱国歌
		第二周	我们的祖国像花园
		第三周	认识红领巾，争当少先队员
		第四周	我爱我家
11	爱科学，爱学习，爱读书：帮助学生了解疾病预防知识；培养爱科学，爱学习的兴趣	第一周	冬季疾病预防
		第二周	爱学习，会倾听
		第三周	才艺大比拼
		第四周	养成按时完成作业的好习惯
12	开展遵章守纪和安全教育：帮助学生认识到遵章守纪和安全的重要性，树立规则意识和安全意识，并掌握基本的安全常识	第一周	课堂纪律我知道
		第二周	课间活动要遵守秩序
		第三周	提高学习积极性，准备期末考试
		第四周	冬季安全不容忽视
1	迎接人生第一个假期来临，欢欢喜喜过大年：帮助学生完成第一个学期的总结，做好寒假计划，引导学生管理好自己的时间，过一个有意义的假期	第一周	努力学习，坚持到最后
		第二周	老师，您辛苦了
		第三周	我的寒假计划
		第四周	这个学期，我很棒
	寒假生活		
3	新学期入学教育：让同学们互相展示自己在假期中的收获。开展养成教育，培养良好的行为习惯	第一周	这个寒假，我长大了
		第二周	我爱爸爸妈妈
		第三周	做有礼貌的好学生
		第四周	社区是我家

续表

月份	本月主题	周次	班会主题
4	爱护环境，爱护弱小教育：结合春季植树活动，教育学生爱护环境、爱护大自然，爱护自己生活的环境	第一周	爱护环境，我们一起来
		第二周	和动物交朋友
		第三周	让教室更美丽
		第四周	大树的回忆
5	爱劳动，勤动手教育：培养学生热爱劳动，自己动手的意识和习惯	第一周	自己的事自己做
		第二周	家里的事帮助做
		第三周	班里的事抢着做
		第四周	教室卫生怎么做
6	爱护同学教育：结合"六一"儿童节，培养学生关爱同学的意识，教育学生爱护比自己小的同学，帮助需要帮助的同学	第一周	欢庆我们的节日——才艺大比拼
		第二周	班级也是我的家
		第三周	我的好伙伴
		第四周	谦让是美德
7	假期教育：通过学生爱科学、爱家乡、注意安全等教育，引导学生过一个健康有益的暑假	第一周	博物馆里知识多
		第二周	家乡的名胜我知道
		第三周	健康安全过暑假
		第四周	灵活安排
暑假生活			

2. 小学五年级班会主题

五年级学生在深化养成教育的同时，继续加强感恩教育，培养学生的学习能力和经历挫折的能力。围绕学校主题教育活动，提高学生的思想素质和科学文化素质，以爱国主义教育为主线，以学生的行为习惯的养成为主要内容，注意培养和提高学生的基本道德。重视养成教育，做好安全教育和安全管理，增强安全意识和自我防范意识，在学习和生活中提高自我保护能力，以确保学习任务的正常开展。

表 6-2　小学五年级班会主题

月份	本月主题	周次	班会主题
9	新学期入学常规教育：养成"好习惯"，感谢老师的教育	第一周	班规民主会
		第二周	养成良好的行为习惯
		第三周	以进步感谢老师
		第四周	我为班级发展做点什么
10	爱祖国，树理想	第一周	夸夸锦绣大中华
		第二周	祖国、人民利益高于一切
		第三周	规范在我心中
		第四周	法律小常识
11	爱科学、护科学	第一周	身边的骗人把戏
		第二周	讲科学不迷信
		第三周	走进田野，了解衣食之源
		第四周	科学家的一天
12	守纪律，守法规	第一周	诚信与我们同行学民主，会合作
		第二周	遵守网络道德
		第三周	性别平等教育
		第四周	交通安全教育
1	迎接寒假：帮助学生完成期末考试，做好寒假计划，引导学生过一个有意义的假期	第一周	如何爱护自己的眼睛
		第二周	怎样吃才能让身体更健康
		第三周	为假期加油
		第四周	品味春节文化
寒假生活			
3	新学期入学教育：讲文明，有素养	第一周	新学期，新打算
		第二周	做情绪的小主人
		第三周	爷爷奶奶的白头发
		第四周	科学锻炼

续表

月份	本月主题	周次	班会主题
4	热爱自然，节约资源	第一周	让地球更健康
		第二周	怎样节约资源
		第三周	绿色，我们应该做些什么
		第四周	调查：让家乡更绿色一些
5	我自主，我负责	第一周	责任是什么
		第二周	做事要负责任
		第三周	今天的事情今天做，自己的事情自己做
		第四周	责任对于我有什么含义
6	快乐成长，做幸福的小学生	第一周	我与同学同成长
		第二周	了解自己爱自己
		第三周	谈遵守交通规则
		第四周	亲近和谐，远离暴力
7	期末来临，组织复习和假期规划	第一周	夏季生活小常识
		第二周	我的学习有计划
		第三周	我的暑假计划
		第四周	灵活安排
暑假生活			

3. 初中二年级班会主题

以"世界观、人生观、价值观"教育为重点，进一步提高学生的政治素养和科学素养，进一步加强班级的团队精神建设，增强集体的凝聚力。初中二年级处于"逆反期"，学生最容易产生两极分化，要及时进行班风校纪的教育，开展礼仪教育和人文素质教育，激发同学们的集体主义观念和积极上进的学习自觉性，加强学生心理健康教育。

表 6-3　初中二年级班会主题

月份	本月主题	周次	班会主题
9	开学常规教育：通过班会完善班级组织结构和班级管理制度；进行世界观教育；开展人生观教育和价值观教育	第一周	我以班级为荣，我为班级奉献
		第二周	世界观教育（国内外时事）
		第三周	人生观教育（指明人生目标）
		第四周	价值观教育（英模事迹/伟人故事）
10	弘扬和培育民族精神月	第一周	我为祖国自豪
		第二周	民族精神代代传
		第三周	责任——我们共同需要的
		第四周	弘扬爱国主义思想，做时代有为青年
11	感恩教育和青春期教育月	第一周	学会感恩
		第二周	父母恩，儿女情
		第三周	心理健康教育
		第四周	生命教育
12	爱科学，爱学习，爱读书月	第一周	环保知识大比赛
		第二周	学习方法大家谈
		第三周	安全知识竞赛
		第四周	探索自然的奥秘
1	备战期末考试，迎接寒假	第一周	坚定信念，挑战自我
		第二周	拒绝网吧生活
		第三周	冬季安全常识
		第四周	我的寒假计划
	寒假生活		
3	新学期入学常规教育	第一周	讲文明，知礼仪，做文明学生
		第二周	学习雷锋好榜样
		第三周	告别陋习，走向文明
		第四周	珍惜生命，创造美好生活
4	爱护环境	第一周	节水惜水爱水，从我做起
		第二周	垃圾要分类
		第三周	拒绝破坏环境的消费行为
		第四周	烟酒的危害

续表

月份	本月主题	周次	班会主题
5	青春期教育	第一周	做个有责任感的中国人
		第二周	初中生异性交往
		第三周	中学生该如何发泄愤怒
		第四周	让优秀成为一种习惯
6	爱学习教育	第一周	掌握科学的学习方法
		第二周	决胜未来把握现在
		第三周	善待挫折
		第四周	用激情去缔造成功
7	备战期末考试，迎接暑假到来	第一周	期末考试动员
		第二周	保护自己，从身边小事做起
		第三周	健康安全过暑假
		第四周	
暑假生活			

4. 高中三年级班会主题

高三是高中三年最关键的时刻，是决胜年。学生会不自觉地给自己增加压力，相对于高二而言，学生学习要自觉得多，但同时也更容易产生焦虑情绪。因此，在高三年级要加强励志教育。

表 6-4　高中三年级班会主题

月份	本月主题	周次	班会主题
9	开学常规教育，帮助学生自觉紧张起来，树立"毕业"意识	第一周	拥抱高三
		第二周	谢谢您，老师
		第三周	红榜下的思考
		第四周	奋斗成就梦想，毅力点燃希望
10	励志教育：合作双赢	第一周	超越自我
		第二周	竞争合作，共创理想
		第三周	幸福的滋味/奋斗中自有乐趣
		第四周	开展学习中的互动

续表

月份	本月主题	周次	班会主题
11	励志教育：做有责任感的家庭成员	第一周	光荣与梦想
		第二周	让父母放心
		第三周	自主选择
		第四周	管理好时间财富
12	调整自我，学会面对压力	第一周	清点自己的财富
		第二周	如何对抗压力
		第三周	微笑面对人生，拼搏创造奇迹
		第四周	学会做情绪的主人
1	备战期末考试，迎接寒假	第一周	态度决定一切
		第二周	坚持就是胜利/挑战极限
		第三周	他山之石
		第四周	我的寒假计划
寒假生活			
3	新学期入学常规教育：毕业动员令	第一周	我的大学我的梦
		第二周	安全常在我心中，健康不能忘记
		第三周	飞得更高
		第四周	高三岁月，我们一起走过
4	励志教育：责任让我们不懈怠	第一周	爱，让我们更靠近
		第二周	科学的方法，制胜的法宝
		第三周	责任与梦想——十八岁成人仪式
		第四周	别让不良行为影响我们
5	学习方法、考试方法指导	第一周	轻松学习，合理分配时间
		第二周	自我调节/自信心·平常心
		第三周	模考的意义
		第四周	不放弃，我努力
6	备战高考，指导志愿填报	第一周	考场夺分秘诀
		第二周	志愿填报技巧
暑假生活			

(三)班级文体活动

班级文体活动是指学校通过健康的文化艺术娱乐活动对学生进行熏陶和教育，以发展学生的美感和健康心理品质的教育形式。它是班级活动的重要组成部分，是班级集体教育的经常性形式。班级文体活动的开展为学生提供了自我展示的舞台，在班级文体活动中，学生的活动能力得到提高的同时，也陶冶了情操，发展了个性。

班级文体活动分文艺活动和体育活动。班级文艺活动有联欢会、节日纪念活动、校园艺术节、歌咏比赛等。班级体育活动则有健身性活动和竞技性活动之分。健身性活动是自觉地和创造性地按规则完成，它不仅对身体的发展有很大的意义，而且对智能的发展也有重要的影响，可以使参与的学生认识周围环境，发展思维，培养主动性、创造性，在克服困难中养成集体主义品质。竞技性活动是健身性活动发展的高级形式。竞技性活动比较复杂，活动的人数和规则都有严格的规定。健身性班级体育活动以田径中的走、跑、跳、投四种运动形式为主，加上体操、球类等基本运动形式，或加上学生生活技能、劳动技能的运动方式进行活动。因此，能有效地提高学生健康水平，增强体质。竞技性班级体育活动参赛学生有性别、年龄、人数的要求，按照统一的活动方法与活动规则进行比赛与计分，最后决出名次。班级文体活动在有效发展学生个体的同时，还有利于班级集体的建设。

(四)班级科技活动

班级科技活动是指以班集体为单位组织学生开展的科技活动。包括学生的小发明、小创造、小论文、科技兴趣活动等。班级科技活动不受课堂和书本的局限，可以从广阔的自然界和繁杂的社会中去获得知识、信息、技能。通过活动能发展学生的个性，提高他们的思维能力、动手能力，并能培养他们的创造性，是传播科技信息的另一条重要渠道。班级科技活动的形式有科技参观考察、兴趣小组、科技班会、小制作、小发明等。在开展班级科技活动时要注意有专业教师指导，从身边实际入手研究，鼓励学生创新，避免形式化，制订合理研究计划，注重检查调整和评价。

(五)例会

班级例会是指以班级为单位定期召开的全班性的学生大会。形式包括以讨论研究班级内一些重大事务工作为目的班务会和以引导学生开展批评与自我批评、进行自我教育为内容民主生活会。

班级例会具有常规性、事务性、民主性等特点。常规性是指班级例会一般每周开一次，针对学生的实际及时总结通报情况，开展表扬和批评，交流思想，对学生进行常规教育。事务性是指班级例会主要是处理班级日常事务，例如：布置一周班级工作，讨论制订班级学期工作计划，讨论制定班级规章制度，选举三好学生等先进典型，表扬好人好事，批评班级同学的错误，对班级同学进行教育。民主性是指班级例会是实现班级民主化管理的主要途径。在班级例会上制定相关的规章制度、决议决定需要全体同学讨论、表决。同时班级例会也是同学对班级工作、班集体建设提出意见和建议的场合，是同学之间、同学与班干部之间、同学与班主任之间开展表扬和批评的场合。在召开例会之前，班主任要做好充分的准备。对会议目的、内容、步骤与方法要做到心中有数，了然于胸，以使例会开得具有针对性。

组织班级例会，要注意以下几项：一是不宜占用正常的学习时间，应在班会课或课外活动时进行；二是会议的时间不宜过长，宜就事论事，讨论完毕就散会；三是例会间隔时间不宜太长或太短，正常情况下每两周一次为宜；四是要讲究效率和效用，以解决问题和达到目标为准；五是任务要明确，以便于贯彻执行。

二、班级活动的指导策略

第一，创设学生感受到接纳、关爱和支持的良好环境。教师应该给予学生关爱，营造良好的活动环境，让学生在潜移默化中得到熏陶和锻炼。如果教师给予学生关心和体贴，学生也会从中学会关心和体贴他人。如果教师和学生之间不能有良好的情感沟通，则会影响到班级活动的效果。

第二，利用多种社会资源开展班级活动。除了学校、班级的资源，要充分考虑学生家庭可利用的教育资源、社区可利用的教育资源，并充分挖掘当地具有本土特色的教育资源，以及当地可利用的自然环境资源。

第三，关注学生实际生活中的感受和体验。班级活动是来源于生活的，最终也将回归生活。脱离学生的实际生活的内容，学生很难真正的心有所感，因此需要关注学生实际生活中的感受和体验。因此，作为教师要剥开班级活动华丽的外衣，追求贴近学生生活的真实体验。

第四，重视学生情感和态度的培养。在实际的教育活动中，教师往往更多关注的是对学生社会认知和社会行为的教育，往往忽视学生真实的情感态度的培养。情感态度不像认知、行为那样看得见，但是情感态度是人的行为的动力源泉。因此教师应重视培养学生的情感和态度。

第五，给学生提供实践练习的时间和机会。教师应注意为学生提供丰富多样的物质材料，以促使学生主动积极地探索学习。教师要创设条件，为学生提供尽可能多的实践参与的机会，促使他们将社会认知转化为积极的社会行为。

【本章小结】

班级活动是班级功能的主要承载体，种类多样，具有活动目的的一致性、活动形式的灵活性、活动内容的丰富性、活动性质的自愿性、活动主体的差异性等特点。开展班级活动能促进良好班风的形成、能够提高班级生活质量、有利于学生的全面发展、能够满足学生的心理发展需求、能够促进学生个性发展。管理好班级活动，开展班级活动应该遵循一定的原则，需要从以下方面进行：活动的选题、活动的前期准备、活动组织实施、活动总结、活动延伸。班级活动通常采用的形式有班级的晨（夕）会、主题班会、例会、文体活动、学习活动、科技活动及社会实践活动等。

【思考与练习】

1. 什么是班级活动？说出班级活动的种类。

2. 班级活动的意义表现在哪几方面？班级组织的特点有哪些？

3. 论述班级活动的一般过程。

4. 组织班级活动时的注意事项有哪些？

5. 尝试设计一次主题班会。

【本章参考文献】

1. 刘岩，王萍．班主任与班级管理．北京：北京师范大学出版社，2013

2. 张作岭，宋立华．班级管理．北京：清华大学出版社，2014

3. 丁如许．魅力班会课．上海：华东师范大学出版社，2012

4. 檀传宝．德育与班级管理．北京：高等教育出版社，2014

第七章　班级文化管理

【本章学习目标】

1. 掌握班级文化的概念和班级文化的特点。
2. 理解班级文化的功能，理解班级文化建设的意义。
3. 了解班级文化建设的内容。

第一节　班级文化

一、班级文化的含义

(一)什么是班级文化

所谓文化，是天地万物(包括人)的信息的产生融汇渗透(的过程)。文化(culture)是一个非常广泛的概念，给它下一个严格和精确的定义是一件非常困难的事情。笼统地说，文化是一种社会现象，是人们长期创造形成的产物，同时又是一种历史现象，是社会历史的积淀物。确切地说，文化是凝结在物质之中又游离于物质之外的，能够被传承的国家或民族的历史、地理、风土人情、传统习俗、生活方式、文学艺术、行为规范、思维方式、价值观念等，是人类之间进行交流的普遍认可的一种能够传承的意识形态。

班级文化属于"亚文化"的范畴，它是"班级群体文化"的简称。什么是班级文化？班级文化是指在班级师生相互作用过程中形成的，为大多数学生所认同的，用来教育大家的一套价值体系，即一个班级在长期的学习、生活和日常活动中所凝结起来的一种班级氛围、班级精神、班级理念，并体现在班级所有学生身上的共同价值观念、道德规范和行为方式。[①] 所以班级文化是作为社会群体的班级所有或部分成员共有的信念、价值观、态度的复合体。班级成员的言行倾向、班级人际环境、班级风气等为其主体标识，班级的墙报、黑板报、活动角及教室内外环境布置等则为其物化反映。

(二)班级文化的三个层面及其联系

这里我们从三个层面理解班级文化，外层是班级物质文化，物质文化的主体是物，是有形的，主要有班级硬件设施、桌椅摆放和墙面布置等班级环境等，以及由此折射出的班级主体的特点、习惯和风格等；中层是班级制度文化，包括班级的规章、规范以及渗透到同学思想所共同遵循的道德观念、行为准则等；内层是班级精神文化，包括班级哲学、班级行为规范、价值取向，以及由此体现的班级同学的共同追求、共同意志、共同情感等也就是班级精神，具体表现在班级的学风、班风和考风，这些都是无形的，也是最核心的。三个层面中，物质文化是基础，制度文化是关键，精神文化是核心和灵魂。

案例 7-1

激情的 CIS 导入 [②]

我当班主任的"第一把火"，就是将企业文化的理论运用于班级管理。然而，对于具体怎样做，我心中并没有一个清晰的蓝图，有的只是激情满怀。这种激情是来自于我对实践班级文化理论的冲动，是乐而为之。

CIS 导入是企业形象的俗称，是企业视觉形象、理念形象、行为形象的统称，它是一种源自西方的现代品牌传播手段，20 世纪 90 年代初开始传入我国，当时"太阳神"等许多著名的中国企业都曾借此获得了较好的发展。读大学时，我曾经对自己领头的湖南益阳师专公共关系学会进行过简单的 CIS 战略导入，并于 1997 年 12 月在《公共关系报》上发表了《湖南益阳师范专科学校公关协会导入 CIS 战略》一文。企业文化与班级文化在某种程度上是一致的。因此，我想以 CIS 导入作为我即将开始的班级文化建设

---

① 关月玲：《班主任的班级文化建设》，杨凌：西北农林科技大学出版社，2014年，4 页。

② 周勇：《我是怎样建设班级文化的——一位博士的班主任生涯回顾与反思》，成都：四川教育出版社，2010 年，5～9 页。

的依据和框架。

基于这样的认识，我没有采取"用重典"的策略。通过调查，我发现有相当一部分学生对班级形象的认识与我有同感，他们从外班的学生那里听到了一些对94班的负面评价，内心有些不平，有想改变这种状况的意向。经过一段时间的造势宣传，我让大多数学生接受了"把94班由一个形象较差的班变成一个人见人爱的好班"的观念，并从视觉识别（VI）、行为识别（BI）和理念识别（MI）等三个方面采取了一系列措施，取得了一定效果。

一、视觉识别

1. 课桌摆设的玄机

为了以最直观的方式改变94班"纪律差"的形象，我规定：两边靠墙的第一张课桌统一比其他组第一张课桌退后半张桌子的距离；每组课桌要成一条直线，具体摆法由值日生负责。当时北河口中学的课桌是由学生自备，为保证有较好的视觉效果，我特意将规格比较接近的课桌调到一起，有个别课桌比较好的学生可能会坐别人的比较差的课桌。如果这个工作做得好，对加强学生的集体主义观念就很有帮助。我向学生讲了这样做能够让任课老师改变对94班的印象，当他们走进教室看到简朴而整齐的课桌布置时，心情一定比较好。在好的形象期待中，这种做法得到了大多数学生的赞同。思想工作做通了，调整起来就不难了。于是，我安排班长蔡××具体负责。我的职责是偶尔进教室督促检查，强化学生的形象意识。

2. 美化教室环境

我对教室字画的潜移默化作用是深有体会的，读初中一年级时，教室里贴的周恩来总理1919年东渡求学时写的那首诗："大江歌罢掉头东，邃觅群科济世穷。面壁十年图破壁，难酬蹈海亦英雄。"读高中时，教室里的那句名言："顽强的毅力可以征服世界上任何一座高峰。"我至今印象深刻。当时在北河口中学附近根本就没有字画之类的装饰用品卖，有个学生利用周末去县城买回了字画。在物质条件较差的农村中学，班级物质文化建设只能根据当地的条件。我主张用学生家里种的花草之类的"土特产"来装饰教室，到第二个学期，就有不少学生把栀子花带到学校，为教室平添了清香。经我肯定和鼓励，有段时间几乎每天都有人自发地带栀子花到教室。后来其他班也跟风，整个学校就形成了"花香校园"。

3. 注重仪态仪表

为了展示94班的新作风、新气象，我特意强调94班学生的形象。我大学毕业没多久，就喜欢照镜子、打摩丝。在这个问题上可以算得上"言传身教"了。推行 CIS 战略导入后，我多次有意识地在公共场合穿西装、打领带。可能是摩丝打得太多，偶尔会有同事在善意地笑我。俗话说："有什么样的老师就有什么样的学生。"班内外还出现过短暂的打领带的热潮，以至有学生和我讨论起打领带来。这样做不是要引导学生去追求表面的美，而是要引导他们去追求更深刻的含义："美的外表要配以美的言行。"

二、行为识别

1. 制定班级的"成文法"

主要是制定一些强制性的规定，目的是约束调皮学生的行为，改变 94 班纪律差的形象。这规定可以说是 94 班的一部"成文法"，作为班规贴在了墙上，其中有一条是从魏书生的"值日班长"那里借鉴来的。为扭转班风，每天下午放学时我都要依据这个班规来做纪律总结，像个法官断案，时间久了就感觉有点累。

虽然这样做对班风的好转有重要的作用，但后来我了解到两个方面的情况：其一是住家远的学生回家很晚，离学校有约 5 公里，我一番纪律教育后他们要七八点钟才能回家，根本没有时间做作业和复习功课；其二是束缚了那些表现好的学生，我明白了 94 班纪律差的真正原因是正不压邪，是那些表现不好的学生太厉害，没人敢管。对一个差班而言，在班级文化建设的启动阶段，班主任对学生的约束主要表现为一种强力因素。在情况稍有好转之后，我接受了学生的建议，放弃了天天总结的做法，而改为"天天反馈，个别处理"。

2. 形成传统的口头规定

这些主要是提高全班学生的行为美的日常规范和班级常规管理措施。目的在于提高，所以未列入班规。在学生做课间操的时候，为了表现"快、静、齐"的班级形象，我和学生做了一些约定，比如当我站在哪一队前面，就表示这一队有人没有站齐。每当我站到某队前面时，这一队的学生就会自觉地调整看齐。到初中三年级的时候这个做法已经成为一个班级惯例了。有时，学生本来站得比较齐，我一不小心站到某队前面，他们也会自动调整队伍。为了形成学生的文明礼貌习惯，我曾多次向学生强调，上课迟到要打报告，进老师办公室要先打招呼。到初中一年级第二学期的时候，94 班已形成了很好的班级形象。有一次，办公室的几个同事异口同声地对我说，你们班的学生很有礼貌，尤其是那个语文课代表李××，每次进办公室总是先敲门。外因是变化的条件，内因是变化的根据。学生心灵中潜在的美，在合理的引导下显露出来。当然，我在内心"窃喜"的同时，也在班上做了相关的宣传。

3. 开展班级主题活动

主题活动中有些是吸收了魏书生班级管理的做法，是间接地学习魏书生。比如"课前一支歌""选举全班最不守纪律的人"、每周选一个同学教一首歌等；另外则加进了我的经验和想法，比如，组织学生举行英语会话表演。有一次，我看学生放学后在背英语课本上的情景对话，为了提高他们的兴趣，我提出搞一次英语会话表演，我负责给他们照相。"学生当主演，我当导演。"我曾熟读钱梦龙老师《导读的艺术》，终于找到了一点感觉。为了扩大影响，我邀请了96班的学习积极分子和班干部前来观看。好班的加入以及照相机闪光灯的不断闪动，吸引了其他班学生的围观和羡慕，给94班学生一些"让人喜欢的班级"的体验。

三、理念识别

严格地讲，我当时设想的班级文化框架中，只有一个目标："把94班由差班变成好班"。围绕这一目标有一些班级物质文化和班级行为文化方面的举措，但并没有明确的班级精神文化的概念。当时的主要任务是针对具体问题加以解决，班级精神、班级价值观等概念还没有明确提出。

后来我组织了一次"我心中理想的94班"主题班会，希望以此来树立全班共同接受的良好班级形象，然而让我没有想到的是，一些调皮学生任性的行为，女生的集体内向，使这次班会的效果并不理想。

可能我对初中一年级学生的期望值过高，学生不可能有那样高的观察力和表达力。2004年，我在长沙师范教的一个中专班（Y103班），是一个口碑很好的优秀班级。然而，当我问学生"你们班最大的特色是什么"时（我这个问题的潜台词是"你们的班级精神是什么？"），他们的回答比较模糊。很显然，这是一个有优良班风的班级，却没有明确的班风的概念，只停留在自发阶段，因此我称它为"一个没有灵魂的优秀班级"。表达班级精神文化的内涵，中专二年级的学生尚且办不到，初中一年级的学生怎么办得到呢？

在今天来看，这实际上是我采取"演绎模式"操作班级文化的尝试，虽然失败了，但很有意义。当时，我没有这样的认识水平，只是作了一系列努力。尽管这个细节的失败让我产生了迷惘，但在以后的实践中我逐渐摸索出了一条"归纳模式"的操作路子。

这次CIS导入可以说是我班级文化建设领域的一次探索。尽管因经验不足，效果并没有如我最初设想的那样"毕其功于一役"，为94班带来独特的班级文化，但为我今后的班级文化建设提供了一个初步的框架，也为94班的班级精神注入了"新、奇、活"等元素，为以后的班级文化建设打下了初步基础。

二、班级文化的特点

创建班级文化的主体是学生，因而班级文化具有明显的学生文化特征。

(一)独特性

班级文化产生于不同班级，班级文化建构在学生与老师的个体差异的前提下，有其独特性，是一套复杂的价值体系。每个班级有其独特的文化氛围、班级精神、管理理念，有自己班级里形成的价值观，因此所形成的班级文化也是各不相同的，有其特点。

(二)潜隐性

班级文化具有显性的特点，但更多的是隐性。因为班级文化主要以价值观念的形式出现，潜藏在班级成员的思想观念、行为习惯中，对学生的影响是潜移默化的。学生在班级文化中受到感染和同化，也是在不知不觉、无意识的过程中实现的。然而这种影响一旦产生，其效果又是显著的、久远的，有的甚至影响学生的一生。

(三)向上性

班级是学校实现教育人的功能的主要场所，班级文化是学校文化的子文化，因而班级文化的理念与学校的教育理念是一致的。班级文化的建设要着眼于学生全面素质的提高，符合党和国家的教育方针和培养目标，传播正确的价值观、世界观等，使学生在良好的氛围中得到熏陶和教育。

(四)难模仿性

班级文化是为该班级同学所认同的并用来教育同学的一套价值体系（包括共同意识、价值观念、职业道德、行为规范和准则等）。班级的硬件设施、环境安排可以模仿，但班级文化是模仿不了的。因此，班级文化成为班级核心凝聚力和发展的源泉，是班级管理和发展的基本驱动力。

三、班级文化的功能

班级文化是每个班级所特有的，作为一种隐性的教育力量，表现了一个班级独特的精神面貌，是一个班级的灵魂所在。只有不断地完善班级文

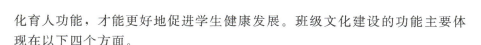

化育人功能，才能更好地促进学生健康发展。班级文化建设的功能主要体现在以下四个方面。

（一）教育功能

班级文化作为一种隐性的教育力量，表现了一个班级独特的精神面貌，是一个班级的灵魂所在。只有不断地完善班级文化的育人功能，才能更好地促进学生健康发展。教育功能是班级文化的首要功能，也是区别于其他组织文化的最主要特征。班级文化是以班风、学风、价值观念、人际关系和舆论等方式表现出来的观念文化、与之相应的行为文化和物质文化，对每个学生都起着潜移默化的教育作用。班级文化的这种教育功能不同于课堂教育，它虽是无形的，但又是无所不在的，滋润着学生的心田，陶冶着学生的情操，塑造着学生的灵魂。

（二）凝聚功能

班级文化涉及与班级有关的各类人群，既包括以往比较关注的学生与学生之间的关系、师生之间的关系，也包括我们容易忽略的教师之间以及教师与家长之间的关系。而教师与教师之间是合力的关系，教师与家长之间是互补的关系，教育功能是班级文化的首要功能，也是区别于其他组织文化的最主要特征。班级文化是班级成员共同创造的群体文化，寄托着他们共同的理想和追求，体现着他们共同的心理意识、价值观念和文化习性。这种共同的心理意识、价值观念和文化习性会激发成员对班级目标、准则的认同感和作为班级一员的使命感、自豪感和归属感，从而形成强烈的向心力、凝聚力和群体意识。班级文化是班级的黏合剂，可以把学生紧紧地黏合、团结在一起，使他们目标明确、协调一致。它作为一种特有的教育力量，渗透于一切活动之中，它所形成的"社会—心理动力场"，对学生心理素质的培养具有引导、平衡、充实和提高的作用。

（三）激励功能

激励是一种精神力量和状态。班级文化所形成的班级内部的文化氛围和价值导向能够起到精神激励的作用，将学生的积极性、主动性和创造性调动与激发出来，把人们的潜在智慧诱发出来，使其以高昂的情绪和奋发进取的精神积极投入到学习和生活中去，使学生的能力得到充分发挥，提高同学的自主管理能力和自主经营能力。实践表明，在班集体中，班级文化建设水平愈高，激励作用愈容易得到体现。

（四）制约功能

班级文化、班级精神为班级确立了正确的方向，对那些不利于班级发展的不该做、不能做的行为，常常发挥一种"软约束"的作用，为班级提供"免疫"功能。班级文化所形成的规范体系，制约着学生的言行。这种规范一旦形成，就会成为一种强大的力量，使班级成员都能自觉地约束自己，让自己的行为符合班级规范。班级文化对成员的这种制约功能主要通过以下三条途径得以实现：氛围制约（环境、关系、风气等）；制度制约（规章、纪律、守则等）；观念制约（理念、道德、舆论等）。

良好的班级文化对班集体建设和学生个体的发展都具有极大的影响。为此，班主任要充分认识到班级文化建设的重要性，注重整体建设，利用各种有效的资源创建班级文化的重要价值，从而更好地发挥班级文化的育人功能。

四、班级文化建设的意义

班级文化是由班级全体成员共同营造的独特的文化，由班主任、任课老师和全体学生在学习和生活中共同创造的，它是校园文化的有机组成部分。

（一）开展班级文化建设有利于学生的全面发展

国家的教育方针要落实到学校，学校的教育目标要落实到班级，因此班级文化对学生的成长、发展起着至关重要的作用。班级文化是促进学生全面发展的直接的文化环境。人的发展是在对自我的不断认识中完成的。一个人成熟的重要标志就是能够对自己有明确的认识，这是人生过程中的一个质的飞跃。在班级文化形成的过程中，必然出现一些典型化的人格（榜样），这种典型化的人格就会成为学生塑造自我的范例，从而规范自己的行为。

班级文化是在教师的正确引导和丰富多彩的活动中形成的。学生在班级中的学习分为显性学习和隐性学习。显性学习，即学生在老师的引导下，以教育目的为指导，按照规定好的教学计划，有组织地开展学习。显性学习主要是在教师的指导下完成。隐性学习也可以叫潜在学习，即学生在班级正式教育教学活动之外的学习。这种潜在的学习实际上就是通过班级文化来体现的。在一个文化浓郁的班级中，全体学生共同创造出来的班级文化能够给予学生最好的发展条件，使学生各方面得到最大的需求和满足，因而更有利于学生的全面发展。

（二）开展班级文化建设有利于班集体的建设

班级文化是一种理想的黏合剂，能使学生彼此合作，同心协力，同舟共济；能减少同学之间的摩擦和内耗，增强其内部的凝聚力。特别是在关键时候或遇到重大困难时，能使同学们挺身而出，为了班级的整体利益而不惜牺牲个人的利益。这都得益于班级文化的魅力。没有了班级文化，一个班级必是一盘散沙，没有凝聚力和向心力，当班级文化逐渐形成时，学生生活在这个集体当中就会产生归属感和"主人翁"感。同时班级文化也制约着学生的行为，有形的无形的文化会时时处处告知学生哪些可为哪些不可为。我们知道，对学生的约束是通过制度和道德规范发生作用的，尽管制度也是班级文化的一部分，但它的约束作用是硬性的且是不全面的，而道德规范是一种无形的、理性的和全面的约束，是一种"无形的精神驱动力"，也是能赢得学生人心的约束。

案例 7-2

感激书籍 享受阅读
——二(5)班班级文化建设方案 王丽珍

为了满足学生日益增长的精神需求，展现富有个性的班级风貌，增强班级的凝聚力，从整体上提升学生在班级的生活质量，应注重开展系列培养学生自主独立精神的活动。班级文化是班级的一种风尚，一种文化传统，一种行为方式，它自觉不自觉地通过一定的形式，融入班级同学的学习、工作、生活等方面中，形成一种良好的、自觉的行为习惯，潜移默化地影响人们的行为。

一、活动目的

通过营造班级文化，激发学生读书的兴趣，调动每一位学生的活动积极性，丰富学生的学习生活，让全体学生"感激书籍、享受阅读"，提高学生的读书意识，通过平时的说话、写作活动，进一步提高他们的说话、写作水平，同时，在活动过程中，加强班级的凝聚力、亲和力。

二、活动策略

(一)明确目标

班级文化建设不是一蹴而就，应以共同的奋斗目标为前提，不是班主任凭空设想的，而是通过全班学生充分酝酿讨论、建议、完善后的实施方案，这样让学生能主动、自觉地规划自身的发展。

(二)策划环境

通过摘抄好词、好句、好段、做手抄报、谈感想、说收获等活动来创设自己所欣赏的班级文化环境。如：能写善画的同学协助班主任参与板报的完成，心灵手巧的同学把精心剪制的小作品通过"小巧手""多彩的生活"展示出来。班主任把学生在学校的综合表现，通过教室展板上的"谁最棒"展现出来，阅读写作通过"日积月累"、"芳草地"这些板块展现出来。这样的设计不仅展现学生的个性，还在美化环境的同时，使有限的教室空间成为无限的教育资源。

（三）开展主题活动

营造爱读、会读、乐读、善读的读书氛围，进一步激发学生自觉读书意识，使学生在书香飘溢中茁壮成长。本班规定学生在每天中午12：10～12：40为班级的读书时间，并在读书基础上，开展摘抄优美词句、做读书小报、谈读书心得与体会、故事会等有意义、有特色的活动，在活动中培养孩子爱读书的好习惯，提高学生的阅读能力。

【资料来源】http：//blog.tianya.cn/blogger/post_read.asp？BlogID＝1006002＆PostID＝17929038.

第二节 班级文化建设

班级文化从本质上看是一种产生于班级之中的文化现象，从管理的角度看，班级文化是为达到管理目标而应用的管理手段，因此，班级文化不仅具有文化现象的内容，还具有作为管理手段的内涵，管理方法得当，会起到事半功倍的效果，班主任应该重视班级的文化建设。

一、班级物质文化——班貌建设

班级是学生成长的另一个重要的"家"，是学生学习、生活的主要场所，班级物质文化建设要突出教育功能，突出环境美，符合学生的心理特征，同时注意适时更新注意实用，让每一堵墙变成"无声的导师"，让每一个角落成为"文明的源泉"，让教室成了学生美丽温馨的家园。

班级物质文化是属于班级文化的，是看得见、摸得着的东西。班级物质文化包含教室内的环境布置及师生的仪表等，是班级文化的基础及其水平的外显标志。

关于班级物质文化建设，田恒平老师在他的《班主任理论与实务》论述

非常细致全面，在这里，我们引用他的阐述。[①]

(一)建设和谐的班级环境

环境不仅能制约一个人学习、工作的心情，更会对一个人品德的培养、习惯的形成产生深远的影响。在学校里，教室是学生学习、活动的重要场所，是教师向学生传道授业的重要阵地，是班主任对学生进行思想教育、品行培养的重要舞台。作为班级教育的重要组织者，班主任应该把布置好教室、美化育人环境作为自己工作的重要内容，绝不能轻视和忽视。教室布置的好坏不仅折射出一个班级学生的精神面貌和班级建设的成就，更反映出一位班主任带班的能力和实施素质教育的水平。下面介绍一下教室环境布置的常规做法。

1. 教室布置的规划

(1)教室前墙。教室正前方的墙壁，安放一块 400 厘米×120 厘米规格的黑板后，黑板的正上方通常会剩下超过不 70 厘米高的空间，黑板的左侧和右侧通常会剩下 200 厘米宽的空间。对这三个空间常规的做法是：把黑板正上方的墙壁空间用于设置"班训"；黑板右侧(教室前门)的墙壁空间可开辟成班级建设、管理的园地；黑板左侧的空间，通常用于悬挂电视，安放其他的电教设备，安放饮水机，这样，黑板左侧的墙壁一般不作另外的布置，如果没有这些设备，就可以将这一墙壁空间开辟成一块专栏，或者用来张贴或者悬挂《中学生守则》和《班级公约》。

(2)教室后墙。教室的后墙是教室布置的一个重要空间，班主任老师一定要对这一空间进行认真的布置规划。教室后墙如果安放有黑板，黑板正上方的空间可利用来集中张贴整个学段班级荣获的奖状、奖牌，黑板两侧各 200 厘米左右宽的墙壁空间均可开辟成专栏，黑板一般利用来办黑板报；后墙如果没有黑板，那么可以在距离地面 120 厘米左右的高度规划出一块 500 厘米×120 厘米版面的墙报栏，除此之外可以不考虑其他的安排。另外，黑板右侧的教室角落一般可用于安放清洁工具。

(3)教室右墙。对于两面采光的教室，教室右面墙壁除开前后门和两扇窗户外，已经没有太多的空间，除了墙壁中间的壁柱可用来悬挂条幅式的字画外，一般不作其他的考虑。如果这面墙壁只在中间开有一扇窗户，那么窗户两侧可利用的墙壁空间相对就还比较大，可在距离地面 120 厘米

① 田恒平：《班主任理论与实务》，北京：首都师范大学出版社，2007 年，176～183 页。

左右的高度开辟两个左右对称大小均等的专栏。如果教室主要利用左面窗户采光,那么教室右侧墙壁的上部通常开有两个通风窗,通风窗下面距离地面 120 厘米左右的高度将分别剩下至少 300 厘米×100 厘米版面的墙壁,布置教室时,这两块可开辟成大小相等、左右对称的专栏。

(4)教室左墙。教室左侧墙壁一般用于教室采光,一般开有两扇窗户,对于主要利用这面墙壁的窗户采光的教室,这两扇窗户面积将很大,那么这面墙壁除了中间的壁柱之外将没有空间可利用;而对于两面均可采光的教室,这面墙壁上的两扇窗户可能是常规尺寸的窗户,由于这面墙壁不开门,因此除开窗户后,墙壁上将还有一定的空间可利用,在布置教室时,班主任老师可以灵活安排。

(5)桌椅安放。桌椅安放要考虑教室的整体布置。比如,为了让学生近距离观看左右墙壁上的专栏内容,左右两大组的桌椅均应向中间靠拢,空出 80 厘米左右宽的空间,这也有利于学生上课时看黑板。另外,桌椅的安放一定要整齐,这是班主任常抓不懈的工作,桌椅安放不整齐也将影响到教室的整体美观。

2. 教室布置的操作

教室布置的内容和具体栏目的设置,由于要受办学条件、教室规制、学段特点、学校性质、学生的年龄特征和身心特征等诸多的因素的制约,而应具体情况具体考虑,不可能千篇一律。但是,教室的布置仍然有许多规律可循,在这里,我们对教室布置的一些常规做法进行适当的简述,以供班主任布置教室时参考。

(1)班训张贴。班训一般张贴在教室前黑板的正上方这个最显眼的位置,以便随时都能对学生起到提醒、告诫、鼓励的作用;在选择班训语时,一般要考虑字数,字数不能太少,也不宜过多。字数少了显得单薄;字数多了显得拥挤,都会影响美观。班训制作张贴出来后,班主任一定要利用班会或者德育课时间向学生阐释班训的内涵,让学生领会其精神意义,以此实现班训的教育、警策、启迪作用,切忌了了之。班训应在每一届学生进班后重新设计更换,切不可使用原教室的旧班训,也不要搞永久性标语,那样都会失去应有的教育作用。

(2)管理园地。班级管理园地是教室布置时不可或缺的内容,设置班级管理园地不仅可以杜绝在教室里胡乱张贴的现象,保证教室整洁美观,还可以让班级管理科学化、规范化、有序化,只有科学、规范、有序的管理才能保证班级管理的质量,才能使一个班级健康发展,最终实现一个班级在整个学段的管理目标和育人目标。

班级管理园地应该悬挂或者张贴如下内容：《学生守则》《班级公约》《干部名单及职责》《分组名单》《值日表》《计算机上机座次表》《课程表》以及其他保证班级日常运作的内容。

班级管理园地一般设置在教室前墙黑板右侧前门进门处位置，版面大小可设为 150 厘米×120 厘米，上下最好和黑板齐平，可用 1.5 厘米～2.0 厘米宽的蓝色不干胶纸条框边，再在上边框的正中位置加上一个标题，标题可拟为"班级建设""班级管理"等，标题字可选用 10 厘米大小的隶书体。

在班级管理中，《守则》和《公约》是两个十分重要的内容，其上规矩和约定应该随时醒目地呈现在学生眼前。因此，建议不要把它们以小版面的形式置放于管理园地的方框内，最好将它们放大成 70 厘米×50 厘米左右大小的版面，以彩色喷绘制作，张贴在 KT 板上，或者制作成镜框，再张贴或悬挂于管理园地的正上方。如果空间不允许，则可考虑前墙黑板左侧墙壁或者其他显眼的位置。

另外，《班级公约》最好不要和班级具体的管理规定混为一谈，因为它们性质和功能并不相同；而《操行评分管理细则》和《班级奖惩条例》最好合并制定，制定时要尽可能简约，使其具有可操作性，过于繁复的条款反而会造成管理上的麻烦。

（3）公布栏。公布栏主要用于张贴一些临时性的内容，比如，班上同学参加各种竞赛的获奖情况、学校的各种通知、学校每周各项检查评比的结果、小组竞赛成绩、班上学生出勤情况等，避免胡乱张贴影响教室美观。公布栏的设置可参考管理园地，位置可考虑在教室后墙黑板左侧墙壁。一些经常公布的栏目，在公布栏上可以设计成表格的形式，便于学生干部操作。

（4）荣誉栏。荣誉栏一般设置在教室后墙的上方，主要用于张贴或悬挂班级荣获的各种奖状、奖牌。荣誉栏一般不需特别修饰，把一个班级在整个学段荣获的奖状、奖牌张贴、悬挂整齐，自然就会产生特别的美感，让每个学生受到鼓舞、激励。

（5）黑板报或墙报。教室后墙的黑板报或墙报，空间大，版面大，在整个教室布置中所占的比例大，因而在整个教室的美化和在班级文化建设中都具有极其重要的地位和作用。办黑板报或墙报，不仅要达到使整个教室更加美观，让学生从中吸收到知识、获取良好教益的目的，而且还要让其成为锻炼学生能力、展示学生才华的舞台。对此，班主任要做好规划，加强指导。

在小学低年级段，办黑板报、墙报，班主任既是主导，也是主体；对于小学高段以上的班级，班主任则应让学生成为办报的主体，班主任要做的工作是加强总体规划和具体指导。黑板报、墙报的内容最好是综合性的，但要突出一个主题。

在办黑板报或墙报的时候，要重点做好以下工作：选好一本办报时用于设计版式、题图、插画的书；确定好办报的主题；设计好版式；设计好题图；搭配好色彩；选择好内容（办墙报时则发动学生准备好相关材料）；书写规范工整；用好边框线和插画；定期换版。

另外，教室后墙空间大，在办成墙报时，规划出的版面不能太小，不然会显得小家子气，规划一个 500 厘米×120 厘米的版面，显得大气一些。

（6）壁柱布置。壁柱由于面积小，通常用来张贴条幅式书法或绘画作品，或者悬挂带语录的名人画像。名人画像一般可以到商店购买；而书画作品，如果师生具备书画创作的基本功，那最好是师生亲手创作，并定期更新，这样做，有利于展示师生才情，也让学生得到锻炼。如果张贴书法作品，其内容最好选择古典诗词，这样可以让学生在潜移默化中受到古典艺术的熏陶，不断更新的过程中，学生也积累了知识，提高了艺术修养。为达到美观的效果，张贴的书画作品最好用装裱纸进行简单的装裱。

（7）学习园地。为配合教学，在布置教室时最好开辟一块类似"学习园地"之类的专栏，栏目的版面最好大一些。对右面墙壁没有开采光窗户的教室，这面墙壁壁柱的后方墙面，可用来开设这一栏目。栏目可开辟在距离地面 120 厘米的高度，版面可设计为 250 厘米×80 厘米。

对这一栏目，同样可以用 1.5 厘米或 2.0 厘米的蓝色不干胶纸带框边，使栏目版面长期固定下来，平常只是定期更新内容。这个栏目的标题，不一定非得用"学习园地"之类的死板标题，最好拟一个涵盖面广、带有一定诗情的标题，比如，"五色土""百草园""金手指"等。标题不要横放在栏目的正上方，最好竖置于靠门位置的竖边框的正中，标题字以 10 厘米或 12 厘米大小为宜，字体最好选用扁平的隶书体。

对这一栏目，既可以把它划分成几个固定的小版面，以填充不同科目或不同项目的内容；也可以以整块版面办专题，比如，第一期办硬笔书法展，第二期办学生习作展，第三期办动植物图片展等。

（8）阅读栏。为扩大学生的阅读面，拓展学生的视野，帮助学生了解社会、了解生活，提高学生的写作能力，并达到在潜移默化中影响学生思想品行、实现班级育人目标的目的，在布置教室时，务必考虑开辟一个阅读专栏，对高年级段的班级，这更具意义。在开辟这一栏目时，做法可与上面所述的壁柱后方的"学习园地"相同，具体操作时，务必使这两个栏目大小相等、前后对称。

阅读栏的标题最好也另拟一个涵盖面广、带有一定诗情的标题，比如，"榕树下""百花洲""漱芳斋"等。阅读栏的内容可以包括如下一些，比如，社会要闻，精彩时评，优秀的散文、诗歌以及其他的一些能够陶情怡性的人间故事、名人轶事等。这一栏目，在版面上不必再细分，在内容上要及时更新。

3. 教室布置的原则

教室布置是一项非常具体、非常繁杂的工作，做起来难，做好则更加不易，它对每一位班主任无疑都是一种考验。但是，布置好教室、美化育人环境又是每位班主任的重要职责；面对这项工作，班主任不能回避也无法回避，班主任要思考的是如何让这项工作省时、省力，而又能收到理想的布置效果。为此，班主任在面对这项工作时要注意学习、借鉴他人的经验、做法，遵循教室布置的一些基本的规律和原则，并通过自己的积极实践、大胆探索让这项工作事半功倍。要布置好教室一般应遵循如下一些原则。

(1)教育性。教室布置必须充分考虑教室环境对学生的教育作用，让教室布置的内容对学生起到春风化雨、潜移默化的陶冶功效。因此，在教室布置时，要以思想性强、启迪性强、激励性强为出发点，减少传统性的口号、教条式的标语，选择那些催人上进、发人深思、富有号召性、激励性的形式和内容，从而实现教室整体气氛的提升，杜绝内容的随意性。你可以选择劝学的名言警句，可以选择修身养性的箴言，可以选择寓意深刻的寓言故事，可以选择感人至深的人间真情故事，可以选择能陶情怡性的优美动人的诗歌、散文，还有名人轶事、伟人生平等等。对这些富有教育性、启迪性、激励性的内容，其内涵学生不一定都能理解、明白，因此，在布置了这些内容之后，班主任老师不要忘记适时点拨、讲解，避免学生对其不甚了了或视而不见，从而增强实效性。

(2)主导性。为让教室布置真正达到美化环境、教育引导学生、丰富学生知识、促进学科教学的目的，班主任老师必须在教室布置中发挥主导作用，不能单纯地为锻炼学生的能力而将教室布置的所有工作全部推给学生，听之任之，撒手不管。在布置教室时，班主任老师要根据班级特点、学生特征、布置教室应该达到的目的等对教室布置作好整体的规划。无论是栏目的设置、版面的规划，还是主题的确定、内容的选择，班主任老师都要认真把好关，不然教室布置将不能发挥其应有的作用，甚至还可能产生负面影响。

（3）主体性。一间教室的基本成员是老师和学生，因此教室布置的工作应由师生共同完成。师生的共同协作不仅可以建立起良好的师生关系，而且还能充分地培养学生的各种能力。但是，教室布置的主角应该是学生，班主任只起主导作用，而班上的其他任课老师则是在布置学科相关内容时起辅助作用。为选择一条好的班训，你可以在班上开展班训征集活动，让每个学生都参与搜集、思考；设置栏目，确定主题，你可以让每个学生献计献策；办好墙报、黑板报，你可以从班上的学生中挑选出一批具有书法才能或者绘画才能的学生组成一个或者多个墙报、黑板报小组，由他们具体实施；每个专栏的内容，你更应该让全班的学生共同参与搜集、撰写、制作等工作。布置教室的工作具体、繁杂、工作量大，如果所有的工作都由班主任或者任课老师亲力亲为，那不仅苦了自己，还会影响自己常规的教育、教学，更违背了教育应该全面培养学生能力的初衷。

（4）阶段性。教室布置内容形式的选择要适合学生年龄阶段的特点和知识层次。小学低年级段的教室布置应与小学高段的不同，初中阶段的教室布置和高中阶段也有很大的区别。对低年级来说，形式上要活泼一些，色彩上可以鲜艳一些，格调应充满趣味；这样布置，更能引起学生的注意，使学生产生愉悦感。对高年级来说，形式上要庄重一些，色彩上要素洁一些，格调上要高雅一些；这样布置可以培养学生含蓄内敛的品格，使学生产生一种负重上进感。对低年级而言，文字、内容上要浅显易懂，主题上要以勤奋学习、规范行为为主；对高年级而言，文字、内容上可以富有哲理、寓意深刻，主题上要以培养品格、陶冶性情、提高修养为主。

（5）针对性。教室布置不仅要考虑年龄阶段、知识层次的不同，还要讲点针对性。因为不仅同一年级的不同班级会有许多不同，就是同一个班级在同一学段的不同年级也会有区别。因此，在布置教室时，班主任老师应该考虑本班的特点，考虑本班在不同时期的不同任务，从而让教室布置具有针对性。比如，学生之间不太团结，缺少凝聚力的班级，有必要在班训里加进表达团结协作之意的字眼，在栏目里加进增强团队精神的内容；又如，太过活跃的班级，在布置教室时可以考虑冷色调，而气氛沉闷的班级，在教室布置时可以多增加一些暖色；再如，高一、高二时，你可以选择"精思、笃行、博学、美德"这样的班训，到了高三，你不妨将它改一改，变成"静心、笃行、惜时、圆梦"。

(6)艺术性。布置教室要突出"美化育人环境"的"美"字，因此在布置教室时必须遵循整体性、艺术性原则。追求琳琅满目，五花八门，热闹缤纷，其结果往往适得其反。教室布置要力求风格鲜明，美观大方。标语要醒目，图画要精美，装饰要得体，前后左右要对称，栏目大小要相等，字体规格要统一，色彩搭配要适宜。既不要造成形影相吊的苍白单调，又要避免眼花缭乱的繁杂拥挤、破碎凌乱。字体上应选择正楷、宋体、隶体或较端庄的美术字，忌用草书。

(7)实用性。教室布置不能只是装饰与点缀，而应考虑规范行为、培养品格、陶冶性情、锻炼能力、丰富知识、配合单元教学的实际需要。所有的栏目在填充内容时都要考虑所选内容是否有意义、有价值。在布置教室时，适时添加与教材有关的辅助教学资源，这是增强教室布置的实用性的有效方法。如上自然课时，可搞一个相关主题的图片展；上生理卫生课时，可在教室的适当位置张贴人体结构图；上作文课时，可安排学生优秀习作展等。

(8)创造性。创造力的培养是现代教育的目标之一，教室布置应考虑留给学生创造发展的空间，像适时举办学生书画作品展等就有利于对学生进行创造能力的培养。对新鲜事物敏感性强是学生心理的一个特点。教室布置如果长时间不变，学生就会对其熟视无睹，如果适时变换形式和内容，就会使学生时时刻刻有一种新鲜感，引起学生注意，并从中获取教益。

二、班级制度文化——班纪建设

在班级集体中，我们把那些以规章制度、公约、纪律等为内容的，班级全体成员共同认可并自觉遵守的行为准则称为班级制度。班级制度，不仅为学生提供了评定思想品德、学习、行为的标准，而且使每个学生时时都在一定的准则规范下自觉地约束自己的言行，使之朝着符合班级群体利益，符合教育培养目标的方向发展。这也是一种文化形态。

班级制度主要有班级公约、奖惩制度等。制度如何实施也是班主任必须深刻考虑的一个问题。班级制度如果没有办法保证它坚定地贯彻下去，这样的班级班风不会长进。因此，在班级内绝不应当有特殊的人物或团体，或者说不能让一个人或几个人随便违背班级制度。同时必须在班级制度中有明确的奖惩条例，有合理的监督机制。

三、班级精神文化——班风建设

班级的精神文化是班级文化的核心和灵魂。它主要是指班级成员认同的价值观念、价值判断、价值取向、道德标准、行为方式等，是班级文化建设的深层次要求。班级精神文化是学生受教育最直接、最重要影响源之一。因此一个良好的班集体，对学生产生着潜移默化的作用。班级精神是班级中全体成员的群体意识、舆论风气、价值取向、审美观念等的精神风貌的反映。班级成员的自我规范除了制度的监督外，班级精神更是一种无形的约束。它能在班级成员的心理上产生一种内在的激励因素，从而增强班级集体的向心力和归宿感。

班级管理者在进行班级精神文化建设时，要做的工作很多，这里我们仅从班级精神的培育、民主和谐的班级气氛的形成两个方面进行分析和阐述。

(一)班级精神的培育

班级精神是指师生在从事各种班级文化活动时体现出来的思维活动和共同的心理状态。这种精神是一种师生们在一定历史条件下，为谋求生存和发展，在各方面实践中逐步形成和发展起来的一种群体意识，也是一个班级中广大师生价值观和人生观的综合反映。它是班级文化的灵魂，也是一股强大的无形力量，会对每一个学生的发展起到巨大的潜移默化的教育、激励和制约作用。

从对班级成员思想的支配程度来进行分析，班级精神可以分为班级主流精神与非主流精神。班级主流精神，是指在班级中被绝大多数学生认可的，对师生们的思想、心理与行为起支配作用的班级精神。班级非主流精神，是指在班级中被少数学生认可的，对师生们的思想、心理与行为不起支配作用，但有一定影响作用的班级精神。一个具有良好班级文化的班级，其班级主流精神也是积极向上的，大都会有求真求实的科学精神，即指师生们探索真理、追求真理的求学态度和治学教风与学风；求善求美的道德精神，即指师生们追求正义、为社会服务的做人态度和审美取向；平等互助的民主精神，即指师生们能树立正确的民主意识，能正确地行使民主权利，创造和谐的师生关系；争先创优的创新精神，即指师生们勇于竞争、敢于拼搏，能打破常规进行创新的思维方式和行为。但如果一个班级文化建设不成功，那么班级主流精神很可能是消极的，如自私自利、漠不关心他人或集体、损公肥私等。

班级精神文化可以通过班训、班级舆论、制度文化和活动文化等方面加以体现。班训是用最简练的语言，以近似于口号的方式表达班级主流文化价值及其追求，明确而深刻地展现班级精神的内涵。班级舆论是班级精神文化在班级日常生活中语言方面的表现；制度文化和活动文化则是班级精神的行为外化的表现形式。

(二)民主和谐的班级气氛的形成

班级气氛是在班级社会体系中各成员间的交互作用过程中产生的。由于各成员之间的价值、观念、态度、期望与行为交互影响，经过一段时日后，自然形成一种独特的情绪气氛，弥漫在整个班级之中。它影响每个成员的思想观念和行为模式，不知不觉地塑造了学生的态度和价值，也影响了学生在教室中的学习活动。

形成民主和谐的班级气氛需要班主任在工作中注意营造良好的人际环境、营造正确的舆论和班风、营造健康的心理环境，让每一个学生都成为班级的主人。

案例 7-3

班级文化建设操作纪实

近些年来公共关系的研究和实践在市场经济的催化作用下获得了长足的发展，尤其值得注意的是主体有由经济组织向非经济组织拓展的明显趋势。正是在这种环境下成长，1998 年 6 月，从湖南城市学院毕业时，我已有将企业文化理论嫁接在班级管理之中的想法。1998 年 12 月至 2001 年 6 月，我在湖南省南县较偏远的北河口中学担任了三年初中班主任，在这一理论的指引下，把一个学习成绩很差、纪律差的班级带成了优秀班级。学生毕业之际，我也考取了湖南师大的硕士研究生。在三年的研究生学习中，我经常与学生保持联系，继续回味和思考着班级文化建设的经验。

班级文化的核心是班级精神，以此为线索来进行考察，从树立良好的班级形象开始，我这三年的班级文化建设实践逐步演变成为一种在形象塑造中培育和提炼班级精神的独特发展历程。鉴于目前在班级文化建设上讲"做什么"的多，说"怎么做"的少，而班级文化建设又具有很强的操作性。因此，本文在对此进行纵向论述的基础上着重对其中的具体操作方法进行了说明。

一、转化：班级形象的树立

1998年12月，我接手南县北河口中学初一94班时，该班是一个任课教师一致认为"一想到进课堂就不舒服"的班。初步调查之后，我决定首先改变班级形象，希望以此来改变任课老师的态度，更重要的是想让学生在朝班级形象目标努力的过程中逐渐形成良好的行为模式，从而带动班级文化的转型。

一开始，在借鉴了一些有经验的班主任的做法的基础上，以"我心中理想的94班"为主题，开展了一系列活动，使班内舆论开始聚焦在建立良好的班级形象上来，并在一定程度上为94班创造了"新""活"的形象元素。

由于接手班主任工作时间不长，适合94班特点的目标班级形象尚未确立，良好的班风也一时难以形成。因此，尽管事先我做了较充分的动员，在期末考试中还是一败涂地。这样，在改变形象的过程中遇到了一次相当严重的挫折。对于一个纪律和成绩"双差"的班级来说，依照教科书中的一般理论按部就班的做法是低效的。

于是，我开始改变战术，极力寻找出奇制胜的机会。以此为出发点，我在班级文化建设上逐渐行成了"谋势"—"造势"—"借势"的操作模式。"谋势"是指寻找有利于体现班级特色和优势的机会，"造势"是指将这种机会转变为现实所采取的公关手段，"借势"则是指借机将这种优势和特色积淀为班级文化的内涵。

初中一年级第二期的时候，通过一段时间的观察，我发觉94班虽然调皮的学生在同年级六个班中最多，但是，调皮的另一个含义就是活跃，只要引导得法，调皮的学生往往能创造奇迹。正好这个学期学校举行排球比赛，而班上的男生又比较喜欢打球，实力较强，因此，我决定借机打一场迂回战，避开目前较差的学习成绩问题而以在排球赛中得胜作为改变班级形象的突破口，这是我改变班级形象的第一次"谋势"。

为了保证胜利和精彩，在加强训练的同时，我还特意"造势"，将1998年世界杯主题曲《生命之杯》中那几句振奋人心的"GO GO GO"教给了班上的啦啦队，这种特殊的加油方式不但震慑了对手、激励了自己，也赢得了全校师生的关注与好评。结果虽然只拿到了整体第二名，但整个比赛过程中最精彩、最能吸引观众的就是94班。因此，这次比赛大大地改变了94班"纪律差"的形象，赢得了较高的美誉度，从而为班级形象的转变提供了有利条件。

我"借势"在记述这次排球赛胜利的《班级日志》中为他们写了"最调皮、

最厉害、最可爱"的九字评语，这既是对他们在这次排球赛中优秀表现的评价，也是我为他们量身打造的班级形象设计：六个班中94班"最调皮"，要做到合理的调皮，才能更好地张扬个性，才会"最厉害"，而只有合理的"最调皮"和全面的"最厉害"才能让人感到"最可爱"。在排球赛取得"最佳表现奖"的大好形势下，学生很自然地接受了这个"三最"班级形象，并且个个对此喜形于色。

不难看出，"三最"形象是全面的，但我的重点却是"合理的调皮"。事实上，早在比赛过程中，激烈的竞争极大地增强了凝聚力，班风出现了好转的势头，只不过这种转变有可能随着时间的推移而消失。现在，由于"三最"这一目标班级形象的无形约束和激励作用，这种转变得以加强，良好的班风逐渐形成。

打球不是目的，"三最"形象的核心和根本目的还是学习上的"最厉害"。此前，提出"最厉害"的形象诉求只是利用了排球赛成功所形成的"晕轮效应"，学习成绩如果上不去，我心里还是有点虚的。为此，在利用"三最"形象带动班风转变的同时我加强了教学方面的管理，伺机在学习方面落实"最厉害"的诉求。

不久，初一的学生进行语、数、外三科全县统考，我认为对于班风已基本好转的94班来说这是一个很好的机会，并且是一个只能进不能退的机会，要不然就可能前功尽弃。于是，我改变班级形象的第二次"谋势"便是在这次统考中取胜，改变94班学习差的形象。

为了增加成功的把握，我采取了如下"造势"措施：首先，以排球赛的胜利激发学生自信心的同时，我也利用他们非常认同和信任我的心理向他们夸张地宣布若他们再考不好则我这个班主任也当不成了，适当地给他们以压力；其次，鉴于学生学习基础较差，我进行了技术处理，要求学生自发地大面积压缩史、地、政、生四科的复习时间，集中力量猛攻语、数、外三科，以造成局部优势。

在这种形势下，94班学生复习相当刻苦，出人意料地取得了全校第一名的好成绩，一改其"成绩差"的形象。我有了自信，学生们也有了自信。于是，我又"借势"大肆宣传，强化了学生对"三最"班级形象的认同。

经过以上两次大型活动的操作，从球赛得胜到班风转变，再由班风转变到成绩提高，94班由表及里地完成了从学习成绩差、纪律差的形象到"三最"班级形象的初步转变。与此同时，作为班级形象背景的班级文化也随之产生了一定的变化，学生在轻松活泼的环境中的个性发挥逐渐合理化，在越来越和谐的班内心理氛围中有了追求上进的信心。

二、巩固：班级精神的培育

"三最"班级形象的基本落实只是完成了班级形象的矫正和班级文化的初步转变，作为班级文化核心的班级精神却未形成，还处在培育过程之中。因此，接下来要做的就是要进一步实现"最厉害"的形象诉求，在巩固"三最"班级形象的过程中培育独特班级精神，使良好的班级文化基本定型。

二年级第一学期，物理是新科目，学生都是站在同一条起跑线上的，只要努力一定能学好，尤其对那些想学习而又基础较差的学生来说，通过努力不但能学好物理，而且还能为学好其他科目赢得信心。一个班级也是这样，谁能引起重视并下功夫，谁就能取得优势。94班此前语文、数学、英语统考第一名的取得有一定的取巧成分，整体实力尚未完全提升。因此，我这次的"谋势"选择了物理这一最能造成局部优势的科目来实现"最厉害"的形象诉求。

为此，一年级第二学期快结束的时候，我提前向学生大造声势，未雨绸缪，抢占先机。到正式开设物理课的时候，大部分学生已有了一定的思想准备，我又趁势火上加油，再次郑重强调这一点。

在此基础之上，我进一步"造势"。首先，以"三最"班级形象作号召，我要求学生发扬语、数、外统考时艰苦奋斗的作风，并郑重地提出了"物理拿第一"的要求，大大地激发了他们的自信心。其次，为了将"处在同一起跑线上"的理念落到实处，我通过深入地做思想工作选择了一个学习基础较差的学生作为典型，要他集中精力重点学好物理一科，并且向物理老师通报情况，要求适当地照顾这个学生，从而树立了一个"底子差也能学好物理"的榜样。最后，为了保证首战必胜，尽管第一次物理考试是一次小考，我还是做了全面的动员，收到了很好的激励效果。

通过这样一番造势和布局，94班在经历多次考试之后打造了一个"物理每次考第一"的坚实形象。学生受其鼓舞，94班在期末考试中几乎全线飘红，在所学八门课程中拿了五个单科整体第一名。至此，"三最"班级形象得以全面确立。

与此前不同的是，这次的"借势"除了强化"三最"班级形象之外，我还引导学生总结他们一年来在连续夺冠过程中形成的力争上游的作风，并用历史和现实中类似的例子对他们进行了激励。

到二年级第二学期生物、地理会考的时候，经过一年级第二学期的语文、数学、英语统考和二年级第一学期的物理两次追求"最厉害"的成功，94班的学生初步形成了"未雨绸缪"和"集中力量"的奋斗策略。因此，这次生物、地理会考几乎是模式化操作：提前一个学期讲会考的重要性，让学生早作准备，而他们之中大部分人在开学之前已将有关的教材收齐，并已粗略地看了一遍；建议学生先放开历史、政治等学科的学习，集中精力猛攻生物、地理，以造成局部优势。

依据我一年多的经验来看，对于生物、地理这样识记性较强的科目，以这样的操作使94班取得"最厉害"的成绩基本上没有什么问题，关键是要把学生取得优异成绩的这种奋斗作风转变成为一种班级精神，因此，我又通过多种形式以学生的这种作风来激发他们的自豪感，以此来强化他们的这种作风。

火点起来后，为了防止火太旺把饭烧焦了，我安排了家长会、知识竞赛、文娱活动等调节气氛、激发士气的活动。一个学期下来，学生玩得痛快，也学得扎实，会考成绩比同校的第二名在全县范围内提前了39个名次。

生物、地理会考的成功让我感到很兴奋，这不仅是因为取得这样好的成绩我只做了一些简单的"宏观调控"，更重要的是它意味着一种良好的班级文化已基本形成，并在潜移默化地发挥作用。虽然我还未曾像概括"三最"班级形象那样直接表述过班级精神，但是在经历多次实现"最厉害"的形象诉求之后，一种独特的、力争上游的班级精神已经在长期的实践中基本形成。

三、升华：班级精神的提炼

生物、地理会考之后，班级精神提炼的问题摆到了我的面前，然而，对于如何将这种提炼落到实处我却一直没有上佳的选择。

一次偶然的机会，我发现了一篇名为《打工皇帝出走始末》的文章，讲的是著名企业家段永平从"小霸王"到"步步高"的传奇般的创业历程。深有感触之余，我仔细地聆听了那首林依轮和景岗山合唱的《步步高》，深深地领悟了这首广东音乐人写给段永平的歌，并由此为在我心头萦系已久的班级精神提炼找到了"谋势"的灵感。

流行歌曲由于广泛传播而具有较高的认知度，让人容易接受而又深具影响力，而这首歌歌词的内涵与94班的成功经历又有着一定的相似性。因此，在一次团队活动课上向学生讲述了段永平的传奇故事之后，我教会了学生唱这首歌，并借用它来作为94班的班歌，以此"造势"。

由于班级文化已基本定型，学生在价值观上已基本解决了"为什么学"的问题，所面临的主要是如何克服困难在中考中取得最好成绩的问题。所以，在向学生诠释歌词中"现实与目标哪个更重要，一分一秒一路奔跑"，"成败得失谁能预料，热血注定要燃烧"等句子时，引起了他们的强烈共鸣。紧接着，我把歌词中早已在步步高 VCD 的电视广告中令人耳熟能详的"世间自有公道，付出终有回报，说到不如做到，要做就做最好，步步高！"等句子与"三最"班级形象相衔接，与近两年来学生通过努力拼搏连续夺冠的作风联系，用"要做就做最好"概括了 94 班的班级精神，并引导学生概括了其内涵：未雨绸缪，艰苦奋斗，力争上游，不断进步。

这次班级精神提炼是比较成功的，在学生毕业后与我的通信中，他们大多会以"要做就做最好"这几句歌词来表达自己在新的成长环境中克服困难的决心和信心。其中一个叫石××的女学生，为人非常内向、腼腆，在进入高中后不久的一次主题班会上，竟然用这几句歌词作为她讲话的结尾赢得了满堂掌声。

随着"要做就做最好"的精神逐渐成为我与 94 班学生共享的"斗争哲学"，一种强势班级文化已经形成。这种通过实践打造出来的文化基因在整个初三阶段发挥了纲举目张、水到渠成的良好作用。

2000 年下半年，我因忙于考研而较少过问已是三年级第一学期的 94 班时，学生们仍能按我的意图在紧张有序的学习之余开展了一系列别开生面的活动，自发地对班级文化进行了创新。本着"要做就做最好"的班级精神，在期末考试中他们又一次拿下了五个单科整体第一和班级综合排名第一。2001 年上半年，我考上湖南师大硕士研究生，学生也在中考中取得了很好的成绩

【资料来源】《教学与管理》，2005 年第 10 期。

【本章小结】

班级文化是指在班级师生相互作用过程中形成的，为大多数学生所认同的，用来教育大家的一套价值体系，即一个班级在长期的学习、生活和日常活动中所凝结起来的一种班级氛围、班级精神、班级理念，并体现在班级所有学生身上的共同价值观念、道德规范和行为方式。班级文化的外层是班级物质文化，中层是班级制度文化，内层是班级精神文化，三个层面中，物质文化是基础，制度文化是关键，精神文化是核心和灵魂。班级文化的特点体现在独特性、潜隐性、向上性、难模仿性。功能主要体现在

教育功能、凝聚功能、激励功能、制约功能四个方面。班级文化建设有利于学生的全面发展、有利于班集体的建设。班级文化建设的内容是班级物质文化、班级制度文化、班级精神文化建设。

【思考与练习】

1. 什么是班级文化？它的特点有什么？
2. 班级文化的功能有哪些？
3. 班级文化建设的意义是什么？
4. 试述班级文化建设的内容。

【本章参考文献】

1. 关月玲．班主任的班级文化建设．杨凌：西北农林科技大学出版社，2014

2. 田恒平．班主任理论与实务．北京：首都师范大学出版社，2007

3. 张作岭，宋立华．班级管理．北京：清华大学出版社，2014

4. 徐长江，宋秋前．班级管理实务．北京：高等教育出版社，2013

第八章　班级管理评价

【本章学习目标】

1. 掌握班级管理评价的概念，了解班级管理评价的类型。
2. 知道班级管理评价的功能。
3. 知道班级管理评价的基本理念。
4. 了解班级管理评价的内容与评价过程。

第一节　班级管理评价概述

一、班级管理评价的含义

关于评价，早在 20 世纪 30 年代，在美国进行的课程与评价的"八年研究"中，泰勒就强调，"评价过程在本质上是确定课程与教学计划在实际上实现教育目标的过程。但是鉴于教育目标实质上是指人们发生的变化。也就是说，所要达到的目标，是指在学生行为模式中产生某种期望的变化，因此评价是一种确定行为发生实际变化的程度的过程"。[①] 泰勒对这一问题的回答，明确了评价是从目标出发进行鉴定、诊断的过程，是用于评定目标实际实现的程度和过程，评价的目的是以期更好地实现目标、修正目标。评价所研究的重点是如何判断目标正在实现和实现的程度。

---

① ［美］泰勒著，施良方译，瞿葆奎校：《课程与教学的基本原理》，北京：人民教育出版社，1997 年，85 页。

拓展阅读 8-1

泰勒与"八年研究"

1929 年，美国发生了一次大规模的经济危机。1933 年罗斯福实行了"经济的社会化政策"，这一政策强调政府和产业的协调机制。随着这种经济上的限制和干预的出现，大批青年没有就业的机会，只能涌向中学，原有的为"升入大学服务"的中学教育目标指导下的课程设置、评价标准和失业青年的需求之间产生了矛盾。于是，美国进步主义教育联盟适应形势要求，进行了一项以改革课程内容为主的实验研究，设计了一套新的中学课程，并在全国 7 所大学和 30 多所中学进行教育实验。这项中学课程改革研究活动从 1932—1940 年历经八年完成，史称"八年研究"。为了评价课程改革的效果，同时组成了以泰勒为主任的评价委员会。1942 年，泰勒等人对"八年研究"的教育评价实验进行了总结，提出了被称为"划时代的教育宣言"——史密斯—泰勒报告。在报告中，泰勒首次提出了教育评价的概念，认为教育评价是确定实际教育结果达到教育目标的程度的过程，也就是"将实际之表现与理想之目标加以比较的历程"。同时，还提出了评价的原则和方法，即"泰勒模式"。由于教育评价在"八年研究"实验成功中的作用，许多研究者和教育工作者开始用一种新的观点来认识教育评价，教育评价也逐渐取代了教育测验。泰勒也因此获得了"教育评价之父"的称誉。

从班级管理的角度来讲，它是教育评价的重要组成部分，指在一定班级管理理论的指导下，依据确定的班级管理目标，通过使用一定的技术和方法，对所实施的关于班级管理工作的活动、过程、要素、结果等进行科学判定，以期不断完善，达到价值增值的过程。

理解班级管理评价的定义，需要注意以下几点。

第一，评价是一种价值判断活动。所谓价值判断，是指根据一定的价值标准，在事实判断的基础上，对事物的价值做出评判。所谓事实判断，是对事物的现状、属性与规律的客观描述。事实判断与价值判断是人们认识外部世界与自身状况的两种最基本的形式。也是人们从事实践活动的基本手段。评价只有把价值判断建立在事实判断的基础上，才可能真正认识与改变教育现状，实现最终目的。

第二，评价以教育活动满足社会与个体需要为价值判断的准则。在任何一种评价中，都必然涉及两个最基本的概念——价值主体与价值客体，课程与教学评价也不例外。价值主体需要与客体属性之间的现实关系的反映，其在本质上表现为主体需要与客体属性之间的一种特定关系，是由客体满足主体需要的程度决定的。教育价值实际上是指作为客体的教育活动的属性与主体需要之间的一种特定关系，是由教育满足人的需要程度决定的。人们对教育的需要，一般由个体需要和社会需要两部分构成。课程与教学评价是对课程与教学是否满足了学生与社会发展的需要以及满足需要的程度做出判断的教育活动。课程与教学是价值客体，是用来满足学生发展与社会发展需要的，价值的主体则是学生和社会。因此，从根本上来说，评价是以教育活动满足社会与个体需要的程度为价值判断的准则。

第三，评价是一个过程。教育领域蕴涵有丰富的价值，各种教育活动现实的或潜在的价值需要人们去认识去探寻并力争做出全面的判断。这种价值判断不是单一活动，而是对特定教育现象复杂的、动态的、系统的考察与判断过程。

二、班级管理评价的功能

班级管理评价的功能是指这种评价所能发挥的作用与影响。从不同的角度去考虑，主要有以下几个方面。

(一)导向功能

评价活动中，对任何被评价对象所做出的价值判断，都是根据一定的评价目标、评价标准进行的，而被评价者为了有好的评价结果，就会致力于满足评价标准的要求，评价指标和评价标准就像"指挥棒"一样，为被评价者指明努力的方向，有什么样的评价内容，被评价者就会注重这方面的工作；有什么样的评价标准，被评价者就会向什么方向做出努力；评价所肯定的指标，就成了被评价者的追求；评价所否定的就成了被评价者舍弃的。因此被评价者往往是按评价标准努力工作，事实上就把评价者的教育管理理念和指导思想贯穿到了具体班级管理评价中。

(二)诊断功能

在评价活动中，通过对搜集到的信息资料进行整理分析，常能发现被评价者的优缺点及存在的问题。学校要进行培养人的活动，要落实国家方针政策，要进行班级管理与活动创新，然而，工作做得如何？效果怎么样？评价就回答这样的一些问题。一方面，通过对班级教育活动中的符合要求的方面和存在的问题进行诊断、揭示与分析，找出症结和原因所在，另一方面要肯定做法进行鼓励并针对问题提出改进方法和建议。

(三)调控功能

教育活动始终是处于不断地调整过程中的，但要想让调整变得科学有效，除了需要诊断出教育活动的问题所在外，还必须把这些诊断出的问题及时反馈给被评价者，以促使其对培养目标、活动过程、教师与学生等过程做出调整。通过经常性的班级管理评价活动，可以使班级发展计划、教育活动、教育行为更加符合学生要求，可规范管理行为，使教育过程中的不良行为得以控制和预防，使好的有利的行为得以保持。

(四)鉴定功能

从教育评价的发展来看，教育评价在其早期阶段是以发挥鉴定功能为主要特征的。通过评价，人们可以区别、鉴定学校组织、管理实施方案、教师的行为、学生学习效率等方面的优良程度，从而做出认定，确定其有无价值或价值的大小，衡量它是否达到了应有的标准，为他们评定相应的等级。科学、合理、公正的评价所区分的优良和鉴定的等级，是教育管理科学化、规范化的基础。

(五)激励功能

教育评价要对被评价者做出价值判断。每所学校、每个班级、每位老师和学生都有实现自身价值的需要，都有企求获得较多的价值评定的要求，因为评价结论往往直接影响到被评价者的形象、荣誉和利益等。评价结果所做出的价值判断，能够揭示被评价者活动或行为的有效程度或达标程度，使他们看到自己的差距和成绩，激励他们全力以赴做好各项工作，创造出更大的教育成就。

三、班级管理评价的类型

由于不同的评价目的和功能，致使课程与教学评价涉及的范围广、内容多，为了便于研究和应用，我们依据不同的角度来划分它的类型。比较有代表性的分类有以下几种。

(一)按评价的功能分类

这是由美国教育心理学家布鲁姆提出的影响较大并被广泛使用的分类法。

1. 诊断性评价

它是在教育、教学或学习活动开始前，为使其计划更有效地实施而进行的预测性、测定性评价，或对评价对象的现状和存在问题做出鉴定。目的是为了了解评价对象的基础和情况，为解决问题搜集必要的资料，找到解决问题的办法，以便指导。如教学实施前诊断性评价的作用就在于对学生的程度、教学条件等进行预测，以便确定切实可行的教学计划并对此进行评价。

诊断性评价的结果一般只供教育领导者或教师安排教育教学活动做参考，不记作班级的成绩；也可以作为班级学生原有水平的资料，与后期的结果相比较，作为确定教育教学效果的依据。

2. 形成性评价

它是指在教育、教学或学习过程中评价活动本身的效果，用以调节活动过程，保证目标顺利完成而进行的评价。一般以活动内容的一个单元为评价点，以测验或检查等形式及时反馈和根据班级或学生个体的差异进行有针对性的矫正，从而随时修正和调节教育教学活动。与其他两种评价类型相比，它测试的次数较频繁，概括的水平较低，其目的并不是单纯地考查班级和学生，而是为了控制教育教学过程，使全体学生都能达到目标。形成性评价又称"即时评价"，其优点是能及时反馈信息，适时调整改进，缩小工作过程与目标之间的差距。形成性评价主要通过测验来判断，同时辅以日常作业和评价者的观察共同完成。在实施过程中，一般步骤如图 8-1 所示①。

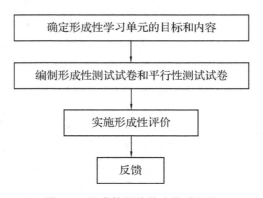

图 8-1　形成性评价的实施过程图

① 全国十二所重点师范大学联合编写：《教育学基础》，北京：教育科学出版社，2002 年，311 页。

3. 总结性评价

它是指在某项活动完成后对一个完整的教育教学过程的最终成果做出价值判断。是对全过程的检验，又称为"终结评价"。在教学中，一般在学期中和学期末进行评价，它的测验内容和程度都要多于前两种评价的要求，其成绩记入成绩单，作为某种资格认定或升、留级或就业的依据。因此，总结性评价最关注的问题是测验的准确性和可靠性，即试卷的信度和效度。为满足这两个基本要求，在编制总结性测验时，一般步骤如图 8-2所示①。

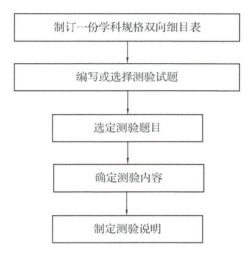

图 8-2　总结性评价的实施过程图

总结性评价的优点是简便易行，也较为客观。但它具有事后检验的性质，对评价对象本身的改进和完善，无能为力。

(二)按评价的基准分类

所谓基准就是评价的价值标准。由于它的不同，其评价方法一般可分为下面几种。

1. 相对评价

它是指在被评价对象的集团中(所处班级、学校、城镇等)选取一个或若干作为基准(即常模)，然后把各个评价对象逐一与基准进行比较，从而

<hr />

①　全国十二所重点师范大学联合编写：《教育学基础》，北京：教育科学出版社，2002 年，311 页。

确定集团中每一个成员所处的相对位置(或名次),以达到在这个集团中对每个个体进行评价的目的。

图 8-3[①] 中 A_a、A_b、A_c…A_n 为评价对象整体中的单一个体,M_o 为选定的评价基准。相对评价即通过 A_a、A_b、A_c…A_n 与 M_o 作比较,从而确定它在这一整体中所处的相对位置。

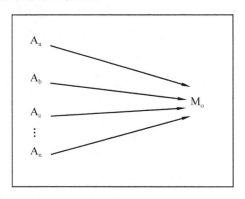

图 8-3 相对评价方法示意图

相对评价又称常模参照评价或相互参照评价。相对评价的特点是根据被评价对象的整体状态确定基准,其基准只适用于所选定的评价对象的集团,对于其他集团就未必适用。比如某学校对教师的班级管理效果进行评价,选择了以学生的学习成绩作为评价指标之一,先选定了一个学生(或班级)分数作基准,其他分数与之相比较,高出的为合格,低于的为不合格。

相对评价适用面广,不受整体水平的限制,无论这个集团的整体水平如何,都可比较出优劣,同时,集团中的每个个体都可以找到自己在集团中的相应位置,找出努力方向。这种评价特别适合于定额选拔,可作为编班、分组和升级等决定人选的依据。但这种方式也存在缺陷:它选定的基准,只适用于这所学校,超出这个范围它就不可能作为基准,所以容易降低客观标准;这种评价的结果不一定能表示被评价者的实际水平,只表示他在这个集团中的位置,并不表明他是否已达到了特定的客观标准,也不能对个人努力程度和进步状况做出适当评价。

---

① 全国十二所重点师范大学联合编写:《教育学基础》,北京:教育科学出版社,2002 年,311 页。

2. 绝对评价

它是指在被评价对象的集团之外预先确定一个基准(这个基准为客观标准),将评价对象与客观标准进行比较,判断其达到标准的程度,做出价值判断。它主要用于合格性和达标性活动。如高中学生的毕业考试,凡达到国家合格标准的高中毕业生都可获得毕业证书。所以绝对评价又称到达度评价或客观标准评价。

图 8-4[①] 中 A_a、A_b、$A_c\cdots A_n$ 为评价对象整体中的单一个体,M_o 为独立于被评价者的客观标准。绝对评价即通过 A_a、A_b、$A_c\cdots A_n$ 分别与 M_o 的比较,从而确定其达到 M_o 的程度。

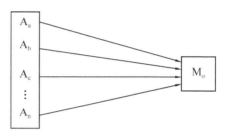

图 8-4　绝对评价方法示意图

由于绝对评价只考虑被评价者应该达到的水平,而不考虑他在特定整体中的位置,所以通过评价可使被评价者明白自己和标准之间的差距,促进被评价者积极上进。它的缺点是客观标准的制定比较困难,容易受到评价者的教育观及其经验的影响,很难做到完全客观、合理。

3. 个体内差异评价

它是指把被评价者的过去和现在相比较,或者被评价者的若干侧面进行比较。

图 8-5[②] 中 A_a、A_b、$A_c\cdots A_n$ 为各个被评价者,A_a'、A_b'、$A_c'\cdots A_n'$ 为以各个被评价者自身某一时期的发展水平构建的标准。

---

① 全国十二所重点师范大学联合编写:《教育学基础》,北京:教育科学出版社,2002 年,313 页。

② 同上。

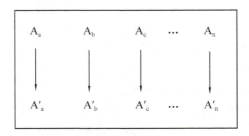

图8-5 个体内差异评价方法示意图

个体内差异评价不同于相对评价和绝对评价，相对评价和绝对评价都有衡量的共同标准，而个体内差异评价则是依个人的标准进行评价，个人有个人的标准，而无团体共同的标准。

个体内差异评价是从被评价者的实际出发，最大优点是尊重学生的个体差异。但由于没有团体共同的标准，又不与他人作比较，因此，使被评价者难以找出自己的差距。

(三)按参与评价的主体分类

1. 自我评价

自我评价就是被评价者根据评价指标，参照一定标准，在各方面对自己进行评价。如学校成员对自身教学管理的评价；教师对自己的教学思想、教学内容、教学效果的评价等。被评价者同时又是评价者。

这种评价比较容易开展，它建立在对被评价者充分信任的基础上，能保护被评价者的自尊心，增强工作的自信心；被评价者对自己的情况最了解，信息最充分，资料最翔实，如果态度端正、标准掌握准确，评价会有较高的准确性。但是，自我评价主观性较大，容易出现评价偏高或偏低的现象；由于被评价者对评价标准的理解和掌握不同，因而难以进行横向比较。

2. 他人评价

他人评价是指由被评价者之外的人进行的评价，也叫"外部评价"。如各级行政领导对学校的评价，校领导对教师、学生的评价等。

他人评价的优点是标准客观、要求严格，其结果科学性、准确性、客观性都很强，容易使被评价者看到自己与他人的差距，找准努力的方向。但是这种评价组织工作较为繁杂，耗费的人力和时间也多，因而不适宜频繁使用。

(四)按评价的方法分类

1.定量评价

定量评价是采用一定的数学方法，收集和处理数据资料，对被评价者做出定量结论的评价。如运用教育测量与统计的方法、模糊数学的方法等，对评价对象的特性用数值进行描述和判断。

定量评价强调数量计算，以教育测量为基础。它具有客观化、标准化、精确化等鲜明的特征，评价结果准确，使被评价者区分显著，在一定程度上满足了选拔需求。但定量评价往往只关注可测性的品质与行为，忽视个性发展与多元标准，把丰富的个性心理发展和行为表现简单化为抽象的数量计算。

2.定性评价

定性评价指不采用数学的方法，而是根据评价者对被评价者平时的表现、现实的状态或文献资料的观察和分析，直接对被评价者做出定性结论的价值判断。如评出等级、写出评语等都是定性评价。

定性评价多用观察法、谈话法、综合分析法等取得资料，做出判断。

教育活动是十分复杂的，具有模糊性，存在着许多难以量化的因素。所以定性评价是不可缺少的。定性评价更加关注"质"的方面的评价，更具有现代人本思想和发展性评价的理念。但是，定性评价有时使评价结果较为笼统，弹性较大，难以精确把握。

定性评价和定量评价各有其优缺点，各有其适用范围。现代评价理论和实践发展的趋势就是将定性评价和定量评价结合起来，求得更客观和更全面的评价结果。

四、班级管理评价的基本理念

(一)重视发展，淡化甄别与选拔，实现评价功能的转化

传统评价过分强调甄别与选拔的功能，现代管理则将评价的价值定位在发展功能上，与之相适应的评价标准应体现学生多方面潜能的发展，尤其是创新精神和实践能力的发展，"建立促进学生全面发展的评价体系。评价不仅要关注学生的学业成绩，而且要发现和发展学生多方面的潜能，了解学生发展中的需求，帮助学生认识自我，建立自信。发展评价的教育

功能，促进学生在原有水平的发展"①。评价理念强调发挥评价促进发展的功能，是"创造适合于儿童的教育"。换言之，评价是为学生的发展服务，而不是学生的发展为评价的需要服务。新的评价理念也承认评价对象之间的发展存在差异，认为评价的目的不是为了使评价对象之间的差异明确化，而是从中分析问题、不足，并发掘适合办法，促进他们在现有基础上谋求真正发展。

(二)重综合评价，关注个体差异，实现评价指标的多元化

传统评价的范围比较狭窄，只注重对评价对象某一个或某几个方面的发展情况做出评价，过分关注学业成就。新评价理念则与此不同，它强调评价内容的全面性和综合性，强调对评价对象各方面活动和状况的全面关注。《基础教育改革纲要(试行)》中强调，改变课程实施过于强调接受学习、死记硬背、机械训练的现状，培养学生搜集和处理信息的能力、获取新知识能力、分析和解决问题的能力以及交流与合作的能力。与之相适应，在关注学业成就的同时，人们开始关注个体发展的其他方面，如积极的学习态度、创新精神、分析问题、解决问题的能力以及正确的人生观、价值观等，从考查学生学到了什么，到对学生是否学会学习、学会生存、学会做人等进行考查和综合评价。

(三)强调质性评价，定性与定量相结合，实现评价方法的多样化

20世纪初的现代教育评价，是以飞速发展的现代科技为背景的，因此，从其产生之日起，它就以科学所崇尚的客观、量化为标准。然而，对教育而言，量化的评价是把复杂的教育现象加以僵死化、简单化，学生发展的生动性、活泼性、丰富的个性特点、努力程度等都被泯灭在一组组抽象的数字中，这种评价丢失了教育中最有意义、最根本的内容。近30年来，质性评价以其全面、深入、真实再现评价对象特点和发展趋势的优点而受到普遍欢迎，成为世界各国改革倡导的评价方法。它强调运用学习过程档案袋、评价日程表、成长记录、反思日记、成果展示等定性评价方法，使其与纸笔测验、量化观察等方法有效地进行整合，在不同的方面真实地反映学生的发展情况。强调评价方法多样化，并不否定量化评价，而是注重将多种评价加以合理整合，这样将有利于更清晰、更准确地进行评价。

---

① 《基础教育课程改革指导纲要(试行)》，教基〔2001〕17号。

(四)强调参与互动、自评与他评相结合，实现评价主体的多元化

传统的评价忽视了评价主体多元、多向价值，尤其忽视了自我评价的价值，评价信息来源单一，评价结论难以保证客观、公正，被评价者处于消极被动状态。新的评价强调多主体评价，即加强学生、教师、学校的自评互评，倾听家长和社会对教师、学生、学校教育教学活动的评价，畅通多方面信息反馈的渠道，使评价真正成为教师、学生、家长、社会、管理者、专业人士共同参与的交互活动。这样，一方面可以使评价信息的来源更加丰富翔实；另一方面被评价者成了评价主体的一员，在相互沟通协商中，易于形成积极、平等的评价关系，有助于被评价者接纳和认同评价结果，达到不断改进、共同发展的目标。

(五)注重过程，终结性评价与形成性评价相结合，实现评价重心的转移

传统教育评价由于其目的重在甄别、选拔，所以只关注教育教学活动的结果，然而对教育教学活动过程关注较少。新的评价理念倡导的是以促进发展为基础的过程性评价，是面向"未来"、重在发展的评价，只关注结果的终结性评价，其实是对"过去"的评价，这种评价不利于促进教师、学生、班级、学校的发展。评价是一个过程，并不只仅仅发生在教育教学活动之后，同时也应伴随和贯穿于教育教学活动之中。只有关注过程，评价才可能深入学生发展的进程，及时了解学生在发展中遇到的问题、所做出的努力以及获得的进步，这样才有可能对学生的持续发展进行有效指导，评价促进发展的功能才能真正发挥作用。与此同时，也只有在关注过程中，才能有效地帮助学生形成积极的态度，才能帮助学生形成正确的情感体验和价值观，实现"知识与技能""过程与方法"以及"情感、态度与价值观"的全面发展。

第二节　班级管理评价的内容与评价过程

案例 8-1

××××中学文明班级置化考核实施方案(试行)

为贯彻党的教育方针，面向全体学生，因材施教，发展特长，加强德育管理，全面提高教育教学质量，培养良好的班风，建设优良的校风，使

学生在德、智、体、美、劳等方面全面发展,根据原制定的《罗平三中文明班级量化评比管理规定》,结合学校发展实际特制定本方案。

一、指导思想

班级是学校对学生管理的基本组织形式,为全面落实班级目标管理,有效提高班务工作质量,客观评价班主任工作,培养师生的竞争意识,为增强管理班级、建设班级的主动性、针对性和实效性,从而形成良好的班风学风,保证学校形成良好的校风及育人环境。

二、考核办法及原则

1. 考核坚持"公平、公正、公开"的原则。

2. 按月考核量化,实行月综合考评、学期综合考评和学年综合考评相结合。

3. 考核采取定性与定量考评相结合,以定量考评为主的办法。

4. 考核采用年级组与各处室考核相结合的办法:各处室考评年级组给定参数;再由年级组考核所在年级班级。

5. 常规考核与重点抽查考核相结合的原则。

6. 考核遵循过程与结果并重原则,遵行客观与可操作性相结合的原则。

7. 所有考核内容由学校政教处统一汇总,并报校长审批。

三、考核机构

1. 领导小组。

组长:

副组长:

成员:

班级量化评比领导小组,对班级量化评比工作负总责,做指导、领导、考核、监督等工作。

2. 考核办公室:各处室、各年级组。

3. 考核成员:各处室成员、各年级组成员、全体值日教师、宿舍管理员、门卫、膳食科及食堂工作人员。

4. 汇总办公室:政教处。

四、文明班级的评定方法

1. 政教处将本年级的除年级主任、副主任所带班级的所有班级考核分累计作为本年级的考核总分 M,计算出本年级该月文明班级数 N＝n—

$$\frac{1000m-M}{8}(\text{四舍五入})(n=\text{本年级班数}-\text{年级主任、副主任所带班级的班}$$
数)

2. 年级组对政教处提供的文明班级数Ⅳ对本年级文明班级进行评比上报政教处，政教处公示一天后认定。

3. 如果公式中计算的文明班级总数不足学校总班级的80%，学校原则上将班级考核总分在学校总班级的前80%（包含一票否决）的班级定为文明班级（不合一票否决的班级）补到各年级。

五、考核细则

(一)思想教育

1. 班会：按时开好班会，对学生进行经常性的政治思想、法制安全、学习目的、关心集体、团结互助、校纪校规等方面的教育。（要求在黑板上明确主题、将班会材料上交政教处）

①按时组织开好班会的班级：分为好、差、不开，分别记分0、—1、—2。

②班主任未到扣3分。

2. 好人好事：每出现一件有影响的好人好事，给该班加2分；该年级加1分。

3. 教室文化：优、良、中、差分别记分1.5，1，0，—2，没有的直接扣3分。（每月考核一次）

4. 宿舍文化：优、良、中、差分别记分1.5，1，0，—2，没有的直接扣3分。（每月考核一次）

5. 德育作文竞赛：一等奖、二等奖、三等奖每人次分别记分1.5，1，0.5分。

(二)仪容仪表

1. 未佩戴校徽每人次扣0.5分。

2. 烫发、染发、留怪发、男生长发、女生化妆或前额刘海过眉等每人次扣0.5分。

3. 佩戴耳环、项链、戒指、手链等饰物、留长指甲等每人次扣0.5分。

4. 穿奇装异服、穿拖鞋，男生裸穿背心，女生穿超短裤、超短裙、高跟鞋等每人次扣0.5分。

5. 着装不整齐，披衣散扣等每人次扣0.5分。

(三)纪律规范

1. 严禁攀爬窗户，攀爬栏杆或者在栏杆上坐着，若有以上行为视情节每人次扣1~4分。

2. 严禁进网吧，严禁看色情、凶杀、暴力、封建迷信书刊和音像制品，严禁进营业性舞厅、KTV，有以上行为每人次扣2~4分。

3. 严禁在教学区拍打球类；严禁乱丢垃圾；严禁吸烟，有以上行为每人次扣2分。

4. 帮他人买烟或传烟给他人的情况每人次扣1.5分。

5. 乱踢墙壁、门窗、故意损坏公物、破坏公共设施的每人次扣2~3分。

6. 带一次性饭盒(含泡沫盒、纸盒等)进校园者每人次扣0.5分，方便面盒必须投放到垃圾桶内，乱丢乱扔者每人次扣1分。

7. 课间休息时间，在走道、教室内打闹，每人次扣1分。

8. 教室内无人时不关灯，用水后不关水龙头者，一次扣1分。

9. 学生到其他年级、其他班级无事乱串的，一人次扣1分。

10. 因各种原因受学校开除学籍或勒令退学、留校察看、记大过、记过、严重警告、警告、通报批评处分者，每人次分别扣所在班级5分、4.5分、4分、3.5分、3分、2.5分、2分。

11. 不接受老师的教育一人次扣3分，无理取闹一人次扣4分。

12. 就餐打水纪律：

①打水、打饭不自觉排队，拥挤、起哄、吵闹厉害，不服从管理，每人扣2分。

②浪费粮食、乱倒剩菜剩饭每人次扣1分。

③饭后乱丢废弃物、乱倒洗碗水每人次扣1分。

④将自己碗中不要的辣椒皮、花椒等随便乱丢在地上的每人次扣1分。

13. 宿舍纪律

①严禁学生使用热得快、电热毯、电炉等电器，若有违犯，一人次扣2分。

②不按时作息，熄灯后不及时上床睡觉保持安静者，每人次扣0.5分。

（四）班级卫生及宿舍内务

罗平三中班级卫生及宿舍内务量化考核标准

内容	考核指标			不达要求所扣分
	要求	具体要求		
卫生	地面净	水泥地面、碎石路面、楼梯、台阶、地面落水洞（尤其是台阶立面、床下）	①地面干净，无污水积水、无污渍、无烟头、无废弃物 ②沟内水流通畅无漂浮物，下水道畅通，落水洞无堵塞	1～3分
	绿地净	花坛、草坪	花坛、草坪内无废弃物、无剩饭菜、无其他物品置放	
	墙体净	瓷砖墙面、仿瓷墙面、天花板、防护栏杆、水管、黑板、吊灯、消防箱	①墙面、天花板、栏杆、水管、黑板干净光洁，无积尘，无污渍，无蜘蛛网，无随意张贴，无乱画现象。吊灯表面无灰尘、蜘蛛网。 ②消防箱表面干净，箱内无废弃物	1～3分
	门窗净	教室门、宿舍门、各建筑物内大小门、窗户、窗帘	①门窗洁净，玻璃明亮，窗台无污迹灰尘 ②窗帘干净。（每学期初检查一次，见通知）	1～3分
	卫生工具净	扫把、拖把、撮箕、垃圾桶、废纸篓、毛巾	①卫生工具干净，整齐规范置于室内。拖把拧干挂起 ②垃圾日产日清，不得积留于室内	1～3分
	桌体、凳体净	桌子、凳子	①表面洁净，无贴纸。（每学期末检查一次，见通知） ②摆放整齐有序	1～3分
宿舍内务	被子规范折叠		被子折成四方块放于床后侧，枕头放被子对侧	每床未折扣1分
	床面平整		①床面平整无折痕，床单折于床垫下 ②空床上物品摆放整齐规范，无凌乱物品	各项每床扣1分
	鞋子规范上架		鞋子成线摆放在床下鞋架上，且鞋跟朝外	1～2分
	洗漱物品餐具摆放有序		口缸、牙刷、香皂、毛巾、脸盆、饭碗、水桶等摆放整齐有序，不得随意乱放	1～3分

续表

内容	考核指标			不达要求 所扣分
	要求	具体要求		
宿舍 内务	衣物摆放整齐规范		干衣服折叠整齐，不得挂于帐 架、床帮上 行李箱、书籍等物品规范摆放 阳台上晾晒的衣物挂成线 地面无凌乱物品	1～3分

（五）学风建设

1. 上课、自习准时到班，保持安静，不擅离座位、随便进出、不谈笑和大声讨论问题。若有违者，每人次扣1分。

2. 自习上课时间在教室里做与学习无关事情者，每人次扣1分。

3. 学生迟到、早退、旷课1人次分别扣0.5、1.2分。

4. 上课时教室内外吵闹、打闹和高声喧哗每出现一次扣2分。

5. 在课堂上玩手机每人次扣1分。

（六）两操两会、集体活动

1. 眼保健操。

①按时做操，有班干部组织，但做操不认真，有个别人说话或不做操，每次扣1分。

②按时做操，但无人组织，班内吵声大，有一部分人不做操，每次扣2分。

③非教师原因，班级集体无故旷操扣3分。（注：由教师拖堂引起的眼保健操迟做或旷操，由责任教师及时向值周检查人员说明情况可不予扣分，否则，按标准要求扣分，过后概不更改。）

④每缺席一人次扣1分。

2. 课间操。

①出操拖沓，自由站队，无人组织，队形混乱，动作不规范，或部分人站着不做操，讲话突出，出现一种情况每次每班扣1分。如有欺哄检查人员，或态度蛮横等现象，视其情节，严肃处理，扣2～4分。

②集体无故旷操扣3分。

③每缺席一人次扣1分，迟到每人次扣0.5分。（因伤病不能参加两操的，班主任必须到政教处核减本班人数，不扣分。）

3. 集体活动。

凡学校组织的大型活动，包括升旗晨会、晚会、集会、演出、外出参观等，值周人员要检查人数和遵守公共秩序等情况。

①不按口令迅速集合，队列混乱，有个别人说闲话，吵闹声大，集合不迅速每次扣2分。

②每缺席一人扣0.5分，每迟到一人或早退一人扣0.2分。

③无人组织，自由活动，每次扣2分。直接不参与的每次扣5分。

④活动中秩序差的班级扣1～3分。

(七)学生巩固率

学生巩固率的考核从开学后的第二个学期开始考核。非正常流失一个学生当月扣5分，（因为家庭原因流失即为正常流失）。非正常转学每人扣1分，（因家庭原因而转学即为正常转学）。

(八)奖励

1. 受到学校通报表扬的每次奖1分。

2. 做好人好事、拾金不昧者每次奖1分。

3. 检举不良行为，经查证如实者，每人次奖2分。对重大违纪事件（包括翻越围墙、打架斗殴、夜不归宿、偷盗、赌博、酗酒、与教师及管理人员顶撞不服从教育、带管制刀具进校园、抢劫、勒索、恐吓、威逼利用他人、随地大小便、撕毁涂改学校通知板报、不遵守门卫管理制度、冒充班主任私自编写请假条出校、不假外出、考试作弊等情况）的检举经查证如实者加4分。

4. 学生个人受到表彰奖励，按照省、市、县、学校分别奖励2、1.5、1、0.5分；班集体受到表彰，按照省、市、县及其部门分别奖励2.5、2、1.5、1分。学校奖励一等奖每人次、每班次另加0.5分。

5. 奖励重复的取最高值。

(九)班主任本人常规工作考核细则

(1)不按学校规定完成临时性工作任务，如表册和材料的上交、突击性工作、有组织性的集体活动等；每缺一次扣1分，扣完为止。（年级组和政教处同时考核）

①各班级学期初要制订班级工作计划，期末要有总结，并及时上交。

②各班级要制定严谨的班规和班级文明公约。要求上墙。

③各种安全责任书，家长告知书，矛盾纠纷排查化解材料，管制刀具收缴等痕迹材料应及时上交。

(2)为了使学生尽快转入正轨，开学第一个月要求班主任做到每天早自习前早查、课间操、午休午查、晚休晚查，少一次扣1分。（由年级组进行常规考核及政教处重点抽查考核）；从第二个月开始要求班主任每周早自习早查不少于2次，课间操全勤，午休检查不少于2次，晚休晚查不少于3次，少一次扣1分，扣完为止。

(3)班主任24小时开机，有事找班主任通信不畅，每次扣0.5分。（各处室、年级组考核）

(4)升旗仪式全勤，少一次扣1分。（由年级主任及政教处考核）

(5)离放假的最后一个月，要求班主任每天早自习前早查、课间操、午休午查、晚休晚查，少一次扣1分。（由年级组进行常规考核及政教处重点抽查考核）

(6)学校召开的班主任工作会议，应按时参加，每缺1次扣1分。

(7)大型集会活动要按时位全程按质按量组织好本班学生参加活动，迟到2次、缺席1次、脱岗1次扣1分。（由年级组进行常规考核及政教处重点抽查考核）

(8)每个大周进行两次全方位的矛盾纠纷排查化解工作，少一次扣1分。

(9)每个月进行两次全方位的管制刀具清理工作，少一次扣1分。

(10)放假时班主任必须亲自组织本班学生参加年级会，在年级组的允许下把本班学生带出学校大门，将学生离校签名表交门卫处方可离校，少一次扣1分。

(十)对于严重违纪、重大安全责任事故实行一票否决文明班级制

包括翻越围墙、打架斗殴、夜不归宿、偷盗、赌博、酗酒、与教师及管理人员顶撞不服从教育、带管制刀具进校园、抢劫、勒索、恐吓、威逼利用他人、随地大小便、撕毁涂改学校通知板报、不遵守门卫管理制度、冒充班主任私自编写请假条出校、不请假外出、考试作弊等的行为。

班主任在学校的各种突击性检查中无故不参加或隐瞒本班违纪情况；学生流失不及时跟踪落实上报导致后果严重的；实行一票否决该班该月文明班级。

(十一)附则

1. 每学年文明班级评定的次数作为向省、市、县推荐表彰的主要依据。

2. 考核结果作为评选优秀班主任、履职考核、奖励性绩效工资考核、

评定班主任津贴等的主要依据。

3. 对量化考核总分在各级排名最后 1 名的班级，学校将给予通报批评。

4. 年级主任、副主任所带班级政教处直接考核评定。

5. 年级组考核方案由年级组针对本年级实际情况制定。

6. 各项检查数据来自学校值日领导、政教处、年级组、校团委、学生会、教务处、总务处等相关领导和部门，学生考勤、班主任到位情况由年级组提供。各项检查资料及时交政教处汇总。

7. 班级常规管理考核情况所有原始材料存档一个月备查，如班主任认为检查结果与现实情况有出入，可以到政教处查档核实，但不准查检查人。

8. 各项检查采用定期和不定期抽查方式进行，不预先通知。

9. 本细则解释权归政教处。

10. 本实施方案从 2011 年 4 月 1 日起实施，并根据实际情况每学年进行适当修改并逐步完善。

2011 年 3 月 28 日

罗平第三中学

【资料来源】http：//www.docin.com/p-536649162.html.

一、班级管理评价的内容

(一)班级管理计划

班级管理计划是整个班级管理过程中重要的一环，它有助于班级管理更为合理和完善，它不仅能够引导班主任展开思维，有利于其及时把握班级管理的动向，同时班主任可以根据评价所反馈的信息进行有针对性的调整，从而对班级管理计划的实施进行有效的调控，提高管理效率。

拓展阅读 8-2

表 8-1　班级管理计划评价量表

项目	内 容	评定等级			备注
		高	中	低	
班级教育目标	是否符合学校的教育目标。				
	是否对班级的实际情况进行了调查。				
	是否掌握了本阶段班级管理的重点。				
	是否结合了学校的实际。				
	是否考虑到学生的实际发展情况。				
	是否体现了家长的愿望。				
	是否具体和可操作，并有实践意义。				
班级管理计划	制订的计划是否使目标具体化。				
	班级管理计划的目标是否现实。				
	班主任是否发挥了积极性和创造性。				
	是否考虑到计划实施的时间和空间。				
	评定的时间和方法考虑得是否具体。				
	是否有班级管理方案的具体措施。				
	班级管理计划和重点是否具体。				
班级情况	是否了解每个学生的个性和实际情况。				
	是否从多角度 多视觉去观察学生。				
	是否对每个学生的情况进行了记录。				
	对班级情况是否进行了客观了解。				
	是否为了解班级和学生的情况而进行了资料收集。				
德育情况	能否培养学生热爱祖国的情操，使具有民族自尊心和自豪感。				
	是否帮助学生树立起诚实守信 助人为乐的思想观念。				
	是否使学生具有基本的道德观念。				
	学生能否自觉遵守社会公德，初步形成良好的个人道德品质。				
	学生能否遵守学校和班级的常规要求，形成良好的行为规范。				
	班级中的学生是否具有端正的学习态度和明确的学习目标。				

续表

项目	内容	评定等级			备注
		高	中	低	
智育情况	能否激发学生的学习兴趣。				
	能否结合每个学生特点进行学习指导。				
	能否考虑到班级不同发展层次学习需要。				
	能否对学生学习习惯和方法进行指导。				
	能否对学习指导的内容做出选择。				
	能够对学习指导的方法进行改进。				
体育情况	是否有针对性地制定体育相关的内容。				
	是否对学生加强常规性体育锻炼指导。				
	班级中的学生是否能主动地参加学校组织的各项体育活动。				
	能否使学生掌握较为全面的健康知识。				
	是否具有较好的身体素质。				
生活指导	是否使学生养成日常生活习惯。				
	是否使学生形成较好的安全危机意识。				
	是否帮助学生培养文明行为举止。				
	是否使学生掌握一般生活常识。				
班级建设	班级气氛是否活跃。				
	全班学生能否积极主动地参与班级事务。				
	班级规章制度是否合理全面。				
	班干部队伍是否能以身作则，身先士卒。				
	全班学生是否具有较强的集体荣誉感和责任感。				
	班级同学之间的关系是否自然和谐。				
	对孤僻学生、受排斥学生、顽皮学生等是否关心。				
	教师和学生之间的关系是否融洽。				

续表

项目	内容	评定等级			备注
		高	中	低	
班级活动组织	能否有目的、计划、组织地对学生进行多种多样的班级活动。				
	是否建立日常性班级活动的常规机制。				
	能否积极组织学生参加全校性的活动，如运动会、文艺节。				
	有无开展特色的集体活动，如个人成果展示各种野外考察。				
	对各种班级的主题、日期、地点，以及流程是否规定详细。				
家庭沟通工作	能否长期保持与学生家长的联系。				
	能否定期召开家长会、家长观摩教学等活动。				
	能否了解家长的教育方式和教育观念。				
	能否就学生的情况与家长及时沟通。				
	能否使家长学校和班级事务保持热情。				

【资料来源】http：//wenku. baidu. com/view/e4ef9f01bed5b9f3f90f1cf3. html.

(二)班级管理制度

班级是学校管理工作的基层组织，为了加强在校学生的教育和管理，使班级管理工作规范化、制度化，促进良好班集体的形成，让每个班级学生都具有较强的凝聚力，使学生健康成长，班级管理制度的制定和执行非常关键。工作考核首先看制度制定的全面性、科学性、规范性；其次，是看制度的执行情况，否做到了以常规管理制度为依据，使学生养成了良好的学习习惯、生活习惯和行为习惯，是否促进了班级组织的健康发展。

(三)班级环境建设

班级是学生学习、生活的场所，其物质环境、精神环境的营造对学生的情操陶冶、学习鼓励等有很大作用。考察班级环境往往从教室环境布置的合理性、科学性、美观性的角度出发，如课桌椅的比例、教室采光、标识悬挂等是否符合标准；召开主题班会的情况；师生沟通交流等。

(四)班级管理者

班级是进行教育和教学工作的基本单位，是教师和学生开展活动、进行信息交流的最基本的组织形式。班级管理者既包括班主任，也包括学生。班主任是学校中全面负责一个班学生的思想、学习、生活等工作的教师，是班级的组织者、领导者和教育者，是学校办学思想的贯彻者，是联系班级任课教师和学生团队组织的纽带，是沟通学校、家长和社会的桥梁。在班级管理中，班主任扮演着多重角色，担负着多种责任，发挥着特殊的作用，班主任工作的优劣直接影响到学生的成长。对班主任的评价主要看基本素质与基本能力。

拓展阅读 8-3

表 8-2　班主任基本素质的评价指标体系①

一级指标	二级指标		等级				得分	备注
	评价项目	权重	优	良	中	差		
A_1 思德 素质 40%	B_1政治理论水平和修养	10						
	B_2责任感和事业心	10						
	B_3教育管理理念	10						
	B_4师德修养，师表作用	10						
A_2 智能 素质 40%	B_5专业基础知识和知识面	8						
	B_6教育管理知识和科研能力	8						
	B_7观察和表达能力	8						
	B_8教学能力	8						
	B_9分析解决问题和动手操作能力	8						
A_3 身心 素质 20%	B_{10}运用身体语言的能力	4						
	B_{11}身心自我调控能力	4						
	B_{12}身心健康、卫生保健的知识和能力	4						
	B_{13}个性倾向性（审美情操）	4						
	B_{14}意志品质与性格特征	4						

　　等级评定中"优"是评定该项目权数的 85%～100%；"良"是权数的 75%～85%；"中"是权数的 65%～75%；"差"是权数的 65% 以下。

---

　　① 张作岭，宋立华：《班级管理》，北京：清华大学出版社，2014 年，248～249 页。

拓展阅读 8-4

教师的二十二条军规

自古以来，国有国法，行有行规。如今做教师的，毕竟不同于以前的先生，从政策面上讲，做老师的规矩是时常在变的，当然，如今的规矩也不叫"行规"什么的，而叫"职业道德"或者"行为规范"，或者"公约"什么的，但这些都不重要，只是它的行文太过于官样化，摆在老师面前是当不了真的，事实上这些东西也无法起到实质性的约束作用，因为那规范太过于道德化了，一个"爱"字就把一切都掏光了。再说那贴在墙上的规范多是闭门造车的产生，只是一张招牌而已，有时就像是在被人领着宣誓似的（我常常将宣誓称为赌咒），又如何让人当真。

笔者从教二十余年了，从一个毛头小伙，到如今头上白发点点，虽没有公开违反过官方所颁布的"职业道德"，但也没有将其作为自己的行为准则，倒是将自己这多年的经验或者说是教训常记于心，作为自己的行为准则，现将其整理出来，说给大家听一听，共计22条，曾经读过一本名为《第二十二条军规》的小说，于是将其夸大为《教师的二十二条军规》，供大家批判。

第一条　明确你自己的职业特点

走出师范的大门的时候，我们每个人脑子里装的是教师职业是"阳光下最灿烂的职业"和我们是"人类灵魂的工程师"的观点，当我们真正走进教师队伍之后，很快会发现实际情况远非如此，我们的职业只是三百六十行中普通的一行，无所谓灿烂不灿烂，更谈不上是什么"人类灵魂的工程师"，我们从事的这份工作，只是借此养家糊口、赖以生存而已。与其他的热门职业相比，我们所从事的职业有时还显得特别低贱。

降低你对职业的期盼，这样你都会脚踏实地地做好自己的工作。

……

第三条　尽量避免与"工作狂"教同一个班级

我绝无贬低那些对工作负责的同事，但我们确实应该努力避免与那些视时间就是质量的同事共教一个班级，这倒不是因为他们很优秀，而是因为他们可以毫无节制地挤占学生的学习时间。

学生的学习时间是一个常数，他挤占了更多的时间，必定是以牺牲你所教学科的时间为代价的，到头来，学生的总体成绩不大可能很理想，但他可能较为突出，你却较为平庸。不是你怕平庸，而是你很可能不值。

第四条 每年资助一名贫困生

在你的学生中，一定会有一些相对的贫困者，你每年可从中选择一名资助者，用不着全额资助，你可不用太多的花费，提供学生的学习用品，哪怕只是一些草稿纸也行。请你不要将你的行为理解为仅仅只是一种资助，实际上，这种行为能让你更多地关注你的学生，增强师生之间的交融性，在这种"资助"过程中，你会发现，你的收益将远大于你的支出。

第五条 永远不要低估你眼中的差生

这世界原本没有差生一说，只是由于评价标准的差异，导致了我们眼中差生的产生。但我们不论什么时候都不要低估了眼前的差生。因为，眼前的差生能够让你的讲课无法进行下去，你犯不着如此，而差生的未来，也许是你永远也赶不上去的；所以，不要用言语去讥讽他们，诱发他们的叛逆精神。

第六条 别与他人攀比

不论你是与中学同学还是与大学的同学相比，可以肯定地说，你是比上不足，比下有余的。但你却很容易只将眼光盯着那些在事业、爱情以及拥有的财富比你强的同学，而这种比较即让你感到浮躁，同时也有失你的信心，让你的心情灰溜溜的。

其实，你虽不是最成功的，但你肯定不是失败者，用不着灰心丧气。

……

第八条 将教师视为你的终身职业

也许你还没有走上教师岗位的时候，就已经想到了要跳槽，你也许会做各种努力，但成功的可能性并不是太大。如果你在30岁以前还未跳出教师队伍的话，那么你就必须将这一职业视为终身职业。又由于你跳出的可能性并不太大，因此即便是30岁以前，你在尝试着跳槽的同时，你也不要放弃手上的工作。

第九条 坚持阅读

经常阅读报刊、阅读网络，能能够让你对世界保持一种新鲜感。经常阅读经典，能促使你不停地思考。对世界保持新鲜感，能够使你的观点不落后于学生。同时，你会从这世界的时事、体育、娱乐新闻中找到与学生交流的话题，从而增加彼此的交融性。阅读经典，会在无形中提升你的品位，强化你的人格魅力，从而影响你的学生。

第十条 在床头准备好笔与本

做一个思考的老师，而思维的火花往往会在你上床后的那一瞬间，或者是在你醒来的那一时刻，有时甚至是在凌晨乃至你的睡梦中闪亮，在你的床头放一本记事本和一支铅笔，迅速地记录你思维的火花，这有助于你自身的提高，最终提升你自己。

第十一条　要学一点幽默

幽默是生活的润滑剂。谁都不希望自己面前站着一个整天板着面孔的人，学生更是如此。掌握一点幽默的艺术，既放松学生的心情，同时也让学生走近你。但幽默应止于讥讽，因为讥讽会伤害一部分学生，同时幽默也应止于无聊的调笑，因为这样会导致学生"乐"而不学。

第十二条　在考试前许一个愿

我们不是有神论者，但我们也应该清楚天意难违。所以，我们不要忘记在大考前对学生许个愿，对学生说上天会保佑他们的，这上天是神也可、是菩萨也可、是上帝也可，但不论是什么，你的心都必须是虔诚的。

事实上，上天会保佑我们每个人。

第十三条　学会原谅自己与别人

学生用他的无知与偏执让你生气，家长因对孩子的偏爱与袒护让你动气，领导因对你的误解让你怄气，而自己有时也对自己无端地不满意，低着脑袋生自己的闷气，这些汇集到你身上是恶气攻心。

气生了不少，但问题没有得到一点解决，所以，你得学会原谅，学会宽容，原谅与宽容让你生气的人与事。

第十四条　让学生摸得着你的关注

你不一定爱你的学生，但你既然从事了这一职业，就应承担你相应的责任，你得关注学生的学习与成长，而且，你不要将关注仅仅停留在意识里，而应让学生摸得着，感觉得到。你拾起学生掉在地上的橡皮，耐心回答学生的提问，常与学生个别谈心，甚至只是走道里的一声问候，这些都能让学生摸得着的关注。

第十五条　不要吝啬赞赏的语言

就是成年人，也希望得到别人的赞赏，何况是尚未成年的学生呢？所以，对待尚在成长过程中的学生，你不要永不满足，你要学会发现学生的特长与其成功之处，并给予充分的肯定；同时，当学生正确地回答了你的问题，或者提出了一个好的创意，甚至是一个小小的善举，你都要用愉悦人心的语气对他给予真诚的赞赏。

你赞赏学生的成功，学生会再还你一个惊喜。

第十六条　将惩罚进行到底

对学生进行赏识是教育的组成部分，但并不是教育的一切。没有惩罚的教育是不完整的教育，不要相信爱与赏识能解决一切问题的教育观点，而应该坚持惩罚是教育不可缺少的组成部分。

对于顽皮的学生，不要轻易地放弃，对其违规的行为，不要听之任之，应当给予合理的教育，这时批评与惩罚应是不可缺少的教育手段。但一定不要将惩罚上升为体罚。

第十七条　学会控制自己的情绪

当你准备批评你的学生时，你要学会控制你的情绪，千万不要让情绪左右了你的言行。事实上，只有你完全控制了自己的情绪，你才能在面对让你厌恶的学生时，仍能面带微笑；而当你对学生暴跳如雷时，并不能表明你真的控制不了自己，事实上此刻的你也许心静如水。

这不是虚伪，而是一种心理战，好的老师肯定会如此与学生斗智斗勇。

……

第二十条　承认衰老

人总是要衰老的，但对老师而言，衰老对教师教学状态的影响太过明显了。

当老师是不同于当医生的，医生是越老越吃香，而老师，哪怕曾经是非常优秀的教师，等到他临近退休时，他的教学几乎不可能受到学生的欢迎。究其原因，面对病人，医生有足够的时间来诊断、分析，丰富的经验能帮助他对病人的诊断病情做出正确的判断；而面对学生，老师的讲授应该是行云流水，回答学生的问题应是对答如流，而衰老显然会让你力不从心。

尽管你会想方设法延缓你的衰老，但你必须明白，老师在某种意义上也是吃"青春饭"的。所以，你年轻时无论如何都得尊敬老教师。

第二十一条　不要奢求额外的回报

教书作为你的职业，薪水就是你的回报。你也许在正常的教学工作之外还付出了许多，但这也只体现了你是一位将责任放大的老师，但你并不能因为放大了责任而又追求更多的回报。就像农民不应奢望穿上自己种植的棉花织成的衣服、建筑工人不要奢望住上自己建筑的房子一样，老师不要奢望学生今后会对你有额外的回报，哪怕只是一张小小的贺卡。

第二十二条　做快乐的教师

做老师的心情常常是压抑的，但你应该努力营造快乐的环境，让学生快乐。你也得找到让自己快乐的窗口，让你每天都快乐，因为快乐的核心就是你自己。只有你真正快乐了，你才不会在这世界上留下太多的遗憾，只有你真正快乐了，你才无愧于你的职业。

【资料来源】http://www.diyifanwen.com/jiaoan/jiaoxuewenzhai/22534707612253 47130-62603.html.

对班级管理中学生本质属性的正确认识实质上就是要树立科学的学生观。只有建立在对学生科学认识的基础上，教师才能采取合理有效的方法管理班级，促进学生的发展，实现教育的目的。学生是人，是富有生命意义的人，这是一种最基本的朴素观，也是第一位的学生观。学生是具有独特性的人，应该用发展的眼光看待学生。

案例 8-2

善待问题学生，感恩问题学生

甘肃省临夏回族自治州积石山县希望小学　胡仲国

本学期开学，班上转来一名叫小 A 的男孩。初次见面，我对小 A 的印象还算不错，穿一身整齐的运动服，眼睛总是一闪一闪的，见人就笑，看上去很机灵的样子。

我照例把他带到班上，做了欢迎仪式，给他安排了座位。在以后的几天里，我每次去教室或去上课时，还有意的去注意他。他性格也挺外向的，没几天，便和班上的孩子打成一片，在课堂上，他也并没有什么出众的表现，回答问题总是一副胆怯的样子，但声音很洪亮。就这样大概过了两周，然后慢慢地我也就把这事忘了。

风雨来临前总是平静的。好景不长，有一天课外活动时，班长急急忙忙地跑到我办公室，气喘吁吁的跟我说："老师，不好了，小 A 跟班上的小 B 打起来了，你快去吧。"我一愣，还没做出任何的反应，班长又补充道："就是新转来的那个同学。"看到班长的表情，我立刻意识到事情的严重性，就匆忙放下手中的工作，三步并作两步地赶到教室。同学们见我进来，围成一团的便迅速散开了，只见人群中间小 A 将 B 同学摁倒在地，死拧着 B 的衣领，丝毫没有放松的意思，目光中充满着仇恨，大有武松打虎的架势。

"小 A，还不松手。"我气急败坏地怒吼。

听到我的声音，小 A 才慢慢地松开手，站了起来，低着头，没有一点声音。被打的小 B 同学立刻翻身起来，委屈地哭成一团，嘴里嘟囔着他的委屈。

"小 A，为什么打架？"我质问道。

小 A 默不作声，仍低着头。旁边的同学开始七嘴八舌地说起事情的前因后果，但当时教室里有点乱，我也并没有听同学们的说明，因为我一直相信学生是会自己承认错误的。

我把他俩叫到办公室门口，依照冷处理的原则，先让他俩在办公室门口站了大概十分钟左右，然后逐个的找他俩谈话。我先叫了被打的小 B，他给我说了事情的缘由："我和他是邻桌，我做作业的时候写错了一个字，就转身拿了他的改字笔，改完之后，把笔放在了自己的桌子上，做完作业时正好下课，便急忙去搞卫生，忘了拿他改字笔的事。我正在搞卫生时，小 A 气冲冲的来找我，他先在我头上一拍说：'干吗偷我的笔？'我说我没偷，我是顺便借用一下，忘了还了。但他就是不信，说我偷了他的笔还狡辩。我坚持说我没偷，他就开始打我了……"说到这里，小 B 同学又开始抽噎起来。我先让他冷静冷静，安慰了一番，便让他先回了教室。

我把小 A 叫进办公室，问他为什么打架？他还是哑口无言。我把小 B 同学的话跟他转述了一遍，然后问他是不是这样？他半天之后才吞吞吐吐地回答：

"是……是这样的。"

"那你为什么不自己说？你认识到自己的错误了吗？即便是你确定别的同学偷了你的东西，你也应该打人吗？动手打人，就算你是有理由的，那也是错误的……"我一系列的追问加指责更使他无话可说。之后，我又如此这般的说教了半天，让他回了教室。

事情总是接二连三地发生的。

第二天，数学老师来找我，问我新转来的小 A 交没交语文作业，并告诉我他没交过一次数学作业。我惊讶之余，开始翻我桌子上课代表刚抱过来的作业本，惊奇地发现，竟也没有小 A 的作业。我顿时火冒三丈，立刻传话把小 A 叫到办公室。问他为什么不交作业，他仍是没有声音，只是低着头呆呆地站立在那里，我生气地批评了一通，并"下令"从明天起必须按时完成作业，他答应了，说以后一定会交作业的，见他可怜的样子，我也就消了消气，让他回去了。

从那以后，我的语文作业他总是能按时交上来，虽然写字有些粗心，作业不够规范。"能交作业已经很不错了"，我心里在想。

但后来据其他科任老师的反映，小 A 还是有不交作业的现象，每次都是在教师的催要下才勉强交上来，而且每次作业问题很多。我也为此找他谈过几次话，但效果还是不够明显。

小 A 在众老师的心中，成了十足的问题学生，我也开始对他有些失去信心了……但在以后的日子里，我对他的教育丝毫没有放松，反而更加的严厉了。

一日下午，我又像往常一样去教室找小 A，因为有一篇要求背诵的课文他还没有背诵。我走进教室，教室中空无一人，"大概都去操场了吧"我心里想着（因为学校这几天为了丰富学生的课余生活，举行了一个小型的学生运动会，今天下午正好有我们班的一场篮球比赛），又扫兴地回到办公室，干自己的事情，准备第二天再算他的账。

第二天当我到学校时，奇怪的事情发生了。只见小 A 兴冲冲的向我走来，大老远就冲我喊道："老师，昨天我们班赢了!"他的行为在我看来是如此的怪异，他的话语我也并没有听到心里去，我只记着他还没有背诵课文的事。

"你怎么还没有背课文?"我厉声质问。

他好像早有准备，走到我跟前，收敛了笑容，开始一本正经地背起课文来，课文背的倒也熟练，奇怪的是他的声音有些沙哑。这次，我也并没有为难他，只是在他离开时，随口问了句："你的嗓子怎么了?"他的回答却让我大吃一惊："昨天喊加油，喊哑了。"说完，他好像很轻松的样子，转身离去。

就在那一刻，我静默了许久。一个在众老师眼中的问题学生，也竟有如此高的觉悟，这是我怎么也没有想到的。小 A 为了给班级篮球队喊加油而喊哑了嗓子，这……这完全出乎我的意料。对于这次学生运动会，学校也专门召开了会议，说是要高度重视，精心组织，而我完全将任务交给了体育委员。我没想到，在我眼里不屑一顾的运动会，在孩子们眼里竟是如此的重要，更没想到的是，以问题学生而出名的小 A 竟然也如此地关心班集体……而我却……

小 A 啊，老师应该向你学习。

老师明白了……我们也早应该明白：

善待问题学生，在他们的身上也有你不曾想到的闪光。

感恩问题学生，看着他们的闪光，我们做老师的也不得不重新审视自己。

【资料来源】http://www.pep.com.cn/xgjy/jiaoshi/ztyj/csxy＿1＿1＿1/201312/t20131202＿1174848.html.

（五）班级特色

班级管理特色不一定作为考察班集体的必要条件，但是可以作为附加内容。班级具有特色，往往能说明和反映出管理者的思想、认识和水平，对学生的成长起到促进作用。

二、班级管理评价的过程

班级管理评价活动是由一系列环节组成的过程。不同类型的评价，评价的过程也不完全相同。一般说来，下面这些步骤或环节基本上是每类评价都要经历的。

（一）建立评价组织

开展评价，首先要成立专门的评价领导小组。评价是一项专业性很强的活动，评价组织的人员结构或知识能力结构决定着评价的价值，因此，要求组织人员应有权威性和专业性，熟悉课程理论、教学理论方面的知识，懂得教育与心理测量方法。同时注意挑选一定数量的教师代表，共同组成结构较为合理的评价小组。

（二）确定评价目的与任务

评价目的是评价的出发点和归宿，制约着整个评价过程。在研究"如何评价"之前，必须先弄清楚"为什么评价""评价什么"，也就是分析确定评价目标与任务，这是选择和设计评价理论、方法和评价工具的依据。因为评价目的与完成任务不同，具体的评价活动也相应地有所不同，收集资料的范围与工具、对资料的处理和利用也不同。为使评价的目的和任务更加明确、清晰，并为有关人员所接受，评价者需要组织信息交流和协商活动，广泛征求意见，评估有关组织和人员，特别是发起人的评价的需要。

（三）分析并确定评价的项目与指标

最初确定的评价目标一般来说比较笼统，带有某种程序的原则性和抽象性，必须把它分解为具体的标准，才能使其具有可测性和可评性。评价前，要对评价目标从大到小、从粗到细层层分解，分析确定具体的指标体系结构。在确定评价指标时，要找出有代表性的主要行为和能反映对象本质属性的项目，然后对它们进行分类，确定出评价的项目、权重及指标体系，直到分解为能被评价者操作为止。分解目标时应注意不能偏离总体目标，又不重复或遗漏，保证评价的准确性。

（四）选择和设计收集评价信息的方法和工具

进行评价需要以一定的资料和信息为依据。真实、有效、全面、丰富的信息的获得，需要有效的评价方法和工具做支撑。选择和设计评价方法和工具时，应考虑到评价目的、评价项目、评价指标的要求，以及信息提供者的特点。使用的方法和工具要有较高的信度、效度、鉴别力和可行性。

(五)搜集和处理信息资料

前面几步可以说是教育评价的准备阶段，从收集信息资料开始，评价进入实施阶段。

在这个环节，评价者组织有关人员利用设计的方法和工具，通过观察、谈话、问卷、测验、个案研究、查阅文献资料等实际行动，来获取具有一定信度和效度的信息。因为搜集信息直接决定着能否获取到可靠的信息资料，进而影响到评价结论的可靠性，所以在这个过程中，一定要做好信息提供者及收集信息活动的组织者的心理调控及必要培训，以保证获取资料的价值。

获得了大量的信息，还不能对评价对象做出判断和评价，需要选择和使用正确方法对其进行鉴别、区分真伪、筛选、剔除偶然因素，补充必不可少的信息。一般采用逻辑分析法、统计分析法、多元分析法、计算机技术等进行处理，通过定性和定量分析，客观公正地描述评价对象的实际状况。

(六)形成评价报告

这一阶段是对评价信息进行整理和分析之后，需要以整理和分析出的信息结果为依据，结合评价的目的和任务，对评价对象做出恰当的价值判断。其工作质量和效果，直接关系到评价功能的发挥和目标的达成。

评价结论往往是以报告的形式来表现，框架与内容大致为概要、评价目的背景、方案实施与信息收集处理、结果分析、结论与建议等。评价报告的内容应尽量满足评价发起人和其他评价听取人的需要。其方式可以是正式的文本报告，可以是非正式的个别谈话，可以是描述性的分析，也可以是数据分析。

评价结论的做出，并不意味着评价工作的结束，还要做到：向有关部门提出建议，为领导决策提供依据；在一定范围内公布评价结论，引起他人借鉴。将评价结论及时充分地报告和传递给有关人员，是发挥评价效益的保证。

【本章小结】

  班级管理评价是指在一定班级管理理论的指导下，依据确定的班级管理目标，通过使用一定的技术和方法，对所实施的关于班级管理工作的活动、过程、要素、结果等进行科学判定，以期不断完善，达到价值增值的过程。本章在解释了班级管理评价之后，又对其内涵特点进行了说明，介绍了班级管理评价的导向功能、诊断功能、调控功能、鉴定功能、激励功能。介绍了班级管理评价的类型。当今新的教育理念下，班级管理评价的基本理念表现为：重视发展，淡化甄别与选拔，实现评价功能的转化；注重综合评价，关注个体差异，实现评价指标的多元化；强调质性评价，定性与定量相结合，实现评价方法的多样化；强调参与互动、自评与他评相结合，实现评价主体的多元化；注重过程，终结性评价与形成性评价相结合，实现评价重心的转移。进而阐述了班级管理评价的内容与评价过程。

【思考与练习】

  1. 什么是班级管理评价？它的功能表现在哪些方面？

  2. 请介绍班级管理的评价的类型。

  3. 试述班级管理评价的基本理念。

  4. 班级管理评价的内容有哪些？

  5. 试述班级管理评价过程。

【本章参考文献】

1. 张作岭，宋立华．班级管理．北京：清华大学出版社，2014

2. 田恒平．班主任理论与实务．北京：首都师范大学出版社，2007

3. 徐长江，宋秋前．班级管理实务．北京：高等教育出版社，2013